Barbara Kündiger
Fassaden der Macht
Architektur
der Herrschenden

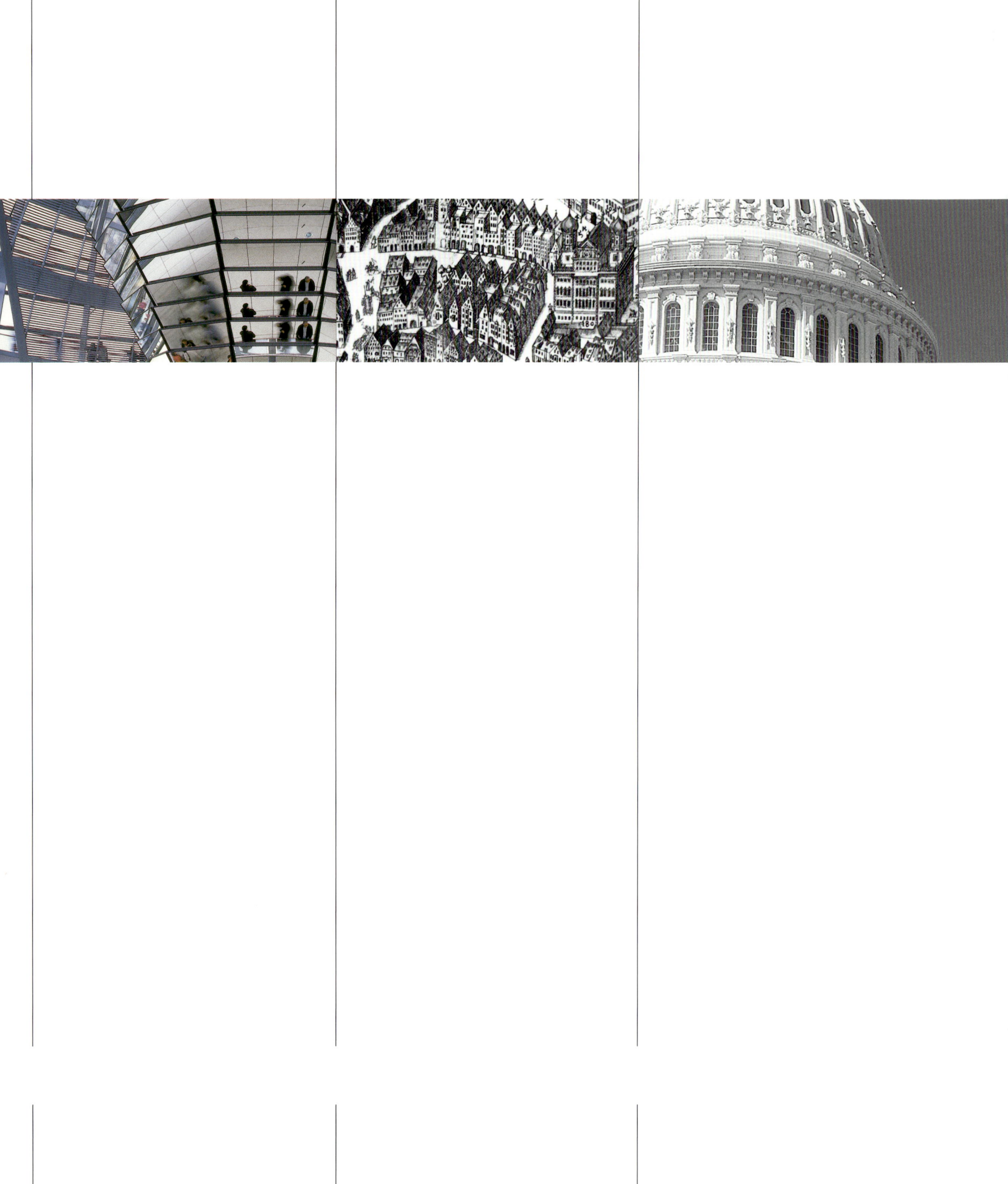

Barbara Kündiger
Fassaden der Macht
Architektur
der Herrschenden

E. A. Seemann
Leipzig

Die Deutsche Bibliothek - CIP-Einheitsaufnahme
Ein Titeldatensatz für diese Publikation ist bei der
Deutschen Bibliothek erhältlich.

ISBN 3-363-00742-6

www.dornier-verlage.de
©2001 by E. A. Seemann Verlag, Leipzig, in der Dornier
Medienholding GmbH, Berlin

Die Rechte für die abgebildeten Werke bei
©FLC/VG Bild-Kunst, Bonn 2001 für Le Corbusier
Alle übrigen Rechte bei den Künstlern und ihren Rechts-
nachfolgern

Umschlaggestaltung: Morian & Bayer-Eynck, Coesfeld
Gestaltung und Satz: kunzundgestaltung, Leipzig
Reproduktionen: Förster & Borries Satz-Repro-GmbH,
Zwickau
Druck und buchbinderische Verarbeitung:
Westermann Druck, Zwickau
Printed in Germany

Gedruckt auf alterungsbeständigem Papier mit
chlorfrei gebleichtem Zellstoff.
Die Schreibweise folgt den Regeln der neuen
Rechtschreibung.

Bildnachweis

AKG Berlin, S. 35 unten, 43, 44 oben, 76/77; Foto Jost
Schilgen S. 117; 128, 129, 148, 150, 153 Mitte und re.;
Foto H. Bock S. 164; Foto Y. Nagata S. 178/179
Archiv Dr. Wilfried Hansmann, Bonn, S. 41, 46 oben
Arthus Bertrand, Yann, Paris, S. 95 rechts
Badisches Landesmuseum Karlsruhe S. 47
Bauhaus-Archiv, Foto John Stephens S. 168 Mitte
Bavaria Bildagentur, Abb. auf dem Schutzumschlag
Bergmoser + Höller Verlag GmbH, Aachen, Foto Anne Gold
S. 33 unten re.
Bildarchiv Preußischer Kulturbesitz, Berlin,
S. 87 oben, 119
Bilderberg, Hamburg, Foto Reinhart Wolf S. 26/27, 153
unten li., 154/155; Foto Thomas Ernsting S. 94/95; Foto
Georg Fischer S. 152; Foto Artur S. 168 oben, 169 oben;
Foto Karol Kallay S. 168 unten, 169 Mitte und unten
Devanthery & Lamunière, Genf, Foto Pascal Volery S. 143
Die Deutsche Bibliothek, Deutsche Bücherei Leipzig, S. 55–58
Domkapitel Aachen, Foto Ann Münchow S. 34
Foster and Partners, London, Berlin, Singapore, Montage
unter Verwendung einer Aufnahme von Richard Davies
S. 17; S. 18
Foto dpa, S. 173 unten
Foto Marburg, Nr. C 380.912 S. 49 mitte; S. 124 unten
Fotobestand W. Schäche, Berlin, S. 78, 79
Fratelli Alinari, Florenz, S. 108/109
Giraudon, Paris, S. 40
Hirmer Verlag München, S. 134, 135
Humboldt-Universität zu Berlin, Philosophische Fakultät
III, Kunstgeschichtliches Institut, S. 140–143
Hutmacher, Werner, Berlin, S. 13
Institut für Geschichte und Theorie der Architektur (gta),
ETH Zürich, Archiv, S. 174, 175
Institut für Länderkunde, Leipzig, S. 25
Institut für Regionalentwicklung und Strukturplanung
(IRS), Erkner, S. 84–85, 88
Korall, Wolfgang, Berlin, S. 12
Landesarchiv Berlin, S. 59 unten
Luftbild-Bertram, München-Haar, S. 48
Muhs, Andreas, Berlin, S. 8/9
Museum für Kunst und Kulturgeschichte der Hansestadt
Lübeck, Foto Donata v. d. Osten-Bernhardt, Neg.-Nr. A 6792
und B 12762, S. 113 unten li., 112 re.
Moch, Michel, Levallois-Perret, S. 68 oben re.
Murza, Gerhard, Berlin, S. 90/91

Neubert, Karel, Dobrichovice bei Prag, S. 38/39
Niedersächsisches Staatsarchiv Wolfenbüttel, K 13342,
S. 35 oben
Österreichische Nationalbibliothek, Bildarchiv,
Foto Leutner, Wien, S. 62–65
Premium. Stock Photography GmbH, Düsseldorf,
Foto S. Tarlan S. 36/37; Foto Chmura, S. 68 unten
Presse- und Informationsamt der Bundesregierung –
Bundesbildstelle, Berlin, Foto Reineke, S. 70; S. 71 oben;
Foto Schaack S. 71 unten; Foto Stutterheim S. 72 oben
Rau, Uwe, Berlin, S. 182 oben
SLUB/Deutsche Fotothek Dresden, Foto W. Hahn S. 59 oben;
Foto Hofert S. 87 unten li.; Foto Rabich S. 87 unten re.;
Foto Kastner S. 123 unten, 137
Sammlung Dietmar Siegert, München, S. 102/103, 107
Schneider, Günter, Berlin, S. 6, 10/11, 186
Schultes Axel, Architekten, Berlin, S. 182 unten
Staatliche Museen zu Berlin – Preussischer Kulturbesitz,
Kunstbibliothek, Foto Dietmar Katz, Hdz. 3993 S. 49 unten,
51–53; Foto K. H. Paulmann, Hdz. 4676 S. 49 oben
Stadtarchiv Hannover, S. 123 oben
Stadtarchiv Karlsruhe, StadtAK 8/Diaslg. XVI 155, S. 46
unten
Stadtbildstelle Augsburg, S. 115, 116
Ullstein Bilderdienst, Berlin, S. 42; Foto Rudolf Dietrich
S. 68 oben li.; Foto Lothar Willmann S. 92/93; 97, 151,
157, 158
Weiße, Antonia, Berlin, S. 14–16, 184, 185
Alle übrigen Bildvorlagen stellte die Autorin bzw.
der Verlag zur Verfügung.

Inhalt

Die Geschichte einer Metamorphose: die Kuppel der Macht

Die baulich-räumliche Inszenierung gesellschaftlicher Macht bedurfte in der Geschichte immer eines wirkungsvollen Ortes und einer eindrucksvollen Fassade, durch die sich die Mächtigen repräsentieren. Wie so etwas vor sich geht, ist in Berlin gegenwärtig modellhaft zu erleben. Regierung und Parlament brauchen einen Ort und eine Fassade. Der Ort steht fest, die Entwürfe werden umgesetzt, die Baustelle ist noch zu beobachten, und mehr und mehr Fassaden sind bereits zu sehen.

Berlin, Blick auf die Kuppel
des von Sir Norman Foster & Partners umgestalteten
Reichstagsgebäudes, eingeweiht 1999

Entwurfstheater Berlin

Auf der riesigen Baustelle Berlin wird es allmählich ruhiger. Die Inszenierung von Regierung, Parlament, Investoren und Institutionen geht ihrem Abschluss entgegen. Einige der ambitionierten Großprojekte, so der Daimler-Komplex und das Sony-Zentrum am Potsdamer Platz, sind bereits der Öffentlichkeit übergeben, andere liegen noch im Finish wie das Kanzleramt oder sind abgestorben wie der Cirque du Soleil am Leipziger Platz und einige, so die Hochhäuser der Alexanderplatz-Planung, befinden sich vor der Startphase. Die Konkurrenz der Investoren, sich gestalterisch auf der Berliner Stadtbühne zu präsentieren, ist groß; entsprechend fallen die architektonischen Inszenierungen aus. So drapiert sich die Industrie- und Handelskammer als Gürteltier, landen die Galeries Lafayette als schwarzgläsernes Ufo in der Friedrichstraße, ziehen sich die fünf nordischen Botschaften gemeinschaftlich hinter ein kupfernes Band zurück und bläht Sony ein hoch aufragendes Glassegel am Potsdamer Platz gegenüber der steinern unverdaulichen Härte des Tortenstücks von Daimler. Der Drang, sich durch Form und Fassade, Höhe, Material und Konstruktion darzustellen und sich zugleich von anderen abzugrenzen und auf diese doppelte Weise eine Identität auszubilden, Bedeutungen zu symbolisieren und auch etwas über den Bauherrn mitzuteilen, wird in der architektonischen Darstellung umgesetzt.

Von Kuppel zu Kuppel – das Reichstagsgebäude in Berlin
Aktuell verläuft die bedeutungsvollste gegenständlich-räumliche Inszenierung in Berlin am Spreebogen. Die Baustelle, die die Nation in Spannung hält, ist das Parlaments- und Regierungsviertel. Hier inszeniert sich die »Berliner Republik«. Bei den Neubauten

geht es nicht schlechthin um die Errichtung von Verwaltungscontainern oder Bürosilos, es geht um Präsentation und Repräsentation von Parlament und Regierung auf einem geschichtsbeladenen Areal. Die heutige städtebauliche Planung am Spreebogen, die »Spur des Bundes«, hatte Vorläufer. Das Reichstagsgebäude legt Zeugnis ab von der ersten Aneignung des Ortes als Parlamentsviertel, andere Planungen aus den Zwanzigerjahren blieben Papier. Mit der gigantomanischen Hauptstadtvision »Germania« der Nationalsozialisten, die mit »Großem Platz« und »Großer Halle« das Gebiet besetzen und ihre Macht zeichenhaft inszenieren wollten, ist jede Neuplanung konfrontiert. Auch der unprätentiöse Umbau des Reichstags nach dem Krieg gehört zur Geschichte.

Die Neugewinnung des Ortes nach der Vereinigung 1990 war eine der wichtigsten politischen Entscheidungen und stellte gleichzeitig eine der schwierigsten städtebaulichen und architektonischen Gestaltungsaufgaben. Es galt, nicht nur praktisch Parlament und Regierung neu zu behausen, sondern es sollte auch das Bild eines demokratischen Staates entworfen werden. Erfahrungen für eine solche Aufgabe lagen nur begrenzt vor. Der Ausbau von Bonn zur Parlaments- und Regierungsstadt ab 1948 folgte anderen geschichtlichen, politischen und räumlichen Prämissen. Der Suchvorgang nach dem geeigneten Bild, dem sinntragenden Symbol für die Selbstdarstellung von Parlament und Regierung als deren adäquater Ausdruck gehört zu den spannendsten Inszenierungsspektakeln des Jahrhunderts. Die verschiedenen Interessen, die divergierende Interpretation von Zeichen, die Nutzung von Einfluss und Macht, die Bewertung des geschichtlichen Erbes und der Bezug darauf, die Verständigung zwischen Auftraggeber und Architekt sind Vorgänge, die, stehen die Bauten erst, zum Teil hinter den Fassaden verschwunden sein werden. Hier konnten sie unmittelbar beobachtet werden. Die Suchphase nach der gewünschten gesthaften Inszenierung und die damit verbundene Symbolsetzung kann bereits beschrieben werden. Inwieweit aber die gesetzten symbolischen Gehalte durch die Politik eingelöst werden, bleibt abzuwarten.

Im Parlaments- und Regierungsviertel ist das Reichstagstagsgebäude bereits zugänglich und es trägt wieder Kuppel. Eine, in der

die Touristen herumkrabbeln, dem Parlament dabei auf dem Kopf stehen und die Aussicht erproben. Doch ist das mehr als ein touristischer Gag? Das Reichstagsgebäude hat eine neue Kuppel und Berlin hat eine Kuppel mehr in seiner Dachlandschaft – was ist dabei?

Wer mit dem Lift zum Reichstagsdach gefahren ist, die Kuppel betritt und sich entlang einer der inneren Spiralen um den gläsernen Trichter zur Aussichtsplattform windet, wird zunächst vom Eindruck des gläsernen Halb-Eies mit dem Himmel darüber gebannt. Der Blick auf die Stadt ist eher ernüchternd, irgendetwas stimmt für Aussichtshungrige mit der Höhe nicht; die Stadt lässt sich von einem so niedrigen Punkt aus nicht in ihren Strukturen erschließen, für einen Weitblick steht man zu nah über den Dächern. Doch immerhin, manche der erspähten Dach- und Gebäudeformen machen Eindruck. Der gläserne Schlund unter der Aussichtsplattform verbindet mit dem Plenarsaal. Mit etwas Geschick sind beim Blick hinab auch ein paar Schemen zu erhaschen. Spiegel- und

Lichteffekt belassen den Saal jedoch in der Andeutung; für Einblick, vielleicht gar Einsicht sind die Besucherbalkone im Gebäudeinneren vorgesehen. Beim äußeren Anblick des Baus bedeutet einem die Kuppel mit ihrem Material die zeitgenössische Ergänzung des historischen Gebäudes und weckt bei manch einem die Erinnerung an die ursprüngliche, vor mehr als einhundert Jahren gebaute kuppelbekrönte Gestalt. Doch nichts erinnert an die Positionskämpfe um Pro oder Contra zwischen den politischen Fraktionen im Vorfeld des Kuppelneubaus.

Eine Kuppel, keine Kuppel – mehr als eine Geschmacksfrage?   Erst nach einem kontroversen Diskussionsmarathon erfolgte das parlamentarische Ja für den Aufbau der sich heute so selbstverständlich über dem Reichstag erhebenden Kuppel. Worum ging es damals?

Der Beschluss, Regierung und Parlament vom Rhein an die Spree umzuquartieren, ist acht Monate her und der Spreebogen bereits als Regierungs- und Parlamentsstandort mit Bundestag, Kanzleramt und Bundesrat vorgesehen, als im Februar 1992 das Parlament, unterstützt von Fachleuten, darüber nachdenkt, wie es künftig im Reichstagsgebäude bedacht sein will. Das 1894 eingeweihte Reichstagsgebäude von Paul Wallot war kuppelbekrönt. Nach Brand, Kriegszerstörung und einem kuppellosen Aufbau Ende der Fünfzigerjahre soll der geschichtsträchtige Bau wieder Tagungsort des Parlaments werden und damit die wichtigste politische Institution in der neuen Hauptstadt beherbergen. Das Ja oder Nein zu einer Kuppel sollte zwar »keine Schicksalsfrage«[1], doch zu einem Dauerbrenner werden, bei dem Gestalt, Deutung und symbolischer Gehalt der Bedachung im Mittelpunkt des politischen Disputs standen. Heute ist

Entwurfszeichnung für den Umbau
des Berliner Reichstagsgebäudes im Realisierungswettbewerb 1993, 1. Preis, Westansicht und
Nord-Süd-Schnitt, Santiago Calatrava

Überarbeitetes Modell für den Umbau
des Berliner Reichstagsgebäudes, Ansicht von Südwesten,
Santiago Calatrava, 1993

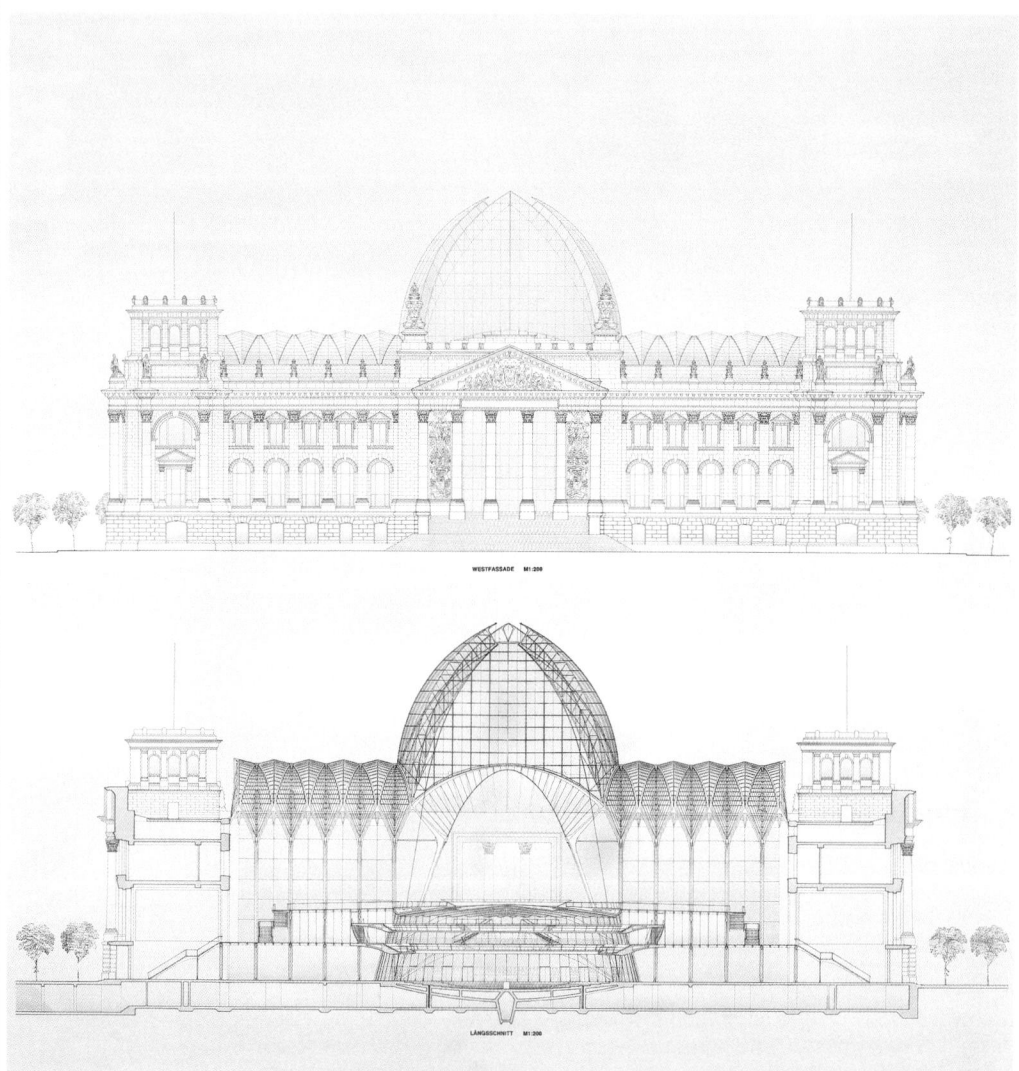

Modell des Plenarsaals für den Umbau
des Berliner Reichstagsgebäudes im Realisierungswettbewerb 1993, 1. Preis, Santiago Calatrava

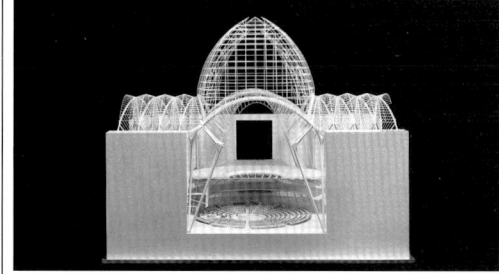

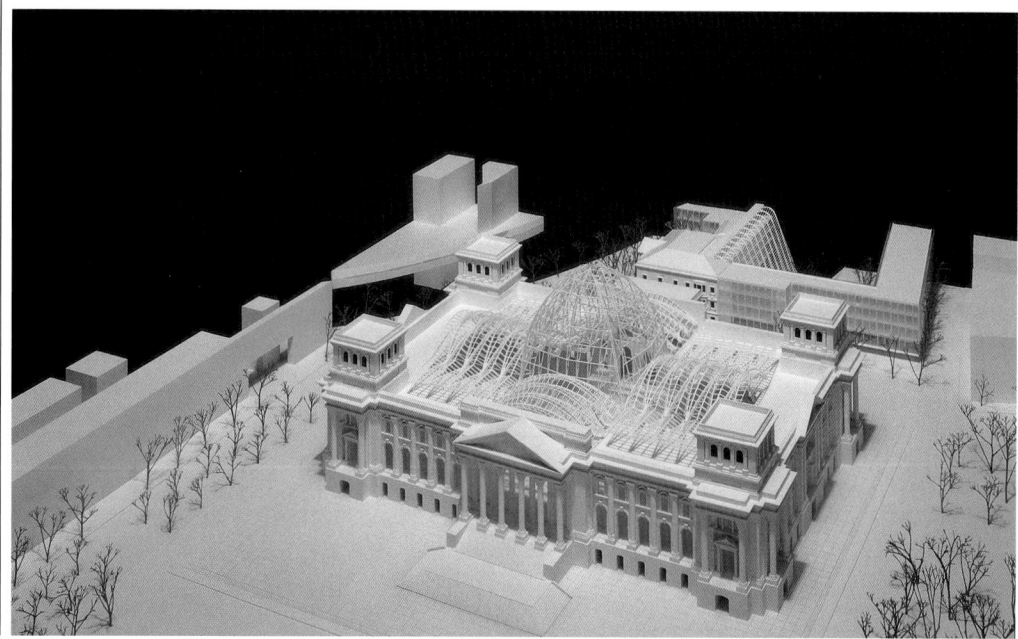

die Kuppel wert, in den Ausführungen des Bundeskanzlers erwähnt zu werden, der der Kuppel in seiner Regierungserklärung zuge-messen hat, sie »sollte ein Symbol für neue Offenheit und für demokratische Renovie-rung dieses so sehr geschichtsbeladenen Gebäudes sein« und der hofft, »es kann ein Symbol für die moderne Kommunikation einer staatsbürgerlichen Öffentlichkeit wer-den«[2]. Die Kuppel ist also da und ihr ange-strebter Symbolinhalt vorgegeben. Zwischen dem ersten Nachdenken über die Gestalt des Reichstags und seine Bedachung und der endgültig bestätigten Kuppel liegen drei Jahre, in denen hitzig um den Symbolgehalt des Reichstagsgebäudes mit und ohne Kup-pel gestritten wurde.

Modell für den Umbau des Berliner Reichstagsgebäudes
im Realisierungswettbewerb 1993, 1. Preis,
Ansicht von Südwesten, Pi de Bruijn

Überarbeitetes Modell für den Umbau
des Berliner Reichstagsgebäudes,
Ansicht von Südwesten, Pi de Bruijn, 1993

Streit ums Symbol Die auf dem ersten Reichstagskolloquium im Februar 1992 ausgetauschten Argumente sind konträr. Die, die sich gegen den monumentalen Charakter des Reichstagsgebäudes richten und eine Rekonstruktion der Kuppel verwerfen, stehen den Befürwortern der Kuppel als Bedeutungsträger des Baus gegenüber. Doch kommen die Teilnehmer zu keinem gemeinsamen Nenner. In dem im Juni 1992 ausgeschriebenen Wettbewerb zum Umbau des Reichstags zum Deutschen Bundestag wird die generelle Möglichkeit von »An-, Auf- und Umbauten des Reichstagsgebäudes einschließlich einer Kuppellösung«[3] zwar eingeräumt, das konkrete Problem Kuppel jedoch umschifft, denn es gibt zur Kuppel keinen speziellen Bezug oder gar Anforderungen für eine dahin gehende Gestaltung.[4] Der Auftraggeber überlässt damit zunächst den Architekten den Vorrang, gestalterisch und argumentativ Position zu beziehen.

Im Ergebnis des Wettbewerbs kürt die Jury drei erste Preisträger, die alle in eine Überarbeitungsphase der Entwürfe geschickt werden. Unterschiedliche Ansprüche und Assoziationen verknüpfen sich mit den Entwürfen. Santiago Calatrava bedient die Sehnsüchte nach dem gewohnten und bekannten Symbol eines Parlamentsbaus mit einer Kuppel in organisch gespannter Form, unter der er den Plenarsaal platziert. Seine Stahl- und Glaskonstruktion wird dem Anspruch auf moderne Gestaltung gerecht, doch mit den Gewölben statt des alten Daches schießt er auch nach der Überarbeitung, so die Meinung der Auftraggeber, übers Ziel hinaus und gibt dem Bau einen sakralen Habitus, der nicht erwünscht ist. Zu sehr erschöpft sich dieser Vorschlag in der Wiederaufnahme des alten Würdezeichens – Kuppel – und seiner modernen Inszenierung. Pi de Bruijn lässt die äußere Gestalt des Reichstagsgebäudes unverändert und schlägt ein Ensemble aus Reichstagsgebäude, Präsidialflügel und schalenartigem Plenarsaal auf einem verbindenden Podium vor. Er stellt das neue Symbol dem alten gegenüber, gleichsam entgegen, schafft eine Dialogsituation zwischen dem geschichtsbesetzten Gebäude und dem, das für gegenwärtige und zukünftige Parlamentsgeschichte stehen soll. Das Zitat von Niemeyers Parlamentsarchitektur in Brasilia (vgl. S. 68) wird als Zeichen für Demokratie erkannt, aber eben auch die Umgehung der Wettbewerbs-

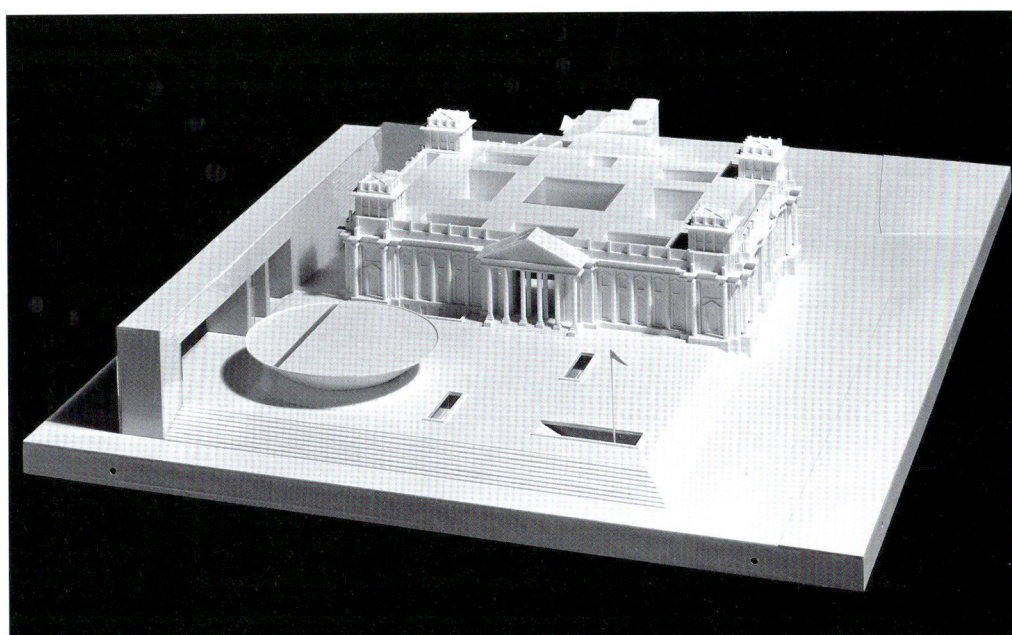

vorschrift, die einen Plenarsaal im Reichstagsgebäude, nicht außerhalb von ihm, fordert, so dass in der Überarbeitung der Plenarsaal wieder in den Bau wandert und letztlich Gestaltungsidee und Symbolik abhanden kommen. Sir Norman Foster umgibt das Reichstagsgebäude mit einem Podium und überzieht den Bau mit einem riesigen Dach, von Kritikern spöttisch als Tankstellendach bezeichnet. Für die, die sich an Vorbildern festhalten möchten, ist das gläserne Dach auf 25 schlanken Stützen ein unakzeptables Zeichen, weit entfernt von den gespeicherten Bildern der Parlamentsgebäude aus der Geschichte. Mit der nüchternen Rhetorik der Technik steht das Dach gegen die pathetische Eloquenz der historistischen Fassaden. Über der monumentalen Wucht des steinernen Kubus wird der gigantische gläserne Schirm ausgebreitet, der zusammen mit dem Podium die Dimension des Reichstagsgebäudes ins Offene erweitert und einen neuen öffentlichen Platz formiert. Das historische Reichstagsgebäude wird in einen transparenten Raum gestellt, durch Dach und Podium neu definiert. Ein optisches Spiel wird inszeniert: Da das Podium das Sockelgeschoss des Reichstagsgebäudes umfasst, wird seine Ebene zum neuen Grundniveau, zur neuen Nullebene, das Erdgeschoss bildlich geflutet, das Gebäude scheint zu versinken oder steht wie ein Fels, umspült in der Brandung. Baulich bildhaft wird vorgeführt, dass letztlich in der Gegenwart das neue Niveau – parlamentarisch, politisch – bestimmt wird und die Vergangenheit als nachwirkend und als Bestandteil der Geschichte zu akzeptieren ist. Das Reichstagsgebäude wird nicht modern ergänzt, sondern als Dokument in seiner äußeren Gestalt belassen, ihm die alte, die erwartete Würdeform – eine Kuppel – nicht modern aufgepfropft. Dennoch hält auch

Foster eine Würdeform bereit: Im technisch anmutenden riesigen Dach steckt die Gestalt des Baldachins. Damit wird Geschichte als verfremdetes Zitat eingespielt, das Changieren der Assoziationen zwischen trivial und prätentiös einkalkuliert und modern wie historisch orientierte Erwartungshaltungen werden hinsichtlich der Gestalt irritiert, ironisiert. Doch auch dieses Angebot wird in der Überarbeitung entschärft und in Richtung auf vorgefasste Vorstellungen bequem gemacht. Übrig bleiben ein über dem Plenarsaal schwebendes Flachdach und Aussichtsterrassen für Besucher.

Die drei Grundthemen im Umgang mit der Gestalt des Reichstagsgebäudes sind mit diesen Vorschlägen gefunden: die Annäherung an die ursprüngliche historische Gestalt mit einer modernen Kuppelergänzung, die Dokumentation der ererbten Gestalt und deren Einbindung in einen neu zu schaffenden

Modell für den Umbau des Berliner Reichstagsgebäudes im Realisierungswettbewerb 1993, 1. Preis, Ansicht von Südwesten, Sir Norman Foster & Partners

Überarbeitetes Modell für den Umbau des Berliner Reichstagsgebäudes, Ansicht von Nordwesten, Sir Norman Foster & Partners, 1993

baulichen und sinnstiftenden Kontext und die Möglichkeit einer Dachergänzung in einer von der Kuppelform abweichenden Gestalt. Im Laufe der Debatten wird eine vierte Variante eingespielt: die historisch getreue Rekonstruktion der ursprünglichen Kuppel. Welche Positionen von wem mit welchen Argumenten unterstützt werden, welche Symbolik mit der jeweiligen Gestalt verknüpft wird, offenbart der Prozess um die Gestaltfindung.[5] Dieser ist nach Vollendung des Baus in ihm eingeschmolzen, aus seiner Fassade nicht mehr abzulesen, konstituiert das dem Betrachter bewusst ausgestellte Bild jedoch mit, gehört also als verborgene Seite der Fassade dazu.

Auf Beschluss des Ältestenrates des Bundestags bekommt das Team Foster & Partners im Juli 1993 den endgültigen Zuschlag für die Bauausführung. Doch die Wünsche und Anschauungen des Auftraggebers ändern sich noch heftig, der Architekt hat Mühe nachzukommen.

Die Kuppelfrage wird erst wieder Anfang 1994 virulent. Bis zu diesem Zeitpunkt ist in den überarbeiteten Plänen keine Kuppel in Sicht. Die Fraktion von CDU/CSU hat jedoch schon vor der Auftragserteilung an Foster mit einer Kuppelvariante geliebäugelt. Eine Studie für eine am historischen Vorbild orientierte Kuppel wird im Januar in Auftrag gegeben, die der Architekt im Februar vorstellt. Foster genügt den Anforderungen, sieht in der historischen Kuppel jedoch ein leeres Symbol und hält aus unterschiedlichen Gründen – von den Kosten über die Raum- bis zur Energienutzung – nicht viel davon.

Die Kuppel vor Augen, frohlocken die einen, schaudern die anderen. Die Kuppelfrage spaltet fortan die Abgeordneten in vehemente Kuppelverfechter aufseiten der Union und strikte Kuppelverneiner aufseiten

der SPD. Nach diesem Zwischenergebnis empfiehlt die Baukommission der Bundesbaugesellschaft im März, Foster & Partners nochmals den Auftrag zur Überarbeitung inklusive Dachlösung/Kuppel zu geben.

Im März erreicht die Diskussion die Öffentlichkeit. Die Kontrahenten versuchen für ihre Positionen über die Medien zu punkten. Für die Bauministerin wird die anvisierte Kuppel zum »Rückfall in die Architektur der wilhelminischen Zeit«[6], für Wolf Jobst Siedler ein neu gekuppelter Reichstag zu einem ungeliebten Bau, »in dem die Bundesrepublik nicht ein ihren Geist zur Erscheinung bringendes ›Hohes Haus‹ sehen kann.«[7] Foster lehnt im April vehement die Beschäftigung mit der wilhelminischen Kuppel ab und argumentiert: »Das Dach des Reichstags, den wir bauen, soll für das Publikum zugänglich sein. Der Souverän erhebt sich – im Wortsinn – über das Parlament, steht über ihm, schaut den Volksvertretern von oben bei der Arbeit zu: direkt vom Dach in den Plenarsaal«.[8] Das klingt sehr polemisch, denn in dieser Projektion schwingt die alte kurzschlüssige Verbindung von Einblick, Einsicht und Einfluss mit, die Betrachter und Erbauer gläserner Konstruktionen oftmals zu solchen Interpretationen verführt. Zeitgleich meldet sich der ehemalige Bauminister Oscar Schneider aus den Reihen der CSU zu Wort und plädiert ideologisch für die historische Kuppel, denn es handelt sich »in erster Linie um eine politische, parlamentarische und demokratische Traditionsentscheidung. Es geht darum, ob wir eine Architektur zerstören wollen, die mit den Namen von Ludwig Windthorst, August Bebel, Friedrich Naumann, Friedrich Ebert, von Matthias Erzberger und Walter Rathenau, Gustav Stresemann bis zu Theodor Heuss und Josef Felder verbunden ist.«[9]

Inzwischen haben Foster und sein Team gearbeitet und zu den drei gewünschten Varianten (Optimierung des präsentierten Entwurfs, Entwurf mit nicht sichtbarem

Flachdach und Entwurf mit historischer Kuppel) zusätzliche Möglichkeiten vorgelegt, dabei eine mit erhöhtem Flachdach, in den Medien als Schneewittchensarg assoziiert, und eine andere in Form eines Glaszylinders, Leuchtturmvariante genannt. Foster macht klar, dass er die Leuchtturmvariante für die beste hält.

Leuchtturm, Kuppel oder oben ohne   Die Gemüter sind erhitzt. Neue Argumente werden in die Debatte eingebracht. In vorderster Linie versucht Oscar Schneider Stimmen für die Kuppel zu gewinnen und interpretiert sie als Proportionsstifterin des Gesamtbaus, als Garantin der dominanten städtebaulichen Stellung, sieht die historische Kuppel als Symbol der Volkssouveränität, als Monument der Demokratie. Zeit- und Kostenfaktor sollten bei solch einer einmaligen historischen Entscheidung von nachgeordneter Bedeutung sein.[10] Die Argumentation kulminiert auf einer Fraktionssitzung der Union in dem Antrag: »Ich bitte um die Wiederherstellung der Reichstagskuppel, die am 5. Dezember 1894, also vor 100 Jahren als Monument der deutschen Demokratie ihrer Bestimmung übergeben wurde«, nachdem zuvor alle Standpunkte dagegen mit der Bemerkung, sie seien »Ausfluss ideologischer Vorbehalte

Vorschlag für die Dachgestaltung des Berliner Reichstagsgebäudes, so genannte Leuchtturmvariante, Sir Norman Foster & Partners, 1994

und Widerstände gegen eine Architektur, die Günter Behnisch überheblich, anmaßend und scheußlich genannt hat«[11], weggefegt worden sind. Zwei Drittel der Unionsfraktion stimmen dem Antrag zu. Um möglichen Schaden zu begrenzen, wird die Entscheidung der Baukommission übergeben. Im Resümee der Kontroverse wird festgestellt, dass lediglich für eine am historischen Modell angelehnte Kuppellösung eine Stimmenmehrheit zu gewinnen sei. Die Unionsfraktion verzichtet daraufhin auf die historisch getreue Kuppel, regt aber an, Foster zu beauftragen, die statischen Möglichkeiten für eine spätere Kuppel zu schaffen.[12]

Die Pläne für einen Nachbau der historischen Kuppel sind damit ad acta gelegt. Am 6. Mai 1994 erhält Foster den Auftrag, sowohl Glaszylinder als auch Kuppel weiter zu entwickeln. Bei der Kuppel ist an eine Lösung jenseits der bisherigen Vorschläge gedacht, die sich jedoch an das historische Erscheinungsbild des Reichstags annähern kann. Beim Glaszylinder sollen Leichtigkeit und Transparenz hervorgehoben werden. Bei der Präsentation am 16. Juni empfiehlt Foster aus technischen und architektonischen Gründen die Zylinderlösung – die Leuchtturmform –, nicht zuletzt wegen deren Zeichenhaftigkeit, mit der er Neuanfang, Klarheit und Transparenz verbindet und den Ausdruck einer heutigen Architektur. Genauso deutlich bekundet er seinen Widerwillen gegen eine Kuppel.

Wieder gibt es eine Kontroverse, in deren Ergebnis Peter Conradi, Mitglied der Baukommission des Ältestenrates des Deutschen Bundestags, die Alternativen benennt: Kuppel, Leuchtturm oder kein Dachaufbau. Für »oben ohne« kann sich niemand so richtig erwärmen. Die Kuppelenthusiasten lassen jedoch nicht nach und Oscar Schneider stellt die entscheidende Frage, ob Foster auch eine Kuppellösung umsetzen würde. Dieser, obwohl noch immer von der anderen

Variante überzeugt, dreht bei. Auch wenn er die Kuppellösung nicht präferiert, werde er sich der Entscheidung fügen. Damit ist der Weg frei, die Kuppelbefürworter sind fast am Ziel ihrer Wünsche. Um keinen Boden zu verlieren, werden noch schnell die Zähne gezeigt und das Verhältnis von Bauherrn und Auftragnehmer mutet plötzlich an wie eines in der Art von Herr und Knecht, bei dem der Bauherr seinen Willen bekundet und der Architekt diesen ausführt, und ist er nicht imstande dazu, tritt er besser zurück. Auch der Antrag einer Plenardebatte wird erwogen, sollte die Baukommission gegen die Wiederherstellung des historischen Erscheinungsbildes stimmen.[13]

In der Baukommission wird am 30. Juni 1994 nach nochmaliger Debatte, doch ohne neue Argumente, abgestimmt. Der Glaszylinder wird abgelehnt, ebenso ein Dach ohne sichtbaren Aufbau. Die Kuppel erhält das Placet, allerdings ohne dass eine genaue Gestalt festgelegt wird. Auch die Mitglieder des Ältestenrats votieren für die Kuppel.

Alea iacta est   Die Presse reagiert kritisch auf die Entscheidung, Foster zurückhaltend auf die Presse und wendet sich konkreten Formstudien zu. Er entwirft über 20 Kuppelvarianten und stellt am 10. Februar 1995 die Lösung in der Form einer oben offenen, gläsernen eiförmigen Kuppel vor. Zwei Spiralen sollen die Besucher in die Höhe führen.

Kuppelvarianten für das Berliner Reichstagsgebäude, Sir Norman Foster & Partners

In der Mitte reicht ein Trichter bis in den Plenarsaal, der durch eine spezielle Technik mit Sonnenlicht versorgt werden soll. Auch diesmal sind die Kritiken nicht einhellig, eine weitere Überarbeitung steht an. Dazu taucht ein neues Problem auf. Eine Kuppel hat im Wettbewerb schon Calatrava offeriert, der nun Fosters Kuppel für ein Plagiat hält und kurzerhand einen Urheberrechtsanwalt einschaltet, jedoch auf einen Prozess verzichtet.[14]

Der korrigierte Entwurf wird am 1. April der Öffentlichkeit in einer Zeichnung in der Berliner Zeitung präsentiert. Am 28. April gibt es das abschließende Ja zum Entwurf, am 8. Mai präsentiert Frau Süssmuth, Bundestagspräsidentin, das Ergebnis im Reichstagsgebäude. In der Presse herrschen die zustimmenden Kommentare vor, die kritischen Stimmen bescheinigen den Volksvertretern ein »gebrochenes Verhältnis zu Symbolen und zur deutschen Geschichte«[15].

Die Kuppel der Macht   Bei aller Kuppeldebatte: Was ist eigentlich als Ausgangspunkt in der Wettbewerbsformulierung enthalten, welche Botschaft soll das umgebaute Gebäude vermitteln? Wie will sich die parlamentarische Demokratie à la Bundesrepublik präsentiert wissen? »Im Entwurf soll Transparenz zum Ausdruck kommen, die Bürgernähe und Freude an Kommunikation, Diskussion und Offenheit spüren lässt.«[16] Diese Aspekte tauchen in der Regierungserklärung des Bundeskanzlers wieder auf, der sie mit dem erst zu erlangenden symbolischen Inhalt des umgebauten Gebäudes verbindet. Ob dies so werden wird, ob Gebäude und Kuppel dafür stehen werden, bleibt abzuwarten. Der gläsern krönende Kuppelabschluss ist dafür kein Garant, obwohl er in bundesrepublikanischer Tradition zu der Assoziationskette Glas – Transparenz – Einblick – Einsicht verführt, die seit dem

Bonner Plenarsaal von Hans Schwippert 1948 mit der politischen Selbstdarstellung der Republik bis zum nachfolgenden Plenarsaal von Günter Behnisch (vgl. S. 72) verbunden ist. Eine Traditionslinie, der auch die Wettbewerbsformulierung folgt. Doch in Berlin sitzt die transparente Kuppel auf einem steinern-geschichtsbeladenen, monumentalen Gebäude, das über einen eigenen symbolischen Gehalt verfügt. Nicht der zäsursetzende, von der Vergangenheit scheidende Bruch stand hier an, wie er in Bonn möglich war, sondern die Auseinandersetzung mit der Vergangenheit als Moment der Identitätsfindung.

Die Lösung von Foster berücksichtigt die verschiedenen Schichten geschichtlicher Zeugnishaftigkeit, konserviert sie als Spuren einer Geschichte mit Brüchen, setzt Perfektion und Modernität der heutigen Umgestaltung als Kontrast dagegen. Nur die Umbauphase der Sechzigerjahre unter Peter Baumgarten und deren dreißigjährige Existenz ist radikal ausgelöscht, als solle an diese Etappe deutscher Geschichte nicht erinnert werden. Diese Selektion befremdet.

Die Kuppel ist als zentrales Symbol von allen Seiten sichtbar, das hat sie mit der Vorgängerin gemeinsam. Doch schwang seinerzeit in der Wahl der Kuppelgestalt noch ein provokativer und emanzipatorischer Anspruch der Demokratie auf deren Durchsetzung im kaiserlichen Staat mit, ist in der heutigen Kuppelwahl nur der Rückzug auf gesichertes Terrain der Gestaltung zu sehen. Das Parlament sichert sich gestalterisch in der überlieferten Form ab, die offenbar leichter zu konsumieren ist als eine Abweichung davon, und offenbart damit eine Urteilsfähigkeit in Sachen Gestaltung, die im vorgeprägten Bild begrenzt ist. Dass die Kuppel Ergebnis einer demokratischen Urteilsbildung, eines scharf ausgetragenen

Interessenstreits, einer konträren Bewertung des Symbolcharakters des beerbten Gebäudes und letztlich ein Kompromiss ist, dass diese bauliche Inszenierung einer Mehrheitserwartung folgt, ist ihr nicht anzumerken. Dass ihre Form »zwischen schwellendem Nationalbusen und leuchtendem Bienenkorb, historischem Umriss und zeitgenössischer Ingenieurkunst changiert«[17], wird den Volksmund beflügeln. Dass sie eine Versorgungsfunktion hat, Tageslicht in den Plenarsaal zu leiten und verbrauchte Luft abzusaugen und das auf ökologisch neuestem Stand, ist in Informationsbroschüren nachzulesen. Hierin unterscheidet sie sich von Wallots historischer Kuppel, die ausschließlich als Würdeform fungierte und in der Konkurrenz zu den Kuppeln von Dom und Schloss bestehen musste. Doch Konkurrenz ist auch heute angesagt, diesmal zu den hoch aufragenden Gebäuden der Kapitalrepräsentanz von Daimler und Sony am Potsdamer Platz. Aber nicht nur das. Auch Korrespondenz ist Thema. Reichstagsgebäude und Kanzleramt sind beide Bestandteil der Bundesspange, der »Spur des Bundes«, mit der sich die »Berliner Republik« baulich inszeniert. Abgeordnete und Kanzler haben sich sozusagen im Auge. Beide können ihren Blick auch zur empfindlichen Leerstelle in diesem Band schweifen lassen, dem zwar konzipierten, aber nicht mehr auf der Tagesordnung stehenden Bürgerforum, dem geplanten Ort für das Volk im Regierungsviertel. Entpuppt sich die Kuppel im Nachhinein mit ihrer touristischen Funktion unter der Hand als willkommener Kompromiss, sozusagen als Surrogat für das Forum? Auch dies würde sich einschreiben in ihren Symbolgehalt. Doch noch ist nicht aller Tage Abend. Die Realisierung der Neubaupläne geht weiter, die bauliche Auseinandersetzung mit dem Erbe ist vollzogen, die politische in der zu errichtenden »Berliner Republik« wird anhalten müssen. Die Parlamentarier werden den Symbolgehalt des umgebauten Reichstagsgebäudes erst entwickeln müssen.

Neue Debatten – alte Themen Mit der Kuppel als Höhen- und Würdezeichen, welches das Regierungsviertel markiert, wiederholen sich alte Themen baulicher Inszenierung und Repräsentanz in der Stadt. Die Dominantensetzung im Stadtraum war immer mit dem Anspruch, Macht zu veranschaulichen, einher gegangen. Dies ist nicht nur anhand der durch den Kaiser schließlich abgesegneten Reichstagskuppel von 1894 zu belegen. Auch scheinbar weit entlegen in der Geschichte spielten sich solche Konkurrenzen ab und sie sind keineswegs nur auf den europäischen Raum beschränkt. Schon Florenz und Siena wetteiferten mit den Türmen ihrer Kommunalpaläste nicht nur in der eigenen Stadt mit den Geschlechtertürmen des Adels um die Höhendominanz, sondern auch über die Entfernung miteinander. Heute sind es die Wahrzeichen des Kapitals, die skyscrapers, die sich in der Höhe übertrumpfen und deren Wettbewerb von New York über Hongkong bis nach Kuala Lumpur reicht. Turm oder Kuppel, die alten Hoheitszeichen haben trotz aller Wandlung ihren Symbolcharakter bewahrt. Ob das Kapitol in Washington oder der Reichstag in Berlin, beide stellen sich als kuppelgekrönte Monumente der Demokratie dar. Auch weit ausladende Freitreppe und säulengeschmückter Portikus als Eingangssituation verweisen auf den besonderen Anspruch beider Häuser.

Die genutzten Formen und Zeichen sind nicht neu, schon gar nicht für den jeweiligen Bau erfunden. Sie sind über einen langen Prozess tradiert, die Formen angeeignet, umgewandelt und haben ihre konkrete, individuelle Gestalt erhalten. Die Vorgänge sind jedoch die gleichen geblieben. Die Mächtigen vergegenständlichen und inszenieren sich im Raum, in ihren Bauten, deren Fassaden, in denen das Verhältnis zwischen ihnen und den Beherrschten und ihr Platz in der Hierarchie der Macht zum Ausdruck kommen. Bei der Manifestation der Macht im Raum spielen Fassaden eine wesentliche Rolle. Gilt ihnen doch der erste Blick, eine Wahrnehmung, die die beabsichtigte semantische Botschaft im Vorbeigehen wie auch im aufmerksamen Schauen erkennt. Der Betrachter wird auf Distanz gehalten oder zum Verweilen und Betreten eingeladen. Dass die intendierte Botschaft in der richtigen Weise interpretiert wird, setzt einen Zeichenvorrat voraus, der allgemein bekannt und decodierbar ist. Das schließt die Kenntnis der Tradition von Zeichen und die Veränderung ihres Inhalt ein.

Die Debatte zum Reichstagsumbau zeigt die besondere Rolle der Fassade bei der Inszenierung von Macht anhand der Spezifik der Kuppel. Es liegt auf der Hand, dass der Prozess, der erst zum gebauten Ergebnis führt, bereits ein machtpolitischer ist und dass diese machtpolitischen Vorgänge den Bau mit konstituieren. Darüber hinaus wird klar, wie gegenläufig Zeichen interpretiert werden können, wie konträr die Position zum Ererbten ist, mit welchen Mitteln der Macht um Standpunkte gerungen wird und diese auch durchgesetzt werden und wie die Wirkung von Zeichen im Alltag ist. Diese aktuelle Kontroverse und die anhaltende Inszenierung der »Berliner Republik« sind Anlass, in der Geschichte nach den Fassaden der Macht und dabei nach ihren Geschichten, den sie begleitenden Vorgängen zu fragen. Das bezieht die Prozesse des Planens, Verwerfens, Neuorientierens ebenso ein wie die Betrachtung des realisierten Gebäudes in seinem räumlichen Umfeld oder auch des lediglich auf dem Papier gebliebenen Projekts.

Zu Thematik und Struktur dieses Buches

Wird im Folgenden versucht, der Thematik »Fassaden der Macht« nachzugehen, werden die Fassaden der Bauten als Zeichen und Ausdruck des Verhältnisses von Mächtigen und Beherrschten gesehen. Die Frage nach den Bauten der Macht, nach den Bautypen, in denen sich Herrschaft repräsentiert, führt zu den konkreten Untersuchungsbeispielen. Um über eine stilgeschichtliche Betrachtung hinauszugehen, um Kontinuitäten, Wandlungsprozesse und Umbrüche darzustellen und auch ihre sozial-kulturellen Determinanten und Implikationen einzubeziehen, wird eine systematische Darstellung gewählt. Das Verhältnis von Fassade und Macht wird in einer Struktur behandelt, die ihren Ansatz im Gesellschaftlichen hat. Mit Anliegen und Herangehensweise wird kein chronologischer Nachvollzug von Entwicklungen, schon gar keine Vollständigkeit der Darlegung angestrebt, sondern es werden aus der Fülle des Materials typische Fallbeispiele und Prozesse und deren Historisierung gleich einem Panorama ausgebreitet. Europa bildet bei der Auswahl der Beispiele den zentralen Raum, dennoch ist es unablässig, den Blick auch auf außereuropäische Bauten der Macht zu lenken. Der zeitliche Rahmen der Untersuchung erstreckt sich vom Mittelalter bis in die Gegenwart.

Die vorgestellten Fassaden sind jeweils Teil einer baulich-räumlichen Inszenierung. In diesem Zusammenhang werden die ausgestellten Fassaden in Sichtbeziehungen zum potenziellen Betrachter orientiert. Ihre besondere Gestaltung, ihre auf die subjektive Wahrnehmung zielende Zurschaustellung wandelt eine Gebäudewand zur Fassade. Je nach historischem Kontext ist zu beobachten, wie diese baulich-räumliche Inszenierung erfolgt. Dabei ist zu fragen: Geben die Bauten der Macht erst den Startschuss für eine räumliche Inszenierung, setzen sie sich ab von vorhandenen Strukturen und schaffen neue, oder ordnen sie sich in ein vorhandenes Umfeld ein, um dieses letztlich zu dominieren? Welche Orte werden als geeignet angesehen für die unterschiedlichen Inszenierungen von Macht und mit welchen Mitteln strahlen die Gebäude, ihre Fassaden Macht aus? Welche Ausdrucksformen zeigen die Fassaden, um Botschaften zu vermitteln, welche Zonen sind besonders relevant? Welche Geschichten stecken in den Fassaden und beeinflussen den Prozess ihrer Gestaltung? Die Behandlung des Themas »Fassaden der Macht« umfasst somit die baulich-räumliche Inszenierung der Macht, die Gestaltung der Fassade als bewusst ausgestellte Schauwand und die in den Fassaden verborgenen Entstehungs- und Interessengeschichten.

Anmerkungen
1 Eine Kuppel ist keine Schicksalsfrage, S. 9
2 Verhandlungen des Deutschen Bundestages, S. 63
3 Realisierungswettbewerb Umbau des Reichstagsgebäudes zum Deutschen Bundestag, S. 34
4 Lediglich im Dokumentationsteil der Wettbewerbsunterlagen taucht innerhalb der Planungsgeschichte das Thema Kuppel auf. Das Büro Kohlmaier/Satory veröffentlichte 1986 ein Projekt zur Reichstagskuppel und 1987/88 legte Gottfried Böhm ein Gutachten zum Wiederaufbau der Kuppel vor. Vgl. Realisierungswettbewerb Umbau des Reichstagsgebäudes zum Deutschen Bundestag, S. 30
5 Ausführliche Darstellung der Kuppeldiskussion bei Cullen, 1999
6 Bauministerin will keine Kuppel auf dem Reichstag, S. 5
7 Siedler, S. 33
8 Das Volk auf dem Dach. Interview mit dem britischen Architekten Sir Norman Foster über den Umbau des Berliner Reichstags, S. 84
9 Schneider, 1994/Denkmal, S. 33
10 Vgl. Cullen, 1999, S. 201
11 Zit. nach Cullen, 1999, S. 201
12 Vgl. ebd., S. 202
13 Vgl. ebd., S. 203/204, auch Schneider, 1994/Zeichen, S. 5
14 Vgl. »Schuld ist dieser politische Quatsch«, S. 21, vgl. Calatrava grollt von fern. Die Kuppel war meine Idee – man hat mich bestohlen, S. 9
15 Guratzsch, S. 6. Nach der offiziellen Entscheidung bäumt sich die Wallot-Fraktion noch ein letztes Mal im Sommer 1995 in der Presse auf. Vgl. Cullen, 1999, S. 207
16 Realisierungswettbewerb Umbau des Reichstagsgebäudes zum Deutschen Bundestag, S. 34
17 Wefing, 1999, S. 160

Macht und bauliche Gestaltung

Wie wird eine Hauswand zu einer Fassade, in welcher architektonisch-räumlichen Konstellation zieht sie die Aufmerksamkeit des Betrachters auf sich, und welche Botschaften kann sie vermitteln?
Mit welchen baulich-gestalterischen Mitteln bringen die Herrschenden ihren Platz im gesellschaftlichen Gefüge zum Ausdruck und in welchen Bautypen repräsentieren sie ihre Macht?

Gehäuse – Zeichen – Fassade

Geläufig sind im Allgemeinen zwei Erfahrungen mit Architektur. Die eine ist an deren unmittelbar praktischen Gebrauch geknüpft, bei dem Architektur in ihrer Raum-Körper-Einheit die menschliche Lebenstätigkeit umhüllt und organisiert. Beim Bewohnen eines Hauses, beim Durchlaufen scheinbar endloser Flure von Verwaltungsgebäuden, in den Fertigungshallen der Industrie, beim Besuch eines Konzertsaales – täglich wird diese Funktion auf vielfältige Art erlebbar. Architektur ist unter diesem Aspekt ein strukturiertes Gehäuse. Die zweite Erfahrung hängt zusammen mit der visuellen Wahrnehmung von Architektur und der Interpretation der wahrgenommenen Informationen. Der Betrachter unterscheidet zwischen Krankenhaus, Büroturm, Bahnhof oder Kirche, erschließt in einem visuell-kommunikativen Prozess die Bedeutung des Baus. Architektur fungiert in diesem Prozess als Zeichen. Bei der visuellen Wahrnehmung trifft der Betrachter auf die Außenansicht des Baus, speziell auf seine Fassade. Hier sind Informationen gespeichert, die vor dem Betreten, somit vor Kenntnisnahme des Innenraums, auf den Betrachter wirken: ihm mitteilen, was ihn erwartet; ihn anlocken, einladen, abwehren, klein machen oder einschüchtern, die Machtherrlichkeit, Wehrhaftigkeit, Offenheit des Gebäudes symbolisieren. Es kommt auch vor, dass Fassaden den Anschein erwecken, ihnen wäre keine Botschaft eingeschrieben.

Der Begriff Fassade ist vom Lateinischen facies – Gesicht – abgeleitet. Die Fassade ist der Teil der Hülle eines Baus, der bewusst, absichtsvoll und auf Wirkung bedacht dem Betrachter zugewendet wird. Sie ist die Seite, die Aufmerksamkeit erwecken, die angeschaut werden soll – eben die Schauseite.

Sie drängt sich in den Blick des Betrachters, hält Botschaften für ihn bereit. Die kommunikative Relevanz ist Kriterium für die Ausformung einer Gebäudeseite zur Schauseite: ohne Betrachter keine Fassade, keine Schauwand. Wie eine Fassade präsentiert wird, welche Botschaften sie enthält und wie sie auf den Betrachter wirkt, hängt von verschiedenen Kriterien ab.

Die Wahrnehmung der Fassade wird wesentlich von ihrer Darbietung im Raum bestimmt und davon, wie der Betrachter auf sie gelenkt wird. Es geht um Sichtbeziehungen und um das Heraustreten aus dem Kontext anderer Bauten. So ist es ein Unterschied, ob ein Gebäude den Endpunkt einer städtebaulichen Achse bildet und hier seine Fassade inszeniert wird, oder ob sich ein Bau mit seiner Fassade in der Umgebung anderer Gebäude behaupten muss. Eine Achse, auf deren Höhepunkt sich der Betrachter zu bewegt, fokussiert dessen Blick, stellt die Fassade in den Mittelpunkt der Wahrnehmung, ohne konkurrierende Ablenkung. Die Annäherung kann dabei durch räumliche Regulative differenziert werden, die soziale Komponenten integrieren oder ausbilden. Gestaffelte Ehrenhöfe mit begrenzter öffentlicher Zugänglichkeit, vorgelegte Gärten, die als Distanzzonen fungieren, oder die räumliche Zentralität im Schnittpunkt eines städtischen Achsensystems beeinflussen die mögliche Nähe zur Fassade und deren Wahrnehmbarkeit. Der Weg zur bewusst ausgestellten Fassade, Haltepunkte und Aufenthaltsräume vor ihr sind Teil der räumlichen Inszenierung als point de vue und rechnen bereits mit dem Betrachter, disponieren ihn. In die Sicht des Betrachters zu gelangen, ist jedoch nicht nur über die gezielte räumliche Positionierung möglich, sondern kann auch durch Höhe erfolgen. Wird das vorherrschende durchschnittliche Höhenniveau von Gebäuden weit überragt, werden vorhandene Sichtbeziehungen überwunden, kann die Höhendominante zusätzlich eigene Sichtachsen ausbilden.

Im Gegensatz zu der gerichteten und konzentrierten Fassadenwahrnehmung in der räumlichen Situation als point de vue, bei der dem Betrachter die Fassade tendenziell permanent und optisch unangefochten vor Augen geführt wird, werden Fassaden einer Straßenwand im Neben- und Nacheinander wahrgenommen. Der Blick ist nicht von vornherein auf eine Fassade konzentriert, sondern eine Reihe von Fassaden kommt ins Bild. Um sich aus der Masse der Gebäude abzuheben, sich als Besonderes in der räumlich zusammengefassten Vielfalt zu präsentieren, wird die Fassade – vorhandene übergreifende Gestaltungsregeln einhaltend oder ignorierend – gestalterisch individualisiert. In dieser Abgrenzung liegt ein Moment der Rivalität, die in der Fassade anschaulich wird. Jedes Gebäude zeigt sein spezifisches Gesicht. An Plätzen herrscht eine vergleichbare Situation. Alle Gebäude richten ihre Schauseite zum Platz hin aus, versuchen den Blick der Betrachter mit einer möglichst attraktiven Fassade zu gewinnen und ihre Rolle und Bedeutung am Ort zu definieren.

Ist die Sichtbeziehung vom Betrachter zur Fassade wesentlich, um als Schauseite zu fungieren, wird ihre Gestaltung für die jeweilige Inszenierung bestimmend. Mit Materialien, Gliederung, Schmuckelementen, Farbe und Bildprogrammen wird konkret formuliert, wie das Haus sich zeigt. Mittels der Fassade werden dabei Rückschlüsse auf Funktion und Struktur des Gebäudes ermöglicht oder bewusst verdeckt. Die Art, wie ein Haus sich zeigt, drückt aber auch das Selbstverständnis des Bauherrn aus. Das Bild, das Image, das der Bauherr von sich im öffentlichen Raum repräsentiert wissen will, wird mittels der Fassade formuliert und soll auf den Betrachter wirken, ihn konditionieren. Eine kommunikative Situation entsteht, in der die Fassade als Medium Botschaften transportiert. Ob jedoch die intendierten Inhalte in der Art, wie sie zum Ausdruck gebracht werden, auch beim Betrachter ankommen, ist abhängig von verschiedenen Faktoren. Zunächst von der Verständlichkeit der Zeichensetzung selbst, dann von der Fähigkeit des Rezipienten. Der individuell angeeignete Zeichenvorrat des Betrachters ist hierbei ebenso bedeutsam wie der gesellschaftlich produzierte und kulturell genutzte. Verändern sich die Bedingungen, werden Zeichen tabuisiert, mit neuen Bedeutungen belegt, auf neue Weise kombiniert oder geraten sie in Vergessenheit, wandelt sich auch die Interpretation.

Die Ambivalenz der Aussagen, die eine Fassade bereithält, ist im Begriff »Potemkinsches Dorf« sprichwörtlich geworden. Wie die Potemkinschen Dörfer, mit einer gepflegten Fassade überzogen, dem Herrscher ein Bild seiner erfüllten Erwartungen vorgaukelten, so beruhigten die Fassaden entlang der Protokollstrecke in Ost-Berlin die Regierung auf ihrem Weg zur Arbeit und überblendeten die Tristesse der abgewandten Seiten. Auch diese Fassaden sind absichtsvoll in Szene gesetzt, doch sie täuschen etwas vor, was es so nicht gab. Der bewusste Akt der Inszenierung macht klar, dass mittels einer Fassade gezeigt und verborgen wird, dass in der präsentierten Fassade mehr geronnen ist, als auf den ersten Blick zu sehen ist. Wirkt ein Gebäude mit seiner Fassade im Raum auf den Betrachter,

sind der Prozess und die Gründe, die zu dieser und keiner anderen Fassadengestaltung führten, nicht mehr ablesbar. Mögliche divergierende Auffassungen und Interessen zwischen Bauherrn und Architekten, Versuchsphasen in der Planung, Änderungen des Konzepts oder im Detail, Intentionen des Bauherrn, öffentliche Debatten im Vorfeld um den symbolischen Gehalt, über die Absicht mit der Fassade zu wirken, sind in der Fassade verborgen. Damit wird deutlich: Um Fassaden als Inszenierungen zu begreifen, ist auch hinter die Kulissen zu schauen. Eingebettet in die historische Situation sind die Interessen und Intentionen der Bauherrn, der Planungs- und Entstehungsprozess und die räumliche Figuration des Ortes von besonderer Relevanz.

Architektur als Ausdruck des Verhältnisses von Mächtigen und Beherrschten

Steil ist der Anstieg über die Stufen der Freitreppe zum Kapitol in Washington, das mit prächtiger weißer Kuppel weithin sichtbar, auf einem Hügel liegend, die Mall beherrscht. Lang ist der Weg über eine der drei strahlenförmig zum Schloss führenden Straßen in Versailles und durch die sich verengenden Ehrenhöfe bis zum Cour de Marbre, dem innersten Hof und zu den Gemächern des absolut regierenden Ludwig. Streng und mit großer Geste umstehen die Kolonnaden den Platz vor St. Peter in Rom, führt eine Freitreppe zur mächtigen säulengeschmückten Vorhalle, hinter der sich die imposante Kuppel erhebt. Monumental überragen diese Bauten die der Umgebung. Es ist keine Frage, sie beherrschen mit ihrer Lage, ihrem Ausmaß, ihrer Prachtentfaltung und ihren Würdeformen den jeweiligen Ort, und sie bedeuten den Machtanspruch der jeweils Herrschenden, verweisen auf ihren Rang im Herrschaftssystem. Doch nicht nur das. Herrschaftsarchitektur verkörpert oft auch eine angestrebte Idealgestalt, in der der Bauherr behaust und repräsentiert werden will. Die Suche nach der Baugestalt, nach

dem angestrebten Ausdruck der Macht ist nicht beliebig, im Gegenteil, sie ist ideengeleitet und oft in Konkurrenz zu zeitgleichen oder historischen Inszenierungen erfolgt. Das Ablehnen oder das Aufnehmen von Formen, das Tradieren von Architekturelementen oder das radikale Brechen mit Vorbildern haben unmittelbar mit dem Selbstverständnis des Bauherrn zu tun und den Vorstellungen über eine nicht nur angemessene, sondern ideale Art seiner Repräsentation. Ludwig XIV. begeisterte sich für das Schloss Vaux-le-Vicomte seines vermögenden Oberfinanzintendanten Nicolas Fouquet nahe Melun und übertrumpfte es um ein Vielfaches in Ausmaß, Glanz und herrscherlicher Geste in Versailles. Später, im 19. Jahrhundert, diente die Adaption der Palastanlage der – Entwurf gebliebenen – Phalanstère von Fourier beziehungsweise der gebauten Familistère von Godin in Guise nicht nur praktischen Zwecken, sondern auch der bildhaft assoziativen Aufwertung genossenschaftlichen Wohnens, dem sozialen Konzept vom gemeinschaftlichen Leben. Auch Gegenbeispiele sind bekannt. Die Moderne setzte sich in ihrem Formenvokabular ab von historisierenden Elementen, löste sich von den historischen Vorgaben insbesondere des 19. Jahrhunderts. In der neu konzipierten Hauptstadt Brasilia führt zwar eine Achse direkt auf den »Platz der Drei Gewalten« mit seinem zentralen Punkt, dem Parlamentsgebäude, doch zeigt dieser Monumentalbau keine formalen Anleihen an Parlamentsbauten der Vergangenheit (vgl. S. 68).

»Monumentalbauten werben für Herrschaftsformen.«[1] Durch ihre Baugestalt werden vorhandene gesellschaftliche Ordnungen gedeutet und gerechtfertigt. Mauern, Kirchen, Rathäuser, Parlamente, Burgen und Paläste, Wolkenkratzer und Kulturbauten vermitteln Formen des Zusammenlebens,

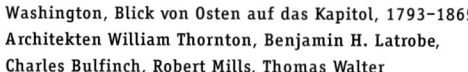

Washington, Blick von Osten auf das Kapitol, 1793–1865,
Architekten William Thornton, Benjamin H. Latrobe,
Charles Bulfinch, Robert Mills, Thomas Walter

der sozialen Hierarchie, der Integration oder
Ausgrenzung. Monumentalität, Höhendominanz, Prachtentfaltung, das Einbeziehen von
fortifikatorischen Elementen und Würdeformen, das Einfügen von Distanzräumen,
die verwendeten Materialien verleihen dem
Geltungsanspruch Ausdruck.

Die Erscheinungsformen, mittels derer
Architektur Machtverhältnisse zum Ausdruck bringt, sind vielfältig. Das Imponieren
über die Größe und Höhe ist eine Spielart.
Rathäuser, deren Silhouette sich einprägsam
im Stadtbild abzeichnet und deren Dimension die der Nachbarbauten übertrifft, wie
beispielsweise in Augsburg, symbolisieren
den Machtanspruch der Bürger der Stadt,
demonstrieren kommunales Bewusstsein
(vgl. S. 114–118). Seit es Ende des 19. Jahrhunderts Wolkenkratzer gibt, verbindet sich
mit deren Höhenstreben wirtschaftliche
Potenz des Kapitals, Innovativkraft und
unternehmerischer Wagemut der Bauherrn.
Die bildhafte Darstellung von Botschaften,
Aussagen über Status, Rechte, geschichtliche Beziehungen geben ebenso Auskunft
über die politische Willensbekundung wie
das Bauzitat signifikanter Vorbilder. So gibt
die Kathedrale von Reims in ihrer Größe und
ihrem Schmuck- und Figurenaufwand nicht
nur ein Bild der mittelalterlichen Weltan-
schauung, sondern sie bezeugt gleichfalls
die Macht der Institution Kirche und der
Bischöfe als Teil dieser Macht gegenüber den
Gläubigen (vgl. S. 128-136). Darüber hinaus
sichert sie sich ihren Platz als Krönungskirche unter den Kathedralen Frankreichs mit
einem Bildprogramm, das diese Position als
historisch legitimiert beschreibt. Zu den

Demonstrationsgesten von Macht gehören ebenso die Besetzung von prominenten Orten wie die sinnbildliche Verbindung mit dem genius loci. Auch die räumliche Abgrenzung, der eingeschobene Raum etwa durch Gartenanlagen, die Abtrennung durch Gitter und Tore, ist ein Akt der räumlichen und sozialen Differenzierung zwischen Herrschern und Beherrschten.

In der Selbstdeutung der Bauherrn durch das Gebäude liegt der Versuch, den gesellschaftlichen Rang mittels baulicher Inszenierung zu befestigen, die bestehenden Verhältnisse unantastbar zu machen und zu verewigen. Dass dies immer auch Ausdruck herrscherlicher Unsicherheit ist, ist die Kehrseite der Medaille. Das von Jacob Burckhardt wiedergegebene Fazit, das Papst Nikolaus V. über den monumentalen Sinn der Bauten Roms auf seinem Sterbebett formulierte, bestätigt den Aspekt: nämlich »das monumentale Bedürfnis der Kirche nicht in betreff der Gelehrten, welche Entwicklung und Notwendigkeit der Kirche auch ohne Bauten verständen, wohl aber gegenüber den *turbae populorum*, welche nur durch Größe dessen, was sie sähen, in ihrem schwachen und bedrohten Glauben bestärkt werden könnten. Dazu dienten besonders ewige Denkmäler, die von Gott selbst erbaut schienen. Die Festungen im ganzen Staat habe er errichtet gegen Feinde von außen und gefährliche Neuerer im Innern.«[2] Nicht nur mit Monumentalität und Pracht wird dieses Bedürfnis der Machtsicherung und Machtsicherheit erfüllt, auch ganz praktisch mit Wehrtürmen, Mauern, Buckelquadern im Sockelgeschoss, Zinnen.

Politische, kulturelle und ästhetische Implikationen und Interessen, wirtschaftliche
Erfolge, weltanschauliche Haltungen und der
Umgang mit Geschichte waren in der Vergangenheit für die Gestaltfindung genauso
relevant, wie sie es heute für die Gegenwart
sind. Wenn Architektur als Produkt von
Machtverhältnissen begriffen werden kann,
die aus bestimmten gesellschaftlichen Entwicklungen resultieren, so muss auch
gesehen werden, dass sie diese gesellschaftlichen Verhältnisse mit prägt. Spiegelt
Architektur die Verhältnisse von sozialen
Kräften wider, so in einem Interpretations-
spielraum, der nicht eindimensional zu
füllen ist. Der Zusammenhang zwischen
Machtdarstellung und architektonischer
Form muss Parallelität und Ungleichheit in
der Gleichzeitigkeit, die Veränderbarkeit,
Komplexität und das Nichtlineare architektonischer und gesellschaftlicher Entwicklung
berücksichtigen.

Bautypen im historischen Wandel der Herrschaftsrepräsentation

Unter Machtarchitektur werden im Folgenden Bauten verstanden, die der Repräsentation im sozialen Raum dienen, mit denen
die Bauherrn eine politische Wirkungsab-
sicht verbinden und die deren Rang und
Anspruch in konkreten Machtverhältnissen
anschaulich vermitteln. Staatliche, wirtschaftliche, kulturelle und religiöse Repräsentation sind räumlich und zeitlich unterschiedlich ausgeprägt, spielen je nach
Machtgefüge eine dominante oder nachgeordnete Rolle. Die Differenzierung der Berei-

28

Chicago, Blick in die South Dearborn Street,
im Bild von links nach rechts: Old Colony Building,
Architekten Holabird & Roche, 1894; Plymouth Building,
Architekt Simeon B. Eisendrath, 1899; Manhattan Building,
Architekt William LeBaron Jenney, 1891

che Politik, Religion, Wirtschaft und Kultur
in der Gesellschaft geht der Ausformung
spezifischer Symbol- und Zeichensysteme
voraus. Der in der Geschichte angereicherte
Formen- und Symbolvorrat wird dabei beerbt
und angeeignet: Entweder werden symbolische Formen bewusst aufgenommen und
wiederbelebt und zur Darstellung von
Machtansprüchen verwendet, oder es handelt sich um eine weniger aktive, dezidierte
Indienstnahme von Bedeutungen und Symbolen, mehr um eine Aufnahme im Sinne
eines Fortlebens. Der grundsätzlich andere
Umgang mit dem historisch ausgebildeten
Formenrepertoire liegt in der Verweigerung
der vorgefundenen und mit Bedeutungen
besetzten Formen oder in deren Ironisierung
sowie im Neufinden von symbolträchtigen
Ausdrucksmitteln und Formen.

Die seit der Spätantike und bis ins frühe
Mittelalter sich vollziehende umfassende
Christianisierung Europas sicherte der Insti-
tution Kirche eine Vorrangstellung, die sich
auch in der führenden Rolle der Sakralbauten
gegenüber den Profanbauten widerspiegelt.
Diese Situation wird erst seit dem Hochmittelalter durch feudale und höfische
Repräsentationsbauten, Burgen, Paläste,
Pfalzen, und durch Bürgerbauten aufgebro-
chen. Eine Vielzahl privater und öffentlicher
Bürgerbauten entsteht in der Folgezeit in
den Städten, entwickelt als selbstständige
Bauaufgabe oder abgewandelt von feudalen
Vorbildern. Bürgerhäuser, Lager- und Handels-
häuser, Rathäuser, Zunft- und Gildehäuser
gehören zu den Bauten, die die veränderten
produktiven, kommunikativen, verwaltungs-

und machtpolitischen Konstellationen gesellschaftlicher Arbeitsteilung und die Differenzierung von Politik, Wirtschaft, Kultur als Sphären der Gesellschaft räumlich vergegenständlichen. Mit der Gegenreformation erfährt die Sakralarchitektur noch einmal einen Aufschwung. Diese bedeutende Rolle teilt sie jedoch mit Schloss- und Palastbauten, die ihre Blütezeit im Absolutismus haben. Trotz der Differenzierung der politisch agierenden sozialen Subjekte und deren baulicher Repräsentanz bleiben Kirche und Palast bis zum 18. Jahrhundert die wichtigsten Bauaufgaben der Machtrepräsentanz, die erst abgelöst werden durch die Veränderung der politischen Systeme und dann im 19. Jahrhundert mit dem Beginn der industriellen Revolution. Die Entstehung von parlamentarischen Demokratien, die Trennung von Legislative, Exekutive und Rechtsprechung ändert wesentlich die bauliche Präsentation des Staates. Parlamente werden zur Bauaufgabe. Im 19./20. Jahrhundert verbreitert sich die Basis der Akteure, die um Teilhabe an der Herrschaft ringen. Die gesellschaftlichen Kräfte, deren partikulare, konträre oder übereinstimmende

Interessen auf der politischen Ebene eingebracht werden, organisieren sich als politische Kräfte. Damit verbunden sind Institutionalisierungsprozesse, wie sie sich mit der Gründung von Parteien, Gewerkschaften, Vereinen, Verbänden vollziehen und die sich wiederum in der Öffentlichkeit auch räumlich verankern, nach Repräsentanz trachten. Parteizentralen, Gewerkschaftshäuser sind eine Spielart davon. Die Darstellung von Macht als durch Architektur besetzter und bebauter Raum trifft auch für andere Bereiche zu, insbesondere für die Wirtschaft. Die Wirkungsabsichten sind mehrschichtig. Ist die gebaute Überlegenheitspose mit Hochhaustürmen auf nationale und internationale Konkurrenten gerichtet, wird gleichzeitig im Gefüge gesellschaftlicher Akteure die eigene gesellschaftliche Potenz und der weit über wirtschaftliche Belange hinaus reichende, auch politische, Einfluss signalisiert. Die bauliche Inszenierung von Banken, Versicherungen und Konzernen zeigt dies eindrucksvoll. Die Tendenz der Internationalisierung der Politik und deren Institutionalisierung, insbesondere im 20. Jahrhundert, stellte die Frage nach Bauten, deren Gestaltung sowohl Verwaltungsabläufe als auch die Repräsentanz politischer übernationaler Gremien vereint. Büro-, Verwaltungs- und Kongressarchitektur wird zu einer Repräsentationsform der Macht.

Die klassische Polarisation von Burg und Kirche, Schloss und Rathaus, Adelspalais und Bürgerhaus, die räumlich und architektonisch ausgemacht werden konnte, hat sich im Laufe der Geschichte aufgelöst zugunsten vielfältigerer und mehrdimensionaler Beziehungsstrukturen. Die Großstädte des 20. Jahrhunderts geben ein beredtes Bild dieser Situation wieder, in der die gesellschaftlichen Kräfte »zum optischen Kampf aller gegen alle«[3] angetreten sind.

Anmerkungen
1 Braunfels, 1987, S. 10
2 Burckhardt, S. 11
3 Beyme, 1998, S. 247

Staatsform und politische Architektur

Die selbstständige staatliche Repräsentation in Bauten bedingt die Herausbildung eines eigenständigen staatlichen Funktions- und Wertebereichs. Doch bis es zu dieser Separation kommt, sind staatliche und religiöse Macht über eine lange Zeit hin verquickt. Wird diese Trennung vollzogen und werden staatliche Funktionen weiter differenziert, entsteht ein Bedarf an Räumen, Gebäuden. Die sich entwickelnden Institutionen drängen nach baulicher Darstellung, um ihre Position innerhalb der Struktur staatlicher Macht sichtbar zu machen. Damit verbunden ist die Herausbildung von neuen Bauaufgaben, somit von Bautypen innerhalb der Gruppe der Profanbauten, die diese praktischen und kommunikativ-ideellen Aufgaben erst leisten können.

Herrschaftsarchitektur im Mittelalter

Ohne festen Wohnsitz, ständig unterwegs, ziehen die deutschen Kaiser des Mittelalters von Pfalz zu Pfalz. Es sind die Orte, an denen die Regierungsgeschäfte ablaufen, Reichsversammlungen und Hoffeste abgehalten werden und die Herrscher sich baulich repräsentieren. Palatium und Pfalzkapelle sind die Hauptbauten, mit denen der kaiserliche Anspruch auf die Verbindung von Imperium und Sacerdotium versinnbildlicht wird. Die Herrscher im Mittelalter verfügen über keine Behörden, die weisungsgebunden helfen, Regierungsentscheidungen durchzusetzen. Der fehlenden Institutionalisierung entspricht das Fehlen eines speziellen Raumanspruchs und entsprechender Bauaufgaben. Es gibt nach modernem Verständnis keine Staatsbauten, nur Bauten der jeweiligen Herrscher. Die politische Ordnung des mittelalterlichen Reichs ist mit dem heutigen Begriff Staat nicht zu fassen. Sie basiert auf dem Besitz von Grund und Boden. Grundherrschaft und Lehnswesen, abgeleitet davon Vasallität, spielen die zentrale Rolle in dem durch persönliche Abhängigkeitsverhältnisse charakterisierten Zeitraum. Die deutsche Entwicklung ist geprägt vom Wahlkönigtum, das anfänglich zwar zentralistische Züge aufweist, in der Konsequenz jedoch das Territorialfürstentum stärkt, obwohl mit dem König beziehungsweise Kaiser immer eine übergeordnete Instanz besteht. Der mit dem Kaiser und seiner Position verbundene Universalanspruch im Reich kollidiert nach dem Niedergang der Stauferherrschaft mit dem Kräftezuwachs anderer Königreiche wie England und Frankreich, in denen bereits früh eine stabile zentralstaatliche Entwicklung einsetzt, die zu anderer architektonisch-räumlicher Repräsentation der Herrscher führt.

Zwischen Vorbildsuche und Konkurrenz – die Kaiserpfalz in Aachen

Karl der Große ist in nachrömischer Zeit der erste königliche Herrscher, der mit dem Frankenreich wieder über ein riesiges Imperium gebietet. Als mächtigster Mann Europas regiert er um 800 in einem relativ stabilen und gesicherten Reich. Als der Papst in Bedrängnis kommt, Karl in innerrömische Konflikte involviert wird und sich schließlich die Kaiserkrönung abzeichnet, bietet sich die Chance, der faktischen Macht und der ihr unterlegten politischen Orientierung eine neue Qualität zu verleihen. Dabei geht es nicht nur darum, mit dem Titel die Reputation zu steigern, sondern ein schon vorher verfolgtes politisches Modell anschaulich mitzuteilen, zu vermitteln und zu befestigen. Angestrebt wird eine Herrschaft, in der Vorstellungen vom spätrömischen Kaisertum mit dem Erneuerungsgedanken des römischen Imperiums verknüpft sind. Doch die Zeit der Kaiserkrönungen ist lange vorbei. Ein Vorbild muss her, das Rechtsgültigkeit verspricht und die Vorstellungen von Kaiserkrönungen bedient. Es wird im Krönungszeremoniell des byzantinischen Basileus gefunden. Nach diesem Inthronisationsmodus wird Karl der Große in Rom im Jahr 800 zum Kaiser gekrönt. Damit steht er an der Spitze des frühfeudalen Zentralstaates, dem auch die Kirche unterstellt ist und wird zugleich Schutzherr der Christenheit. Die Inszenierung im Ereignis des Krönungsaktes korrespondiert mit der dauerhaften baulichen Repräsentation. Im Komplex der Aachener Pfalz, insbesondere den Bauten Kaisersaal und Pfalzkapelle, verdeutlicht Karl seinen Herrschaftsanspruch im geistlich-weltlichen Machtgefüge. Das politische Programm, die renovatio imperii, das Anknüpfen ans römische Weltreich, fand in der Pfalzkapelle seinen architektonisch-symbolischen Ausdruck mit dem baulichen Zitat der Kirche San Vitale in Ravenna, dem Ort, an dem der mächtige Ostgotenkönig Theoderich residiert hatte. Mit der Bedeutungsübertragung über Ort und Zeit hinweg wurde der imperiale Anspruch dokumentiert und visualisiert. Der Einbau von Spolien aus Bauten Ravennas, der Versatz originaler antiker Säulen und Kapitelle, steigerte diese Art der Demonstration ins Fetischhafte. Aber es ging nicht nur um das im Bau anschaulich gewordene Installieren einer Tradition zum römischen Kaisertum, sondern auch um die Rivalität zum byzantinischen Herrscher. Die Reaktion mit gestalterischen Mitteln fand ihren Ausdruck in der Lage der Kaiserloge, die Ähnlichkeiten zu byzantinischen Hofkirchen aufweist.

Die Gesamtanlage der Pfalz wird zum Zeichen kaiserlicher Repräsentanz, zur Fassade der Macht: zum einen mit den eingestellten Bauten, Kapelle und Königshalle, zum anderen durch deren Korrespondenz im Raum. Im Kapelleninnenraum haben die Spolien und die hierarchische Anordnung der Ebenen – im Obergeschoss der Kapelle hat Karl seinen Thron, unten steht das Volk – repräsentativen Charakter, im Äußeren kennzeichnet das Nischenportal an der Kapelle den Kaiserbereich.

Rekonstruktionszeichnung der Aachener Pfalzkapelle Karls des Großen, Nordwestseite

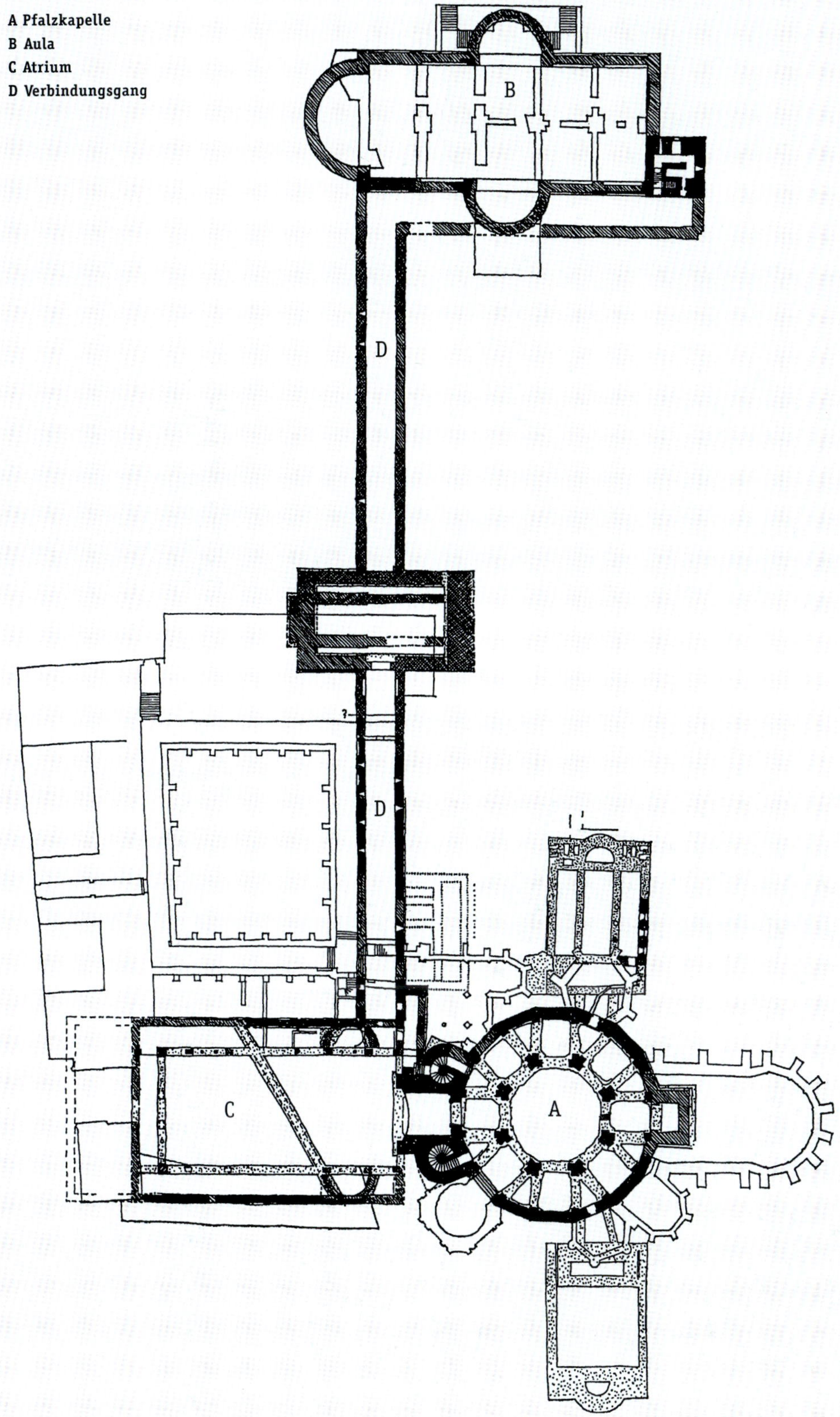
A Pfalzkapelle
B Aula
C Atrium
D Verbindungsgang
B
D
D
C
A

Grundriss des Aachener Pfalzbezirks um 800, Bestand 1964

Eine derart programmatische bauliche Zurschaustellung des politischen Willens wie bei Karl dem Großen hat es über lange Zeit nicht mehr gegeben. Bischofssitze und Reichsabteien oder Königshöfe und Pfalzen sind nur mehr oder weniger ambitioniert ausgebaut. Einerseits ist das Regieren vom Pferderücken aus nicht förderlich für derartige Projekte, andererseits stellt der politische Alltag andere Anforderungen. Kräfteverschiebungen im politischen Gefüge der

Aachen, Pfalzkapelle, Nischenbau

Modell der Aachener Pfalz Karls des Großen

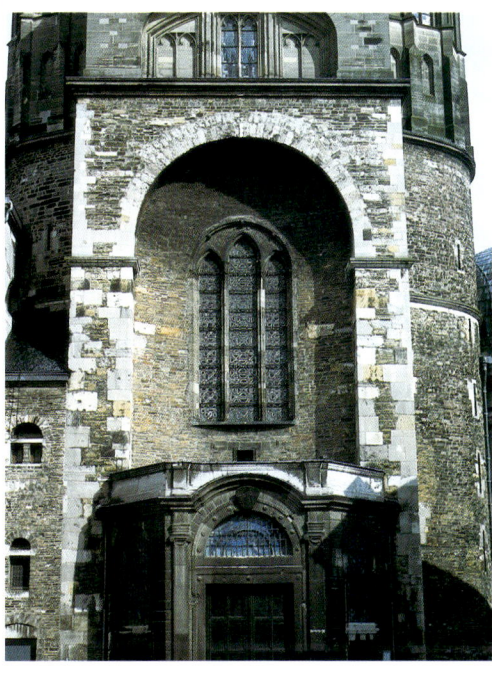

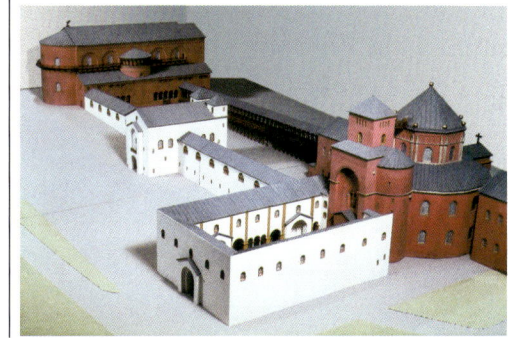

Aachen, Pfalzkapelle, Innenansicht, 800 geweiht, Baumeister Odo von Metz

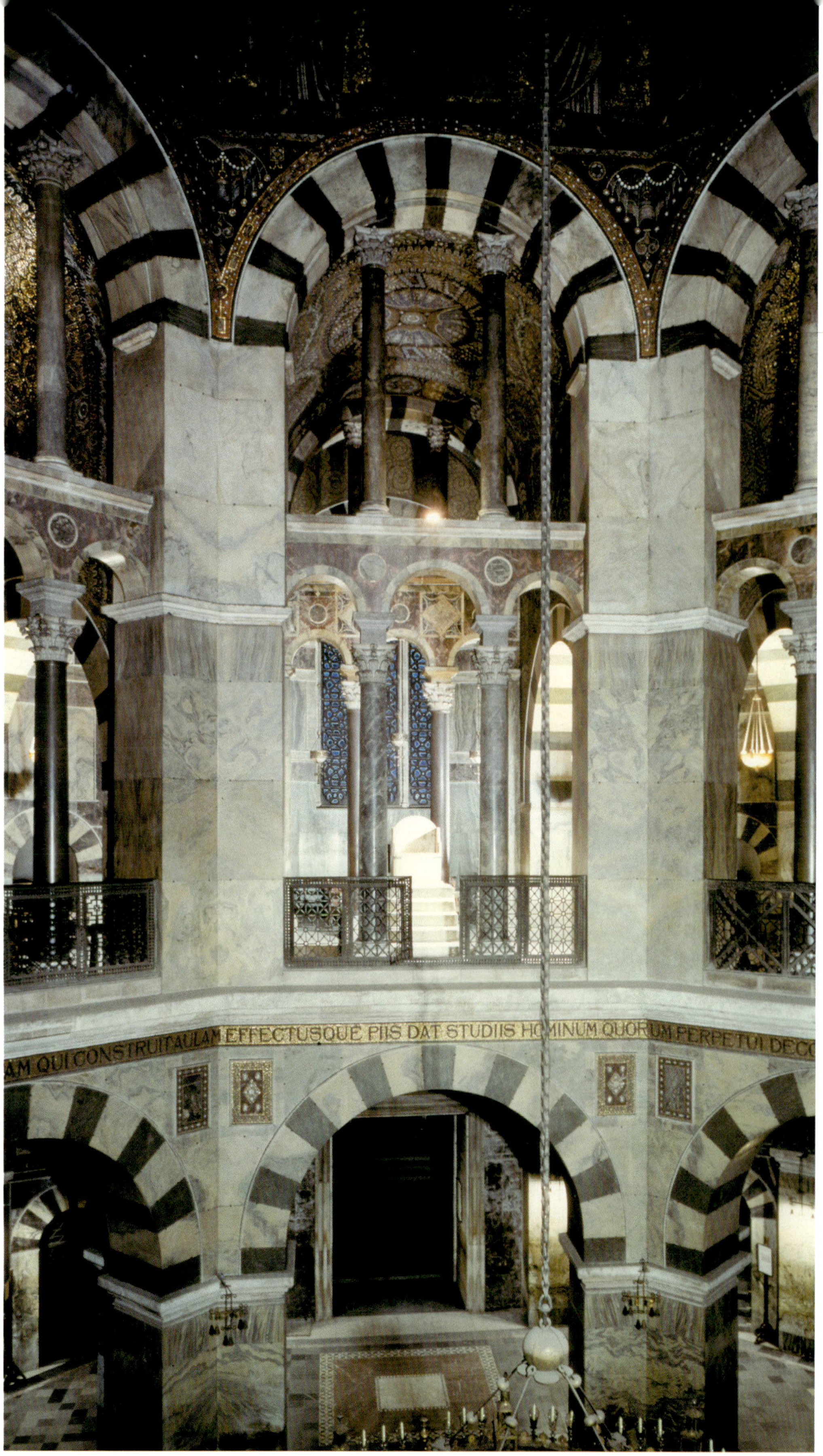

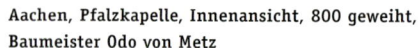

Stände beginnen zu wirken, in deren Folge die politischen Programme und deren Durchsetzung nicht mehr das Format wie zur Zeit Karls des Großen erreichen. Dennoch werden Pfalzen, auch Burgen, deren wehrhafte Schwestern, gebaut, neu besetzt und umgebaut, nicht nur vom Kaiser oder König, auch von den territorialen Herzögen und Fürsten und seit dem Interregnum 1254 auch vom niedrigen Adel. Auf die Magdeburger Pfalz der Sachsen, die in Anlehnung an Aachen entsteht, der ebenfalls in symbolheischender Weise antike Architekturteile einverleibt werden und mit der Otto der Große seinen politischen Herrschaftsanspruch unterstreicht, soll nur hingewiesen werden, wie auch auf die Prachtpfalz der Salier in Goslar.

Die Residenz als Sitz der Macht – die Pfalz in Braunschweig

Sesshaft, im Sinne von Residieren, von Regieren von einem festen, beständigen und repräsentativen Ort aus, wird zunächst ein anderer als der Kaiser. Als erster weltlicher Reichsfürst gründet Heinrich der Löwe eine feste Residenz in Braunschweig und baut die Stadt aus. Seine ab 1160 errichtete Pfalz, bestehend aus Burg Dankwarderode, Doppelkapelle, Löwenmonument und Stiftskirche, zeigt eine »königsnahe Konzeption«[1]. Eine repräsentative Machtdarstellung ist das Ensemble als Ganzes, die sich noch immer aus der Verquickung weltlicher und sakraler Elemente speist. Parallelen zur kaiserlichen Machtdarstellung, insbesondere im Vergleich zur Goslarer Pfalz, liegen nicht nur in der Tatsache des Saalbaus, seiner Größe und der Verbindung mit einer Doppelkapelle, sondern sind auch in der Vorbildlichkeit der kaiserlichen Grablege in Königslutter für die Stiftskirche zu finden. Symbole aus dem sakralen

Bereich, die malerische Darstellung des himmlischen Jerusalem in der Vierung und zwei unlängst wiedergefundene Säulenfragmente in Kombination mit Marienaltar und siebenarmigem Leuchter, spielen auf den Tempel des biblischen Königs Salomon an.

Klappriss des Braunschweiger Burgplatzes und seiner näheren Umgebung, um 1600, Niedersächsisches Staatsarchiv Wolfenbüttel

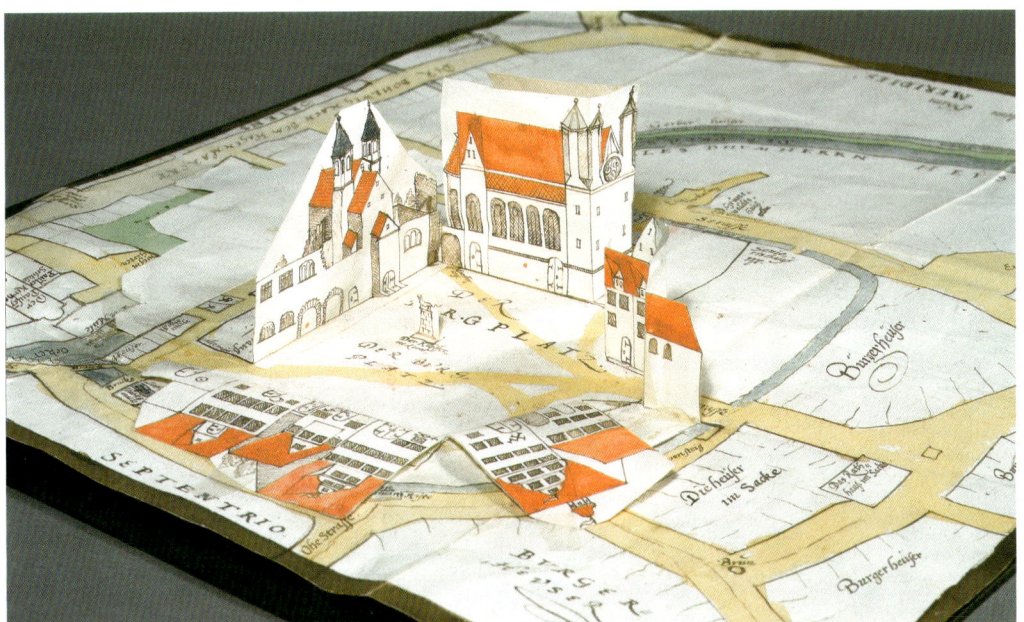

Hausmacht- und Kaiserrepräsentation – die Kathedrale in Prag

Als Karl IV. rund zwei Jahrhunderte später die Kaiserwürde erlangt, sprengt er die zuvor gekannten Maßstäbe kaiserlicher Repräsentation im deutschen Reich. Gleichermaßen ist er interessiert, seine kaiserliche Position als auch die Hausmacht der Luxemburger baulich darzustellen und zu stärken. Beide Pole verdichten sich im Zentrum seiner Aktivitäten, in Prag. Das Regieren aus dem Sattel ist zwar noch typisch,

Nachfolgende Seiten
Prag, Blick über die Moldau mit der Karlsbrücke auf die Kleinseite mit Burg und St. Veits-Dom

doch bekommt es eine neue Qualität mit dem festen Punkt der städtischen Residenz Prag. Das vielschichtig miteinander verzahnte Bauprogramm gibt Auskunft über sein Verständnis als böhmischer König und deutscher Kaiser sowie über seine politischen Zielsetzungen. Zug um Zug feilt er an der Darstellung seiner Macht: schafft zunächst in der Erhebung Prags zum Erzbistum die Voraussetzung zum Kathedralbau und übernimmt das Metropolitenamt gleich selbst, gründet die Universität, plant und baut die Neustadt, beginnt den Kathedralbau. Das Kerngebiet seiner Macht ist der Hradschin. Der Profanbau, der Burgpalast, für dessen Gestaltung die französischen Königspaläste Pate standen, ist längst nicht so aufschlussreich hinsichtlich der Machtinszenierung wie die ikonographisch bedeutungsgeladene

Ansicht von Prag mit Burg, St. Veits-Dom und Karlsbrücke, kolorierter Holzschnitt aus der Schedelschen Weltchronik, Nürnberg 1493

S: PTOCOPPIUS S: FIGISIAUDUS S: VITUS S: WECTSIAUS SZAIODOT

Kathedrale, dennoch bildet auch hier das Ensemble eine konzeptionelle Einheit. Chor und Südwand des Gotteshauses vereinen die wichtigsten Inszenierungselemente im Kathedralprogramm: Die Chorkapellen nehmen die Grabtumben der königlichen Vorfahren auf und die Triforiumsbüsten zeigen Karl, Mitglieder seiner Familie, Bischöfe, Baumeister und Heilige. Geschichte und Gegenwart werden in Beziehung gesetzt, mit der Tradition die Herrschaft bestätigt. Die Südfront präsentiert Portal und Turm im Außenbereich, im Inneren die Wenzelskapelle. In der überaus kostbar ausgestatteten Kapelle werden die Gebeine des Landespatrons bewahrt, ein Bezugspunkt, der den königlich-böhmischen Herrschaftsaspekt, den der Hausmacht, bedient. Mit dem Südportal und den Mosaiken des Jüngsten Gerichts, die auf den kaiserlichen Palast gerichtet sind, wird die »ganze Kathedrale zur kaiserlichen Palastkapelle umgedeutet«[2]. Der hoch aufstrebende und in die Stadt wirkende Südturm schließlich, dessen Lage im klassischen gotischen Kathedralsystem ungewöhnlich ist, bekommt einen Sinn aus seinem zweifachen Bedeutungsgehalt: als Zeichen der Kathedrale und der kaiserlichen Residenz. Die Korrespondenz zwischen Südportal und Palast, zwischen dem Turm als Bedeutungsträger der Kirche und Burgpalast und der Stadt lassen die Südseite zu einer glanzvollen und inhaltsreichen Fassade, zu einer Schauseite im Wortsinn werden.

Darstellung des Pariser Louvre, Monatsbild Oktober
aus Les Très Riches Heures des Duc de Berry, Miniatur von
Paul von Limburg, 1415/16, Musée Condé Chantilly

*Umzug vom Palast in den einstigen Wehrbau –
der Louvre in Paris*

Die Entwicklung in Frankreich ist von einer
anderen Konstellation geprägt. Schon Hugo
Capet kürt Ende des 10. Jahrhunderts Paris
zur Hauptstadt des französischen Köni-
greichs und bringt die Entwicklung der
Stadt in mittelalterlicher Zeit in Gang. Auf
der Spitze der Ile de la Cité residiert der
französische König in seinem Palast. Der
Louvre, die neue Zwingburg, wird erst als
Komplementärbau zur Stadtmauer unter
Philipp August um 1200 errichtet. Mit dem
Bau der Schlosskapelle Sainte Chapelle er-
langt der Herrschaftssitz auf der Seineinsel
Mitte des 13. Jahrhunderts seine größte
Prachtentfaltung, auch die Stadt ist zu einer
mittelalterlichen Kapitale geworden. Der
Hundertjährige Krieg mit England verbreitet
Qual, lässt die wirtschaftlichen Kräfte stag-
nieren und wirkt sich nicht zuletzt auf Paris
aus. Die Pest grassiert 1348, die Stadt ist
nun vollends unwirtlich. Die französischen
Könige bevorzugen in dieser Zeit ihre länd-
lichen Sitze. Der Königspalast, 1358 im
Bürgeraufstand gestürmt, wird obsolet und
der Umzug in den Louvre, inzwischen zum
baulichen Zeichen königlicher Macht geworden, folgt. Die damalige Gestalt des Louvre
ist heute überformt, doch gibt ein Kalender-
bild aus dem Stundenbuch des Herzogs von
Berry eine Vorstellung davon, wie die königliche Machtdemonstration um 1400 architektonisch ausfiel. Eine zinnenbewehrte, vielfach turmgekrönte, kompakte Anlage lässt
keine Zweifel am Herrschaftsanspruch aufkommen. Mit dem fortgesetzten Louvreausbau
und der Königsachse wird der Herrschaftsanspruch in den folgenden Jahrhunderten
baulich bekräftigt, bis sich Ludwig XIV.
nach Versailles absetzt und da in aller
Pracht inszeniert.

Absolutistische Herrscher und Residenzbauten

Im Fokus die Sonne – das Schloss in Versailles
Im legendären Ausspruch Ludwigs XIV. »L'Etat c'est moi« zeigt sich formelhaft verkürzt die Übereinstimmung von Königspsychologie und Staatstheorie im Frankreich des 17. Jahrhunderts. Der König ist Träger des Königsamtes und die einzig dafür in Frage kommende Person. Durch seine legitime Geburt wurde er von Gott in das Amt gesetzt und er wird durch diesen Akt der

Amtmann Gottes auf Erden. Die Ebenbildlichkeit Gottes wird im Bild der Sonne symbolisiert. Die vielfältigen Medien der Inszenierung der so verstandenen Staatsmacht hat Peter Burke[3] analysiert. Kunst im umfassenden Sinn spielt bei der Verherrlichung von Ruhm und Herrschaft, bei der Darstellung der Staatsmacht die vorderste Rolle. Zur Veranschaulichung der absoluten Macht des Königs wird die Ikonologie von Licht und Sonne eingesetzt, die das Gesamtkunstwerk Versailles durchdringt.

Ludwig XIV. zieht auf der Höhe seiner Macht 1682 mit dem gesamten Hof und der Verwaltung nach Versailles um. Der 1668 begonnene Umbau des ererbten Jagdschlosses zur Residenz, die für die europäischen Fürsten zum Vorbild werden sollte, hält in seiner zweiten Gestaltungsphase nach Plänen von Jules Hardouin Mansart noch an. Versailles wird dabei zum Ort der umfassendsten programmatischen Inszenierung eines weltlichen Herrschers, bei der in einem bisher ungekannten Maße alle Register gezogen werden. Zum Bestandteil der Inszenierung gehören die nach strengem Reglement stattfindenden Alltäglichkeiten lever und coucher genauso wie Audienzen, Feste, Maskenbälle, Feuerwerke, die Vielzahl von Porträts und Statuen des Königs, die Förderung von Wissenschaft und Kunst und der Eingriff in die Natur. Den architektonisch-räumlichen Rahmen und zugleich den wesentlichsten Teil der Inszenierung bilden Schloss und Park. Da in der zum Gesamtkunstwerk entwickelten Residenz die einzelnen Gestaltungsbereiche konzeptionell eng aufeinander bezogen sind, bringt dieses Verflochtensein es mit sich, dass die Fassaden im großen Konzert der repräsentativen Äußerungen nur ein Moment sind. Sie sind nicht ausschließlich aus ihrer eigenständigen

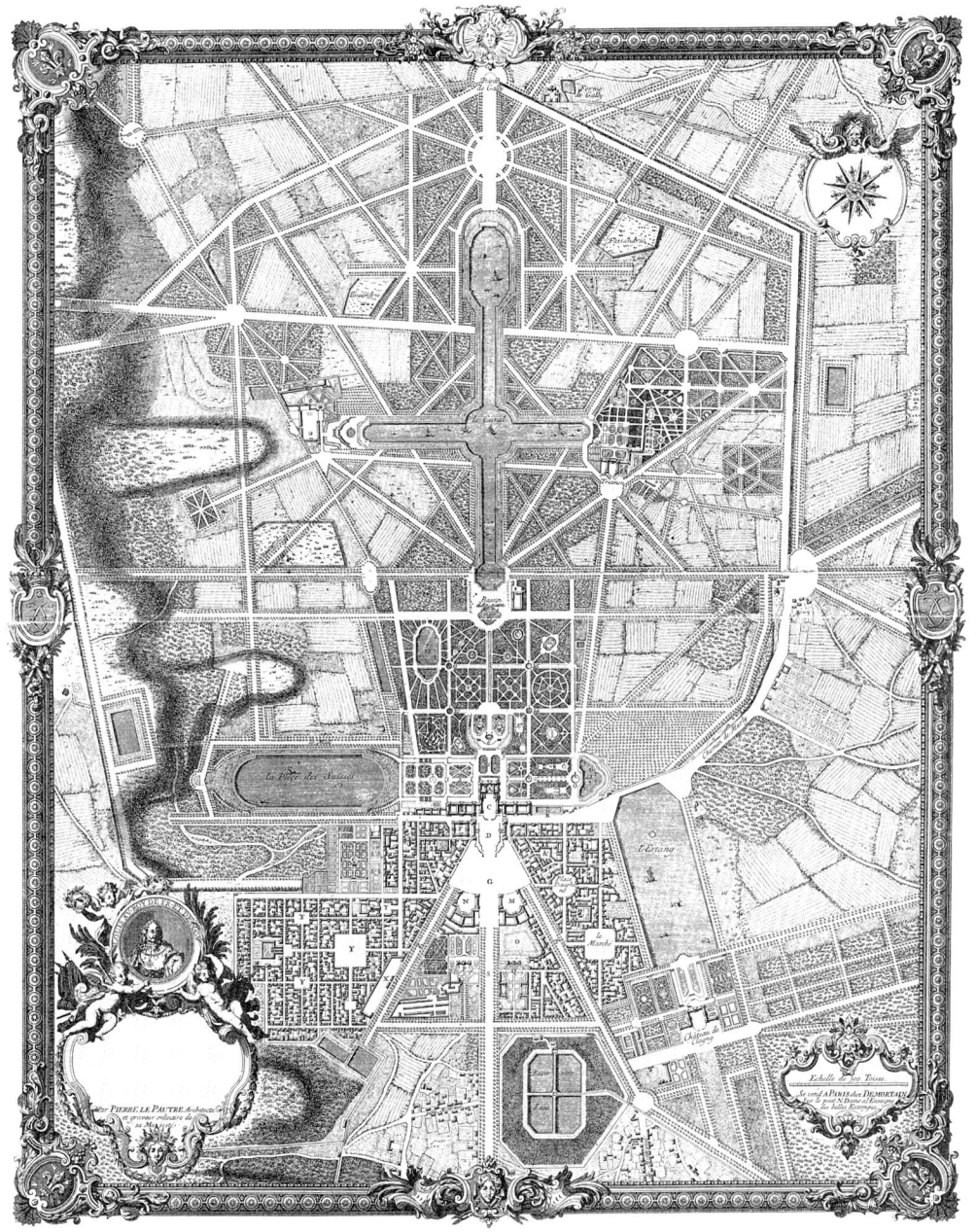

Übersichtsplan mit Stadt, Schlössern und Parkanlagen in Versailles von Pierre Le Pautre

repräsentativen Funktion zu erschließen, sondern vielmehr auch aus ihrer vermittelnden Rolle zwischen den Repräsentationszonen zu verstehen.

Die Triumphalseite des riesigen Gesamtkomplexes ist die Ostseite. Alles ist darauf abgestimmt, Ludwig zu feiern. Schon Zeitgenossen beschreiben den bühnenartigen Eindruck, den das Schloss beim Annähern des Betrachters von der Place d' Armes hervorruft. Die äußere gestaffelte Fassade saugt den Willkommenen ein, umschließt ihn mit ihren prächtigen Gebäudearmen, beeindruckt mit der Ausstellung von Größe und Reichtum, platziert ihn in der Hierarchie

Ansicht von Schloss Versailles im Jahre 1722, Kupferstich nach einem Gemälde von Pierre-Denis Martin

des Hofs und hält den Höhepunkt in der Distanz gleichermaßen zurück und bereit.

Drei Höfe, leicht ansteigend hintereinander gestaffelt, sich jeweils verengend und ursprünglich durch Gitter voneinander getrennt, führen zum Fokus der Anlage, dem Schlafzimmer des Königs. Die Zugänglichkeit ist jedoch hierarchisch abgestuft und der Weg von Statuen mit allegorischen Bedeutungen bestückt. Zufahrt mit ihren Karossen zum zweiten Hof, dem Königshof, haben nur noch Privilegierte. Hier liegen die Eingänge zu den Treppenhäusern von König und Königin. Der Marmorhof dagegen ist lediglich zu Fuß zu erreichen. Um einige Stufen erhöht, liegt er unmittelbar vor den Königsgemächern im ersten Obergeschoss. Mit seinen umgebenden Gebäuden gehört er zum alten Schloss aus der Zeit Ludwigs XIII., das in der ersten Umbauphase auf Geheiß Ludwigs XIV. durch Louis Le Vau in den Neubau integriert wurde. Ort und Geschichte werden auf diese Weise in ihrer Historizität anerkannt und aufgehoben. An diesem

Versailles, Schloss, Marmorhof, Architekt Philibert Le Roy, 1631-34, Teilansicht der Fassade. Im ersten Obergeschoss das Schlafgemach Ludwigs XIV.

historischen Kern gipfelt auch die feierliche Machtinszenierung. Nicht nur dass der Fassadenschmuck zum Mittelrisalit hin opulent gesteigert wird, er findet quasi über dem königlichen Schlafzimmer seinen Höhepunkt in einer Uhr mit dem Kopf des Sonnengottes Apollo, flankiert von Herkules und Mars. Die Botschaft ist so simpel wie prätentiös: Erhebt sich Ludwig nach den Regeln des lever aus den Federn, geht gleichsam über dem Reich und für alle Untertanen die Sonne auf. Der Cour de Marbre mit seinem plastischen Schmuck »führt wie in einer Verdichtung den Sinn des Schlosses vor: zunächst Herkules und Mars, dann die Ruhmesgöttinnen, die Erdteile und schließlich die Früchte der königlichen Herrschaft: Friede, Fleiß, Klugheit, Weisheit, Gerechtigkeit, Freigebigkeit, Ruhm, Autorität, Reichtum, Großzügigkeit, Kraft und Überfluss«[4].

Die Gartenseite mit ihrer extremen Breite von 580 Metern hat ihren Bedeutungsschwerpunkt ebenfalls im Zentrum. In der streng geschlossenen, dreigeschossigen Gartenfassade wird das mittlere Geschoss als Hauptgeschoss mit den bedeutungsvollsten Räumen durch ionische Pilaster- und Säulengliederung hervorgehoben. »Die Gartenfassade wirkt wie die riesige, vor allem breite ›scenae frons‹ eines römisch-antiken Theaters, dessen Säulenkulisse für ein ständiges Theater, ein konstantes Spektakel gebaut zu sein scheint.«[5] Ein aus der Gesamtfassade hervortretender Block markiert nicht nur deren symmetrische Mitte und wird zum Ordnungselement für die unmittelbar angrenzenden Parterres und Wasserflächen, damit letztlich für die Parkgestaltung, sondern er fungiert auch als Verbindungsglied der Bedeutungszonen

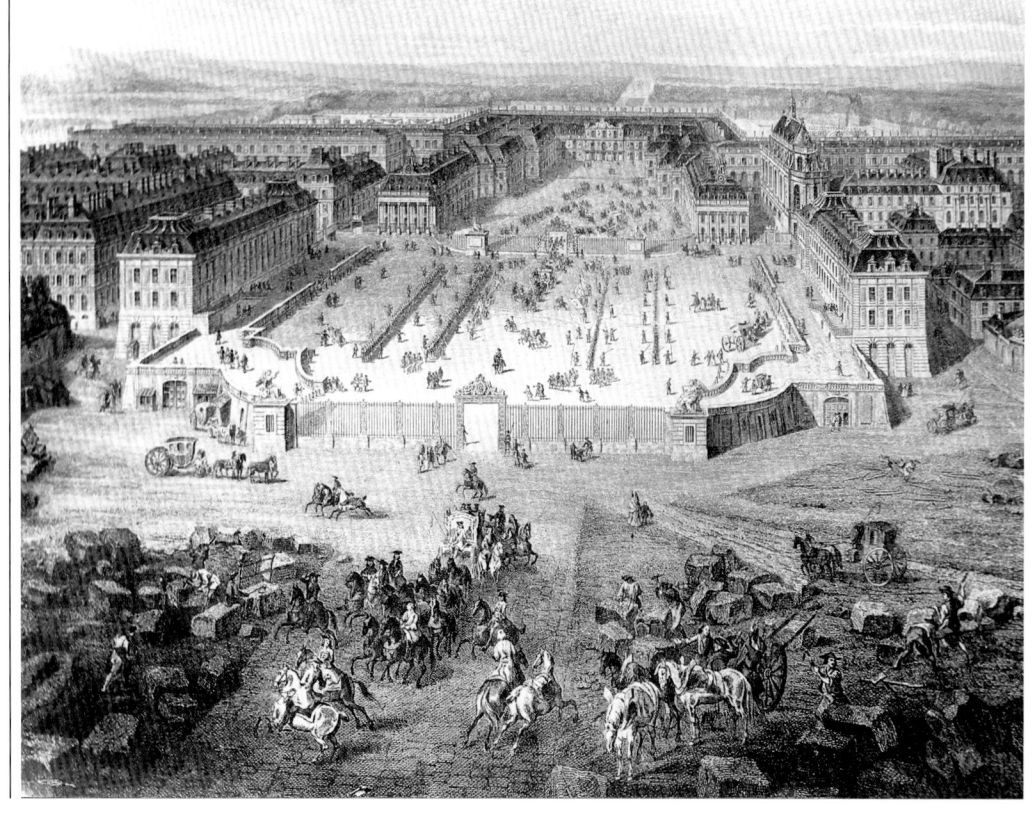

Ansicht von Schloss Versailles im Jahre 1722, Kupferstich nach einem Gemälde von Pierre-Denis Martin

Schloss und Park, zwischen Innen und Außen. In diesem Mittelblock, dem Corps de Logis, liegt die an ihren Enden vom Salon de la Guerre und vom Salon de la Paix eingefasste Spiegelgalerie. In den Bildern der überaus prunkvollen Räume werden die Taten Ludwigs gefeiert: der Sieg Frankreichs über die Feinde mit dem König an der Spitze und der nur durch Ludwigs Taten gewonnene Frieden. Das Bildprogramm hat seinen Höhepunkt im zentralen Deckengemälde der Spiegelgalerie. Am Schnittpunkt aller konzeptionellen Linien des Schlosses zeigt es den Triumph Ludwigs bei seiner Regierungsübernahme, den Gebieter über Krieg und Frieden. Zusätzlich überrascht die Spiegelgalerie mit einer besonderen Finesse, einem Architekturelement, dem so genannten »Ordre français«. Das von Charles Le Brun kreierte bildhafte Kapitell mit der Bourbonen-Lilie, dem Symbol des französischen Königshauses, dem

Versailles, Schloss, Gartenfassade,
erbaut ab 1661 durch Louis Le Vau,
ab 1678 durch Jules Hardouin Mansart

gallischen Hahn an den Ecken und mit dem Strahlenhaupt Apolls an der Stirn der Deckplatte, wurde zielgerichtet erfunden, um die französische Monarchie zu verherrlichen. Vom Mittelpunkt der Spiegelgalerie aus verläuft eine Achse in den Park, die mit Brunnen besetzt ist. Bereits bei den ersten flan-

Versailles, Schloss,
Ansicht des Mittelrisalits
der Gartenfassade

kierenden Wasserbassins, in denen sich die Fassade spiegelt, wird die Thematik der Salons aufgenommen in den Krieg und Frieden darstellenden Vasen. Auf der nächsten Geländeebene kündet der Latoniabrunnen von der Bestrafung der frevelnden Bauern gegen die Gottheit Latonia, die Mutter von Apoll und Artemis. Am Ende der Achse, vor dem Grand Canal, steigt die einst vergoldete Figurengruppe des Apollo im Sonnenwagen empor zum Tagesanbruch und versinnbildlicht den königlichen Anspruch in der Triumphfahrt des Lichtes über die Welt. Die Achse reicht über die Spiegelgalerie zurück bis zum Marmorhof und dem hier mittig angeordneten Schlafgemach Ludwigs XIV. Der Kreis schließt sich: Am Beginn des Tages gerinnen im rituellen Aufstehen des Königs, dem lever, die allegorischen Darstellungen in der Metapher des Sonnenaufgangs. Die Herrschaft Ludwigs wird zu einer göttlichen erhoben.

Zur Fassade der Macht wird ganz Versailles. Der auf das Gebäude bezogene Fassadenbegriff findet hier seine beinah uneingeschränkte Erweiterung. Wie üblich vermit-

telt die Fassade zwischen Innen und Außen und an ihr werden die wichtigsten Räume, die sowohl als Privat- wie auch als Staatsräume fungieren, hervorgehoben. Der Gestaltungswille, der die Verschränkung der symbolischen Bedeutungen der Räume im Schlossinneren über die Fassade in den Park mit seinen Elementen und bis in die Formung der Natur hineintreibt und einem Konzept, der Verherrlichung des Königs, unterordnet, macht sowohl den gebauten als auch den natürlichen Raum zu einer Fassade der absoluten und sich omnipotent repräsentierenden Macht. Im öffentlichen Zurschaustellen der Herrschaft Ludwigs in Ritual und Zeremoniell, in der räumlichen Überschneidung von privaten und staatlichen Funktionen, verknüpfen sich Bereiche, die ursprünglich real und im übertragenen Sinn vor und hinter der Fassade liegen. Im öffentlichen Charakter der Innenräume liegt der Grund, sie mit ihrer Ausstattung, der Wand- und Deckenmalerei, quasi zu einer Innen-Fassade der Macht werden zu lassen, so wie es die Gebäude entlang der drei Höfe mit ihrem sich steigernden Schmuck im Äußeren sind. Der Park mit den verschiedenen plastischen Gruppen, den ruhigen Wasserflächen, den auf Fasson gestutzten Bäumen und Hecken tritt als weiterer Bereich der königlichen Machtinszenierung hinzu. Mit dem Griff auf die Natur, deren Ordnung, Bezähmung und Beschnitt, deren Beherrschung über die Jahreszeiten hinweg, wird diese im Gesamtkunstwerk Versailles unverzichtbares Inszenierungselement und im Außenraum entsteht eine aus Natur geformte, künstlich geschaffene Fassade, die den landschaftlichen Raum auch für andere Inszenierungen, zum Beispiel für Feste, strukturiert und umgibt. In der Vereinnah-

mung der Natur zur Machtdemonstration geht Ludwig über bisherige Inszenierungspraktiken, die sich auf Gebäudefassaden, Gebäudekorrespondenz, Innenraumgestaltung und Raumordnung bezogen, hinaus.

Des Sonnenkönigs Residenz strahlt mit ihrem Glanz über Europa und verschattet die Repräsentation der anderen Mächtigen. Was liegt da für die Adelshäupter näher, als der Versuch gleichzuziehen, egal wie weit der eigene absolute Anspruch reicht, wie groß das beherrschte Gebiet ist, wie einflussreich die ausgeübte Macht und wie bedeutend die Rolle im Ensemble europäischer Staaten. Konkurrenz ist dabei ganz sicher im Spiel, doch nur einmal gelingt ein Wurf, mit dem Versailles übertrumpft werden soll. Aber nicht das kaiserliche Schloss Schönbrunn in Wien soll hier betrachtet werden, sondern bescheidenere Residenzen, die nichtsdestotrotz eine Fassade der Macht tragen.

Privater Rückzug und tugendhafte Bescheidenheit – das Karlsruher Schloss
Im kleinstaatlich zersplitterten Deutschland bringen die territorialen Fürsten zwar keine Residenzen von Größe, Reichtum und Anspruch eines Versailles hervor, doch interessante und auch einzigartige Inszenierungen ihrer Macht, die gleichfalls in der Regel als Gesamtkunstwerk angelegt sind und die die in Versailles voll ausgebildeten Gestaltungsmittel einer absolutistischen Residenz wie Axialität, Geometrisierung, Perspektive, Zentralität des Schlosses, Herrschaft über den gebauten und natürlichen Raum variieren. Im Zusammenklang der Ensembleteile spielt die Fassade abhängig vom Gesamtkonzept jeweils eine unterschiedliche, durchaus stark von der in Versailles abweichende Rolle. Die Individualität der jeweiligen Residenz liegt in den Intentionen und Ansprüchen des Herrschers ebenso begründet wie in der wirtschaftlichen Potenz seines Machtbereichs, den lokalen Gegebenheiten und den hinzugezogenen Architekten und Künstlern.

Im Bau von Karlsruhe ist zwar eine durch Versailles inspirierte Anlage anzutreffen, doch tendiert der in der Gesamtgestalt vermittelte repräsentative Anspruch trotz absolutistischer Inszenierung mehr zum Privaten hin, so dass dem Schloss und seiner Fassade letztlich die Kopplung aus Staats- und Personenrepräsentation fehlt. Unter den Mächtigen im deutschen Reich ist Markgraf Carl Wilhelm ein eher kleines Licht, sein Land politisch und wirtschaftlich unbedeutend. Dennoch ist es auch hier eine Fassade der Macht, die sich der Herrscher gibt, auch wenn die Fassade im eigentlichen Sinn nur eine untergeordnete Rolle spielt und sie in ihrer Ursprungsgestalt ein anderes Bild gab, als es sich heute in der Rekonstruktion der Gestalt aus der Mitte des 18. Jahrhunderts vermittelt.

»Carols Ruh« ist ein Beispiel, bei dem die Gründung einer Residenz auf der Konzeption einer Idealstadt beruht. Markgraf Carl Wilhelm von Baden-Durlach kehrt dem im Pfälzischen Erbfolgekrieg zerstörten Schloss seines Vaters in Durlach den Rücken und baut sich ab 1715 eine neue Residenz. Ein Waldstück wird dafür urbar gemacht und im Zentrum eines sternförmigen Wegenetzes ein Schloss und ein separater Turm, umkreist von Garten und Park, errichtet und eine Stadt angeschlossen. Die Inspiration durch Versailles ist zu erkennen: Der Straßendreistrahl, der in Versailles auf das Schloss zuführt, wird hier zu einem Straßenstern, zu einer vollen Kreisform gesteigert. Die Idee ist gewiss großartig, doch birgt sie schon den Wandel, dem die Schlossfassade als repräsentativer Faktor innerhalb des Ganzen unterworfen ist.

Im Turm, nicht im Schloss, wird Politik gemacht. Die Gruppierung der Bauten verbrämt diese Funktionstrennung auf den ersten Blick noch: Das Schloss liegt scheinbar, der Turm real im Fokus der Anlage. Als

Ansicht von Karlsruhe mit Schloß, Gartenanlagen und
Stadt von Norden, Kupferstich von Johann Matthias
Steidlin nach Christian Thran, 1739

Ansicht der Stadt Karlsruhe von Süden,
kolorierter Kupferstich von Heinrich Schwarz, 1721

wichtigstes Gebäude besetzt er den Mittelpunkt des Ensembles, von dem wie von
einem Scheitelpunkt die Wegschneisen aus-
laufen. Die Ritter des Hausordens der Treue
spinnen die Fäden der Politik, wenn sie im
Turm tagen. Gegründet hat den Orden der
Markgraf am Tag der Grundsteinlegung und
steht ihm als primus inter pares vor. Nach
den Rittern sind die Radialstraßen benannt,
wobei die direkt nach Süden führende
Straße den Fürstennamen trägt. Die Symbolträchtigkeit dieser Inszenierung lässt sich
nicht übersehen, die so interpretiert werden
kann, »dass der Turm das Sinnbild des Staates ist, ruhend auf dem Grundstein der
Treue. Von ihm strahlen die ordnenden Kräfte in das Land aus, die durch die Ritter der
Treue personifiziert werden; unter ihnen als
vornehmster, im System jedoch den anderen
nicht übergeordnet, der Markgraf ... Deutlicher kann man wohl kaum den Begriff vom
Fürsten als erstem Diener des Staates sinn-
bildlich ausdrücken, einen Begriff, wie er im
aufgeklärten Absolutismus Friedrichs des
Großen, allerdings erst eine Generation später, ausgesprochen wurde.«[6]

Lage und Funktion machen den Turm zum
räumlichen und politischen Zentrum der
Macht. Er ist der point de vue und gleichzeitig der Punkt, um Untertanen und Landschaft allseitig im Visier zu haben. Der Turm
hinter dem Schloss wird zum Vermittler der
Herrschaftsbotschaft und der Wohnung des
Herrschers, dem Schloss, fällt in der Konstellation eine nachgeordnete Rolle zu.

Auch im Gesamtarrangement variiert Carl
Wilhelm das vorgegebene Muster architektonisch-räumlicher Inszenierung, was sich auf
den Charakter der Anlage, den Stellenwert

der Fassade auswirkt. Zwar gehören Schloss, Garten und Park wie in Versailles zum Bauprogramm, doch im Unterschied zur französischen Königsresidenz liegt der Garten hier nicht hinter dem Schloss und leitet zum Park über, sondern er ist vor das Schloss geschoben. Ausgenommen von der sternförmigen Wegstruktur ist er eingespannt zwischen die Schlossflügel und orthogonal gegliedert. Ein Lustgarten fungiert in der Regel vor allem im Areal der Boskets als privater Bereich. Seine Lage hier modifiziert die Funktion, privater Raum zu sein. Zum einen wird zur angrenzenden Stadt eine deutliche Distanz geschaffen, die als »Symptom der neuen Intimität«[7] interpretiert werden kann, zum anderen wird eine »über die gewohnte Raumbeherrschung hinausgehende Betrachtungsform, die den weiten Freiraum rings um das Schloss bewusst in den Schlosskomplex mit aufnimmt«[8], hier tragend. Der Raum zwischen Stadt und Schloss wird in Karlsruhe nicht genutzt, die Entreesituation feierlich zu steigern. Das bezeugen das Fehlen einer auf den Schlosseingang führenden Mittelachse und die seitlich über die Flanken der Schlossflügel organisierte Hauptzufahrt. Der Markgraf nimmt sich so gewissermaßen selbst aus der Perspektive, ohne sie einzubüßen. Allseitig umgeben von Park und Garten, hat das Schloss im direkten Sinn keine Stadtfassade, stellt es sich nicht unmittelbar der Stadt gegenüber dar. Der Öffnung zur Öffentlichkeit wird durch den Abstandsraum Garten der Riegel der Privatheit vorgelegt, der Repräsentationszwang dadurch gemindert, so dass diese Geste des Rückzugs keine forcierte Monumentalität mehr braucht, und die Fassade in einer kargen Einfachheit und Schmucklosigkeit geformt werden kann. In dieser Konzeption hat die Schlossfassade geringere repräsentative Bedeutung als bei Zentralanlagen, die dem Modell von Versailles folgen. In ihr wird nicht der staatsrepräsentierende Anspruch vorgeführt, sondern mehr ein zum Privaten verschobener. Vor allem im Vergleich zu Versailles wird der »Anspruchsgestus zur Pose, der absolutistische Machtanspruch zum Privatissimum des Rokoko«[9].

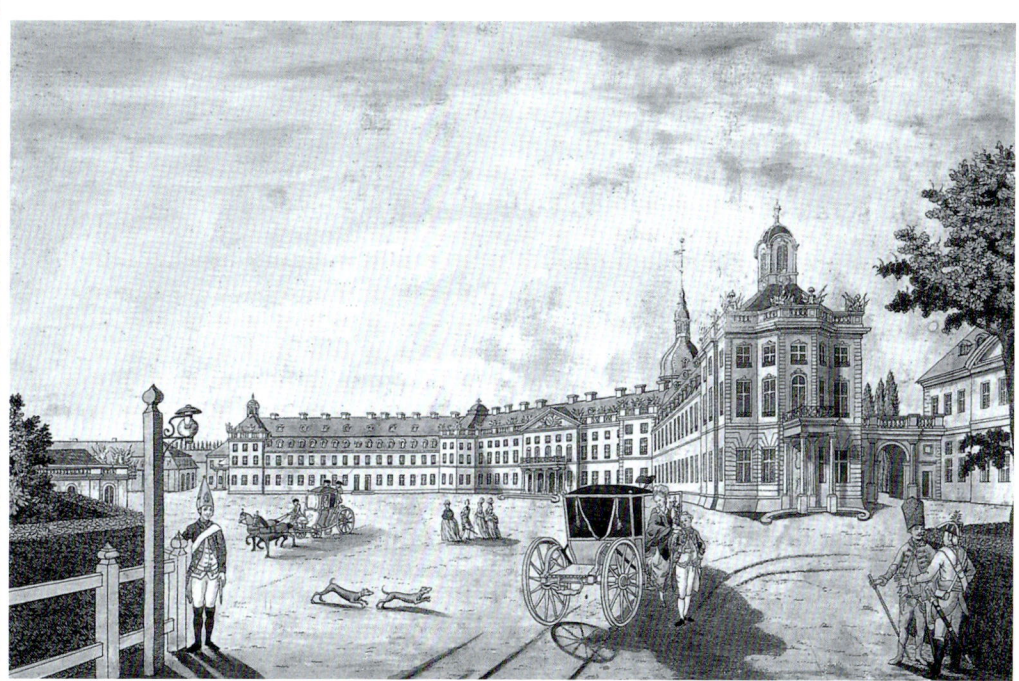

Das Schloss in Karlsruhe von der Stadt her gesehen, kolorierter Kupferstich von J. B. Haas nach einer Zeichnung von Peter Perez Burdett, um 1780

Das Schloss in Karlsruhe vom Park her gesehen, kolorierter Kupferstich von J. B. Haas nach einer Zeichnung von Peter Perez Burdett, um 1780

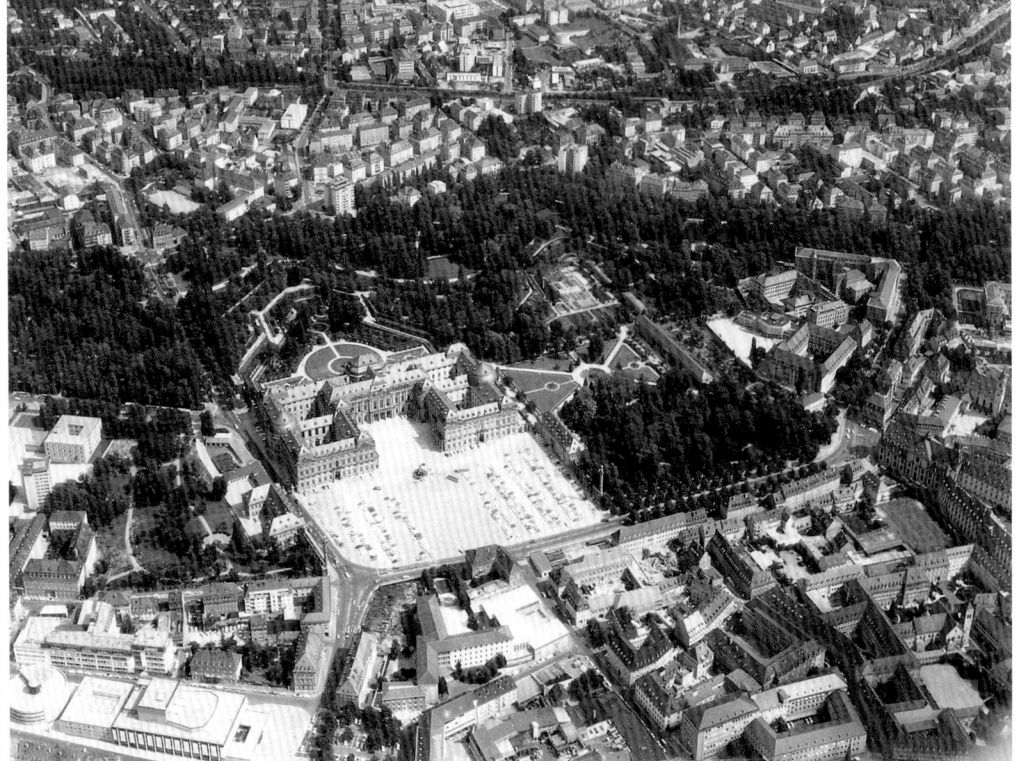

Würzburg, ehemalige fürstbischöfliche Residenz
von Nordosten, Architekt Balthasar Neumann, 1720–44,
Aufnahme 1963

Würzburg, ehemalige fürstbischöfliche Residenz
von Nordwesten, Architekt Balthasar Neumann, 1720–44,
Aufnahme 1968

Carl Wilhelm ist kein Krösus und gemessen an dem überbordenden Inszenierungseifer Ludwigs in Versailles und an anderen prächtigen Herrschaftsensembles wie in Mannheim fällt seine Residenz eher bescheiden aus. In zwei Tafeln seitlich des Mittelrisalits stellt sich der Markgraf als ein ruhesuchender, uneitler und gottgefälliger Herrscher dar, der beim Residenzbau nach der Maxime, maßvoll zu sein, gehandelt habe. Die Haltung ist am Schloss durchaus abzulesen, doch wird sie wohl weniger einer Tugend entspringen als einem geringen Budget und durch die Grenzen eines im Kameralismus agierenden deutschen Kleinstaates bestimmt sein.

Weltlich-geistliche Doppelrepräsentanz – die Würzburger Residenz

An Kunstsinn, Repräsentationsfreude und Selbstbewusstsein leiden die Würzburger Fürstbischöfe aus den Geschlechtern Schönborn und Greifenclau keinen Mangel. Unter ihrer Regentschaft wird die Residenz zwischen 1719 und 1780 geplant und fertig gestellt. Familiär verbunden mit den Mächtigen des Reichs, die sich als Baulöwen produzieren und Kenntnisse über die künstlerische und architektonische Entwicklung in Mainz, Wien und Paris und Kontakt zu den führenden Künstlern, Kunsthandwerkern und Architekten haben, ist ein Austausch in Baufragen auf der Höhe der Zeit garantiert. Als Fürstbischöfe vereinigen die Würzburger Regenten zwei Machtbereiche in ihrer Person: den weltlichen und den geistlichen. Und so liegt die Vermutung nahe, dass beide Herrschaftsbereiche im Residenzbau gleichrangig repräsentiert werden. Doch das Selbstverständnis der Bischöfe gibt der weltlichen vor der geistlichen Repräsentation den Vorrang.

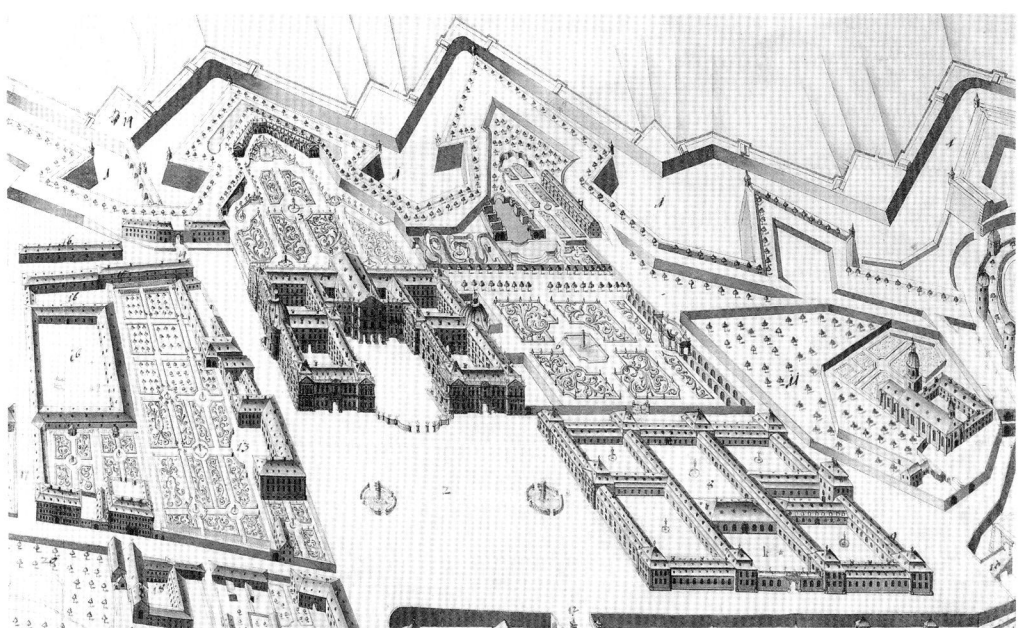

Ehemalige fürstbischöfliche Residenz Würzburg von Nordwesten, »Prospect der hochfürstlichen neü erbauenden Residenz in der Statt Würtzburg«, Federzeichnung von Balthasar Neumann als Vorlage für den Kupferstich, Planungszustand vor Balthasar Neumanns Pariser Studienreise 1723, Kunstbibliothek Berlin

Würzburg, ehemalige fürstbischhöfliche Residenz, Blick von Westen auf die Rückwand des Ehrenhofs

Ehemalige fürstbischöfliche Residenz Würzburg, Vogelschau der Gesamtanlage von Westen, Federzeichnung als Kupferstichvorlage von Johann Christian Berndt, um 1775, Kunstbibliothek Berlin

Auf den ersten Blick beeindruckt die Residenz durch ihre außerordentliche Monumentalität. Ein grandioser Platz, der sich vor der Dreiflügelanlage ausbreitet, intensiviert diesen Eindruck noch. Dieser Steinplatz »steigt von der Stadt her in leicht gekrümmter Kurve um nahezu 2,5 Meter gegen das Massiv der Residenz und senkt sich zugleich leise gegen die Platzflanken, so dass das Bauwerk sich auf der Höhe einer sphärischen Fläche erhebt, die sich der Form einer Kugelkalotte von riesigem Durchmesser nähert«[10]. Resonanz im Bau findet die gewölbte Platzform in der Fassade, die mit dem größten Rücksprung, dem Ehrenhof, und dem Einzug der Flügelfronten hinter die Eckrisalite antwortet.

Gebändigt und in Beziehung gebracht hat den monumentalen Baublock mit der gigantischen Leere des Platzes ursprünglich ein Gitter[11], das die beiden Seitenflügel miteinander verband, den Ehrenhof abschloss und dessen Mitte eine durch dachhohe Obelisken markierte triumphale Einfahrt bildete. Die Raffinesse des Gitters lag in der Eigenschaft, einen transparenten Abschluss zwischen Ehrenhof und Platz zu schaffen, die in ihrem Maßstab jeweils selbstständige Qualität haben. Für die Fassade kam dem Gitter eine wichtige Funktion zu. Es verwies auf den zentralen Eingang, kennzeichnete damit die Flügelbauten in ihrer Bedeutung als nachgeordnet und schied gleichzeitig die Portalfront aus einer Konkurrenzsituation in der Betrachtung mit den Flügelfronten aus. Damit wurde die Portalfront des Ehrenhofs

die letzte Entdeckung bei der Annäherung an den Bau, somit zum Höhepunkt der Wahrnehmung des Besuchers und als Ahnung schon weit vor dem Gitter vorbereitet.

Genau hier, in der Mitte des Ehrenhofes, über dem Giebel des zentralen Portals prangt das Staatswappen des Fürstbischofs, verweist damit an prominenter Stelle auf die Bedeutung des Baus und des Bauherrn und leuchtet in Weiß und Gold bis in die Stadt zum Dom hinein, die Macht des Fürstbischofs verkündend. Vorbereitet wird diese Stelle als bedeutungsvoller Mittelpunkt durch die Fassadengliederung, die die Ehrenhoffassade zur repräsentativsten des Baus werden lässt. Im Vergleich zu den Stadtfronten der Seitenflügel wirken die Ehrenhofwände optisch kompakter und großartiger, da ihnen das Erdgeschossmezzanin fehlt. Auch die siebenachsigen Arkaden steigern die repräsentative Wirkung und bereiten die Dominanz des Mittelportals vor.

Zentriert ist gleichfalls die Gartenfront. Aus ihrem gleichmäßigen Fassadensystem tritt beherrschend der Mittelpavillon, der die repräsentativsten Räume, den Garten- und den Kaisersaal aufnimmt, hervor. Nicht nur durch seine Säulenstellungen, die großen, über zwei Geschosse reichenden Bogenfenster und den dadurch bedingten Mezzaninverzicht sowie die Aufstockung einer dritten, giebelbekrönten Fensterzone unterscheidet er sich vom Fassadenverlauf, auch mit seinem Dach ragt er über die Höhenlinie hinaus. Der Pavillon führt die Symmetrie der gesamten Anlage in den Gartenbereich weiter, die hier in der Spitze der Bastion mündet.

Die Bastion weist auf die besondere Problematik der Würzburger Residenz hin. Sie wurde nicht wie in Versailles oder Karlsruhe in die Weiten einer uneingeschränkten Landschaft gesetzt und eine Stadt neu erfunden, sondern hier sind mittelalterliche Stadt und barocke Stadtbefestigung bereits da, auf die reagiert werden muss. Der Anspruch auf repräsentative Raumordnung, Architektur und Naturgestaltung kann nur außerhalb der unregulierten mittelalterlichen Stadt, jedoch in den Grenzen der Befestigung verwirklicht werden. Für die symmetrisch entworfene Residenz bieten sich zwei Bezugspole an: eine Bastion der Stadtbefestigung, die zum Endpunkt der zentralen Gartenachse wird, und der Dom in der mittelalterlichen Stadt. Beide Zonen werden durch die Mittelachse der Residenz, in der die wichtigsten Räumen liegen, der Pavillon auf der Gartenseite und das Hauptportal auf der Stadtseite, miteinander verbunden. Prächtig zieren Bauschmuck und Bauplastik den Residenzbau.[12] Zwar wird kein übergreifendes Programm realisiert, doch finden sich in den Giebelfeldern des Nord- und des Südflügels Verweise auf die weltliche und geistliche Herrschaft des Fürstbischofs mit den allegorisch gestalteten Themen Justitia und Pax, Concordia und Pietas.[13]

Wäre nicht in den Emblemen und Wappen der Hinweis auf die geistliche Komponente der Herrschaft auszumachen, fast könnte diese Seite der Macht beim Anblick des Baus vergessen werden. Nur dezent und ganz im Gegensatz zum entfalteten Glanz im Inneren tritt die im südlichen Seitenflügel untergebrachte Hofkirche in der Fassade zur Stadtseite in Erscheinung. Einzig der Eingang mit seiner leicht ansteigenden Treppe und die Portalornamentik deuten auf den besonderen Raum in der Residenz hin. Die Eingliederung des wichtigen Bestandteils Kirche in den Gesamtkomplex Residenz entspricht zwar dem doppelten Herrschaftsbereich der Fürstbischöfe, und doch zeigt sich in der zurückhaltenden Repräsentation des geistlichen Bereichs im äußeren Erscheinungsbild auch das Selbstverständnis der Fürstbischöfe, die sich wohl in erster Linie als Fürsten, als Staatsmänner und dann als Bischöfe verstanden. So ist nicht verwunderlich, dass das Residenzprojekt von Anfang an und erst recht in der realisierten Gestalt durch seine für das kleine Land außerordentliche Monumentalität charakterisiert wird. Sie ist nur zu begreifen aus der Rolle und dem Selbstverständnis der Fürstbischöfe. Sie verfolgten eine Politik, »die den Ausgleich zwischen Frankreich, Österreich und später auch Preußen suchte und gerade deshalb bestrebt war, die Macht der freien Reichsfürsten auszuweiten«[14].

Am Umgang mit den Wappen und geistlichen Emblemen[15] der Würzburger Residenz wird ein Muster vieler Beerbungs- und Aneignungspraktiken, damit auch ein Teil von Machtrepräsentation deutlich. Nach der Säkularisation durch den Reichsdeputations-Hauptschluss von 1803 und dem Übergang der Residenz in den Besitz des Kurfürsten von Bayern werden die Zeichen der Fürstbischöfe ausgeschlagen. Mit der Vernichtung der Zeichen wird dem Akt der politischen Angliederung und dem der praktischen Inbesitznahme von Objekten und Gebäuden ein Akt ihrer bildhaft-symbolischen Negation durch den neuen Herrscher hinzugefügt. Dieser Umgang mit Zeichen vorangegangener Machthaber ist kein Sonderfall in der Geschichte, im Gegenteil, häufig gehört die Vernichtung der Zeichen der anderen zum Beerbungsritual bei der Veränderung von Machtkonstellationen und kann als Kehrseite von der Praxis, Spolien einzusetzen, begriffen werden.

Plan für Washington von Charles Pierre L'Enfant, 1791

Das Kapitol der Vereinigten Staaten in Washington, bis zu dieser Zeit am Bau beteiligte Architekten William Thornton, Benjamin H. Latrobe und Charles Bulfinch, Daguerreotypie von John Plumbe Jr., 1846

Demokratie und Parlamentsbauten im 19. Jahrhundert

Mit der Änderung der politischen staatlichen Systeme im 19. Jahrhundert werden Parlamente zu Bauaufgaben. »Das Parlament ist der institutionelle Sitz der Volkssouveränität und damit die rechtlich herausgehobenste Einrichtung der gewaltenteiligen Demokratie.«[16] Nicht immer ist ein Staat, der sich ein Parlament baut, bereits demokratisch im umfassenden Wortsinn und sein Repräsentativsystem demokratisiert und voll parlamentarisiert. Vier Phasen können bei der parlamentarischen Bautätigkeit unterschieden werden, in denen das Verhältnis von Demokratie, Parlament und Öffentlichkeit baulich veranschaulicht wird: Alte Paläste werden zu Parlamenten umgebaut (Frankreich: Palais Luxembourg und Palais Bourbon), neue Parlamentsbauten in Zeiten der Vorherrschaft der Legislative (USA, Schweiz) oder in vorparlamentarischen Systemen errichtet (Deutsches Reich, Österreich-Ungarn) und Parlamente in gefestigten Demokratien (Schweden, Bundesrepublik Deutschland) neu gebaut.[17]

Parlamentsbauten gelten als Zeichen der nationalen Repräsentation. Häufig wird versucht, sie nach einem nationalen Stil auszubilden. Ein »internationaler Konsens über den beeindruckendsten Stil zur Selbstdarstellung der Macht kam nicht zustande ... Jedes Land entwickelte seine eigenen Traditionen.«[18] Im Wesentlichen sind Parlamentsbauten Ergebnis einer eklektischen Kombination von Beeindruckungselementen, die nicht spezifisch und ausschließlich für Parlamente angewendet wurden, sondern ebenso bei Bahnhöfen oder Gerichten anzutreffen sind. Tempel, Turm und Kuppel werden als Pathosformeln angeeignet und symbolhaft eingesetzt.

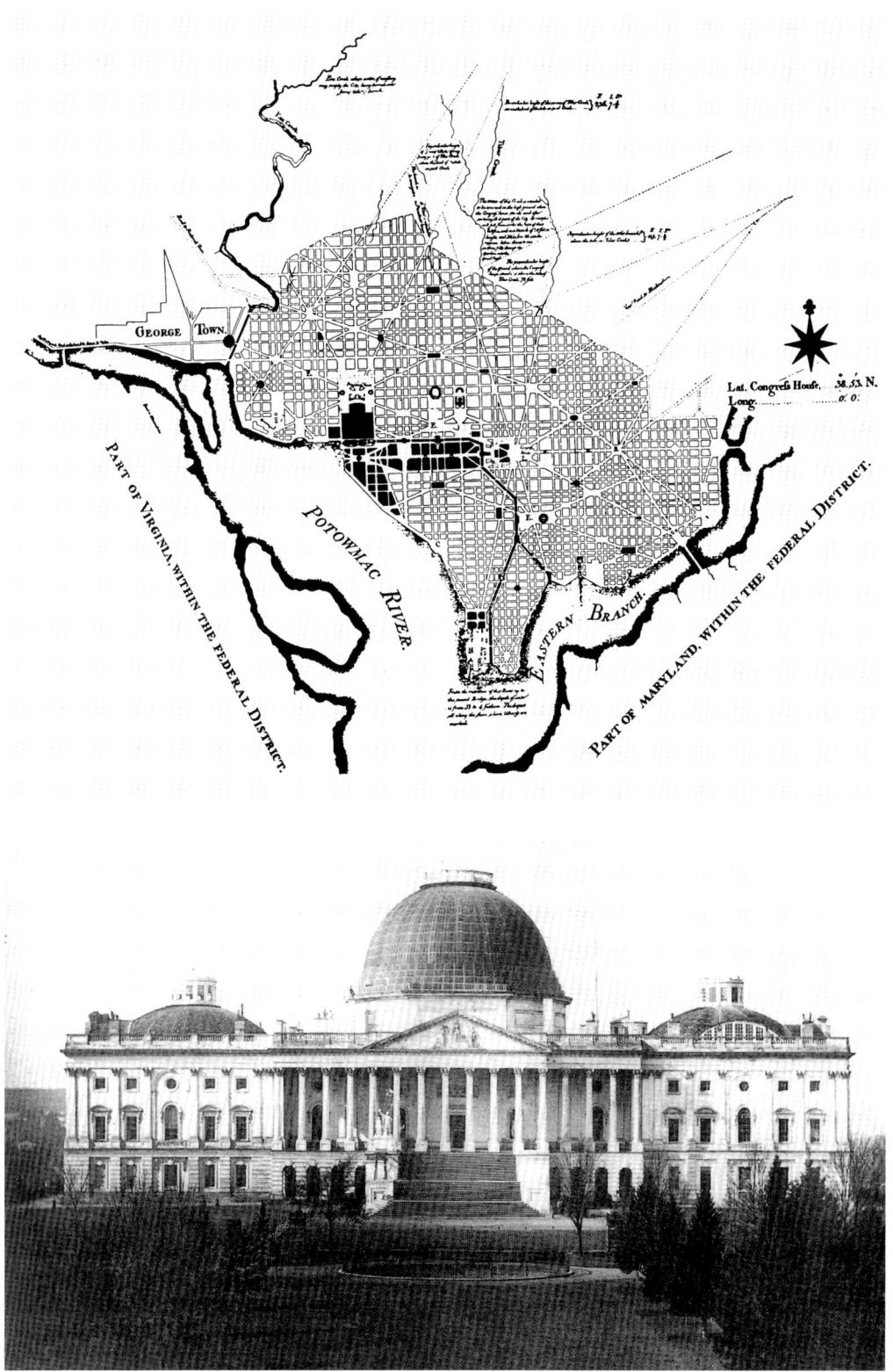

Blick auf das Kapitol in Washington und in nordwestliche
Richtung zum Weißen Haus, Situation 1852

Blick auf das Kapitol in Washington und in nordwestliche
Richtung zum Weißen Haus, Seitenflügel und Kuppel des
kapitols, Architekt Thomas Walter, Situation 1871

*Erfindung von Hauptstadt und
Parlament – das Kapitol in Washington*
Der Washingtoner Parlamentsbau wird in
den Sumpf gesetzt, an die unwirtlichen
Gestade des Potomac. Dem Parlamentsbau
geht die Entscheidung für eine Hauptstadt
voraus, damit rangiert die Stadtplanung vor
der des Gebäudes. Profiplaner sind rar und
nur als europäische Bildungsimporte zu
haben. Doch gibt es mit Thomas Jefferson,
George Washingtons Nachfolger als Präsi-

dent, einen Politiker, der eine Ader für
Architektur und Vorstellungen von der
Repräsentation der Macht hat, von dem
auch die ersten Entwürfe kommen. Seine
Leitbilder stammen aus Europa, gesammelt
in der Literatur und durch eigene Anschau-
ung, erprobt bereits an anderen Orten. Die
Planung für die Federal City beginnt 1790
mit der Auflage des Kongresses, die notwendigen Regierungsbauten innerhalb von
zehn Jahren zu errichten, denn der Umzug
aus dem bequemen und kulturvollen Phila-
delphia in die sumpfige Ödnis will vorbereitet sein. Der Präsident, George Washington, hat bei den Entscheidungen das letzte
Wort und setzt 1791 den Franzosen Charles
Pierre L'Enfant ein, die Planung zu übernehmen.

Jeffersons Entwürfe für einen unprätentiösen Regierungssitz sind damit vom Tisch,
dem für das Kapitol eine Adaption des römischen Pantheons angemessen schien und für
das Haus des Präsidenten eine Variante der
Villa Rotonda von Palladio. Ein Wertekanon
wird hierbei sichtbar, bei dem die neue
Demokratie mit einem klassischen antiken
Gebäude repräsentiert werden sollte, das
vermeintlicher Weise selbst aus republikani-
scher Zeit stammt, während für die Präsi-
dentenresidenz ein modernes Vorbild tauglich schien. Jeffersons Idee für ein Kapitol
resultiert aus der Kenntnis der Funktion des
römischen Kapitols. Das antike Kapitol war
Ort der Politik, diente gesetzgeberischen
Handlungen und religiösen Festlichkeiten.
Das amerikanische soll Sitz der Legislative
mit ihren zwei Kammern, Senat und Reprä-
sentantenhaus, werden und Ort der obersten
Gerichtsbarkeit.

Die Hauptstadtplanung wird mit dem Entwurf von L'Enfant monumentalisiert. Das repräsentative Schwergewicht liegt auf der Gesamtanlage, vor den einzelnen Bauten, die jedoch selbst monumental bleiben. Sie werden in ein hierarchisch entwickeltes Straßensystem eingestellt, Kapitol und Präsidentenhaus mit der breitesten und größten Straße diagonal verbunden.

Jeffersons Bemühungen um ein Parlamentsgebäude münden 1792 in einem Wettbewerb, aus dem William Thornton mit einem klassizistischen Entwurf als Sieger hervorgeht. Die Briten zerstören 1814 den Rohbau, so dass das Gebäude erst 1827 fertig gestellt ist. Im Ergebnis entsteht unter Mitwirkung verschiedener Architekten ein auf einem Hügel liegendes Gebäude, über dessen Mittelteil sich eine halbkreisförmige Kuppel erhebt und dessen zwei Flügelanbauten ebenfalls je eine kleine Kuppel tragen, die jedoch nur Schornsteine verbergen. Den beiden Eingangsseiten im Osten und Westen ist jeweils ein Portikus vorgelagert. Der westliche Portikus, dem später eine Terrasse vorgelegt wird, öffnet sich zur Landschaft. Die Ostseite ist als Hauptfassade vorgesehen, da sich die Stadt in diese Richtung ausdehnen soll, was jedoch nicht geschieht. Das Gebäude zeugt mit seiner programmatischen Gestalt von einer bewussten Adaption klassischer Formen in der Greek revival period der amerikanischen Architektur.

»Diese Wiederbelebung hielt sich nicht sklavisch ans Original; sie wurde vielmehr gemäßigt und verändert durch die besonderen Bedürfnisse einer jungen Kultur und durch den neuen Nationalismus, den die Trennung der Staaten vom britischen Empire hervorgebracht hatte.«[19] Die Erfindung von Baumwoll-, Maiskolben-, und Tabakpflanzenkapitellen und ihre Verwendung im Inneren des Gebäudes belegen den Willen, zu einer eigenen amerikanischen Tradition zu gelangen, auch wenn es sich hier wie in Versailles bei dem ›Ordre français‹ nur um die »Illustration eines politischen Inhalts durch ein Bild oder Symbol« handelt, »mit dem in einem bestimmten kulturspezifischen Rahmen dieser Inhalt allgemein abgelesen werden kann«[20].

Blick auf Mall, Kapitol und Weißes Haus in Washington, Zeichnung von Theo R. Davis, 1882

Blick auf die Nordfassade des Weißen Hauses in Washington, 1820, Architekten Thomas Jefferson und James Hoban

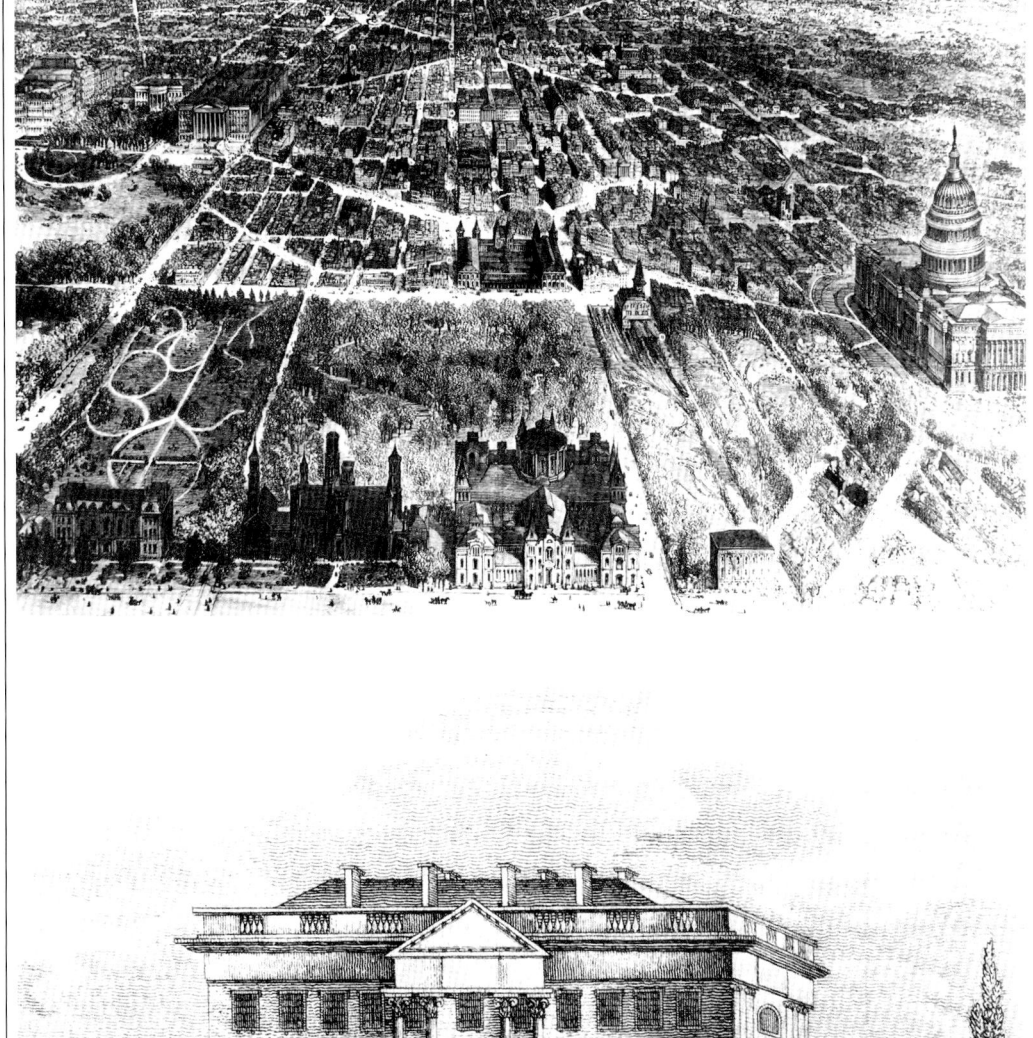

Rund fünfzehn Jahre später ist der Bau nicht mehr ausreichend. Nach einem Wettbewerb werden zwei Flügelbauten hinzugefügt und die ursprüngliche Kuppel wird ersetzt durch eine hoch aufragende, wesentlich demonstrativere. Als das Kapitol fertig gestellt ist, hat zwar der Supreme Court als dritte Kraft der Gewaltenteilung immer noch kein Quartier, doch hat sich mit der Umgestaltung nicht nur das Raumangebot vergrößert, sondern auch der Ausdruck des Gebäudes. Aus einem vergleichsweise bescheidenen Parlamentssitz ist ein anspruchsvoller Monumentalbau geworden.

Washington, Kapitol von der Mall aus gesehen, Architekten Thomas Jefferson und James Hoban

In einer weiß strahlenden Fassade beherrscht er breit gelagert und mit beträchtlicher Dimension von seiner erhöhten Position aus Mall und Stadt, die Souve- ränität des Parlaments baulich präsentierend. Portiken und Kuppel verleihen dem Kapitol etwas weihevoll Erhabenes. Die gusseiserne Kuppel, die sich mit europäischen Barockkuppeln durchaus messen kann, ist nicht nur Zentrum zwischen den Bereichen der Legislative, sondern sie bezeichnet die Gebäudemitte. Sie erhebt sich über der Rotunde, der Ehrenhalle, in der die amerikanische Geschichte dargestellt ist und George Washington gehuldigt wird, und verweist damit auch auf die Wurzeln des amerikanischen Staates. Mit einem Blick auf das Präsidentenpalais, das Weiße Haus, werden die Positionen im Verhältnis Präsident und Parlament deutlich. Lage, Dimension und Fassade des Kapitols formulieren gestalthaft den Führungsanspruch des Kongresses. Das Parlament inszeniert sich baulich als die unumstritten machtvoll agierende politische Kraft. Dagegen besitzt das Weiße Haus, das villenartig zu ebener Erde von einem Garten umgeben ist, eher privaten Charakter.

Repräsentation von Volksvertretung und Reichseinheit – das Reichstagsgebäude in Berlin
Parlament im Abseits   1871: Die Reichstagsabgeordneten tagen in einem zugigen Provisorium, und sie wollen da raus. Noch ahnen sie nicht, dass diese Situation noch 23 Jahre dauern wird. Die ständigen Interimslösungen sind die Abgeordneten leid, immerhin ist es in der Leipziger Straße 4 schon ihr drittes provisorisches Quartier. Ein eigener Bau muss her, ein Parlamentsbau, der auch die Reichseinheit symbolisiert. Die Baukommission, schon für den Provisorischen Reichstag verantwortlich, soll für die Dauerlösung den Bauplatz finden, das Bauprogramm ausarbeiten und die Teilnahmebedingungen für einen geplanten öffentlichen Wettbewerb formulieren.[21]

Frei stehen soll das neue Gebäude, nicht eingeklemmt sein zwischen andere Bauten, um eine monumentale Wirkung zu entfalten. Die Kontroverse schlicht und zweckmäßig versus monumental und repräsentativ geht der Entscheidung für einen Solitär voran, in der sich die Liberalen mit ihrer Auffassung gegen Regierung und Konservative durchsetzen können. Als Bauplatz kommt der östliche Königsplatz vor dem Brandenburger Tor in Frage, weit entfernt vom Zentrum mit dem königlichen Schloss. Es ist ein Ort, der seinen Charme aus der Nachbarschaft mit Bahnhöfen, Kasernen, einem Exerzierplatz und einem Gefängnis gewinnt und der genügend Raum bietet, doch auch einen bedeu-

tenden Nachteil. Einem Gebäude an diesem Standort ist ein Freiraum im Westen, der Königsplatz, vorgelagert, was heißt, dass sich die Eingangszone hier befinden wird. In der Konsequenz ist die Rückfront zur Stadt gekehrt, das Parlamentsgebäude zeigt ihr

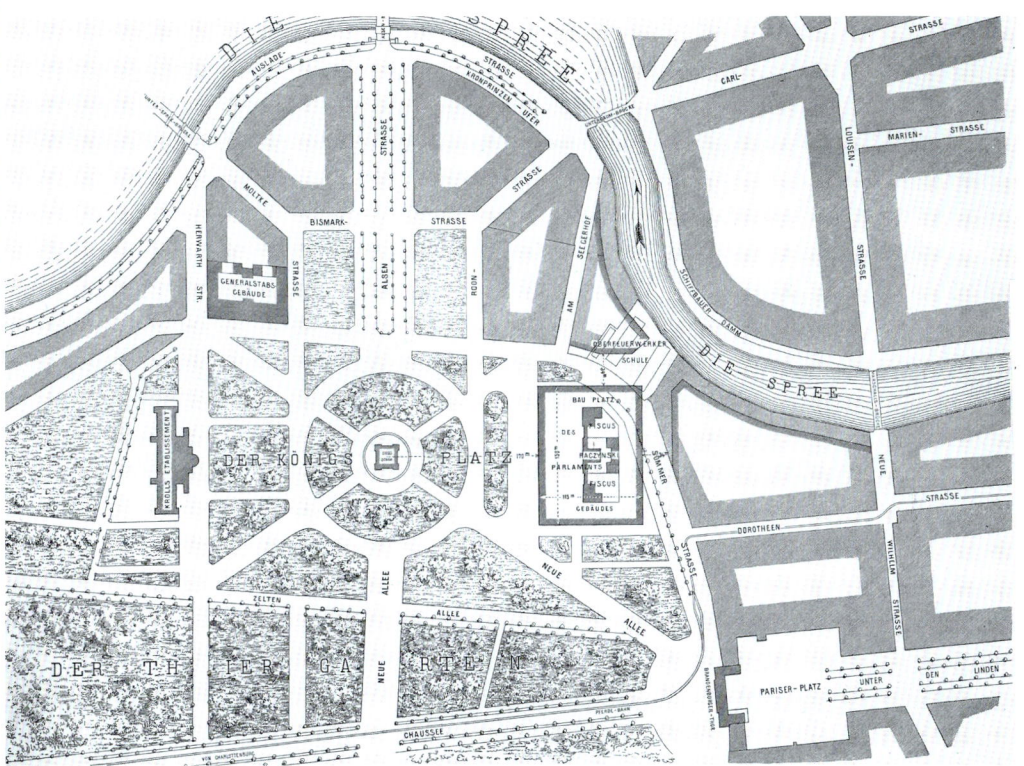

Lageplan für das am Königsplatz von Berlin zu bauende Reichstagshaus, 2. Wettbewerb, 1881

gewissermaßen das Hinterteil, eine wenig kommunikative Geste, beinah ein Affront und keine gute Selbstdarstellung. Doch das wird erst später bemerkt. Etwas anderes dagegen ist sofort augenfällig: Der Bauplatz ist besetzt. Der Baukommission scheint der Erwerb des Grundstücks von Raczynski eine Kleinigkeit, als das nicht so ist, beginnt sie zu tricksen, doch erfolglos. Der Wettbewerb 1871/72 wird schließlich unter ungeklärten Voraussetzungen durchgeführt, Ludwig Bohnstedt zum Sieger gekürt. Doch wie vertrackt, das Wettbewerbsziel, »nicht nur die zweckmäßigste Lösung, sondern zugleich die Idee eines Parlaments-Gebäudes für Deutschland im monumentalen Sinne«[22] zu finden, muss Papier bleiben, denn gebaut werden kann nicht, hauptsächlich wegen der unbewältigten Grundstückssituation und Mängeln im Raumprogramm.

Um dem Debakel zu entrinnen, wird die Suche nach einem Bauplatz wieder aufgenommen. Mehrere Orte werden erwogen. Die Diskussion findet im Gerangel der Interessen zwischen Reichstagsabgeordneten, insbesondere Zentrumspolitikern und Liberalen, Reichskanzler Bismarck und Kaiser statt. Besonders den Liberalen liegt an dem

Entwurf zum Reichstagsgebäude in Berlin, 1. Preis, Westfassade, Paul Wallot, 1882

Nachfolgende Seiten
Berlin, Reichstagsgebäude, Ansicht von Nordwesten, Architekt Paul Wallot, 1884–94, Aufnahme um 1897

Projekt, das »wie kein zweites das national-liberale Reichsverständnis verkörperte und mit seiner Verwirklichung die preußisch-unitaristischen Aspekte der Reichsgründung nach außen erheblich verstärken mußte«[23]. Es geht ihnen auch darum, das Parlament, die Volksvertretung, als Repräsentanten der nationalen Einheit zu inszenieren und auf dem Feld der baulich-visuellen Darstellung Position zu beziehen, es nicht der Monarchie oder anderen Reichsinstitutionen zu

Berlin, Kuppel des Reichstagsgebäudes, Architekt Paul Wallot, 1884–94, Aufnahme um 1897

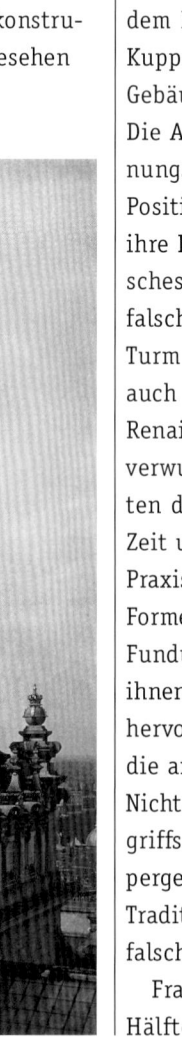

überlassen. Inzwischen ist Raczynski gestorben, die Erben sind zum Grundstücksverkauf bereit, doch Kontroversen und Debatten um den Bauplatz halten noch bis 1881 an. Endlich fällt im Reichstag die Entscheidung für den Bauplatz auf dem Raczynski-Grundstück, ein zweiter Wettbewerb kann ausgeschrieben werden.

Paul Wallot, der Sieger des Wettbewerbs von 1882 und mit der Bauausführung betraut, strickt seinen Entwurf bis zur Fertigstellung des Gebäudes mehrfach um, berücksichtigt kaiserliche Vorstellungen zur Höhe der Kuppel genauso wie Einsprüche des Bundesrats zur Höhe des Reichstagssaals. Raumdisposition, Eingangssituation und vor allem die Lage der Kuppel werden geprüft. Wallot verschiebt sie vom Plenarsaal über die Eingangshalle und letztlich wieder zurück, verkleinert sie und konstruiert sie, statt wie ursprünglich vorgesehen aus Sandstein, aus Glas und Stahl.

Germanische Gotik oder welsche Renaissance 1894: Nach der Schlusssteinlegung durch Kaiser Wilhelm II. hat das Deutsche Reich ein mit vier rudimentären Festungstürmen bestücktes und kuppelgekröntes Parlamentsgebäude auf dem Königsplatz an der Peripherie der Stadt, mit einer Fassade im Stil der italienischen Hochrenaissance, mit dem Hauptportal zur Siegessäule und dem Krollschen Etablissement ausgerichtet. Kuppel und kunstgeschichtlicher Stil des Gebäudes geben reichen Diskussionsstoff. Die Abgeordneten geraten schon in der Planungs- und Bauphase in Eifer. Nicht nur die Position der Kuppel wird diskutiert, auch ihre Berechtigung; so wird sie als orientalisches Baumotiv in deutschen Landen als falsches Symbol gesehen und dagegen im Turm ein germanisches Motiv erkannt, wie auch der adaptierte Stil der italienischen Renaissance in die Kontroverse gerät. Das verwundert kaum angesichts einer verbreiteten deutsch-nationalen Haltung in dieser Zeit und einer gängigen künstlerischen Praxis, bei der man sich des historischen Formenguts bedient, gleichsam wie in einem Fundus wühlt und Formen auswählt, um mit ihnen eine historisch-politische Assoziation hervorzurufen, eine Botschaft zu vermitteln, die an bestimmte Sinninhalte gekoppelt ist. Nicht die Tatsache des historischen Rückgriffs scheint dem Abgeordneten Reichensperger, einem Befürworter der gotischen Tradition, hier zweifelhaft, sondern der falsche Griff unter den vielen Möglichkeiten.

Fragen sich die Architekten in der ersten Hälfte des Jahrhunderts noch »In welchem

Style sollen wir bauen?«[24], wandelt sich für die Beteiligten am Reichstagsentwurf die Frage zu der, mit welchem Stil, welcher Fassade kann ein Parlamentsgebäude auch die Reichseinheit symbolisieren. In der konstitutionellen Monarchie Deutschlands ist der Parlamentsbau eine voraussetzungslose Bauaufgabe, abgesehen von einem frühen Versuch in Karlsruhe. Gegen regional-landschaftliche Spielarten eines Stils entscheidet sich Wallot und bezieht sich auf die italienische Hochrenaissance. »Wallot versagte sich dem Provinzialismus der Volkstümlichkeit zugunsten eines universalistischen Kulturbegriffs. Er schaute nicht dem Volke ins Haus, sondern auf die Residenzen und Paläste der Mächtigen. Er verlegte seinen Reichstag in die rückwärtsgewandte Perspektive der Kulturnation.«[25] Wallot beerbt nicht nur den Stil, auch den Bautypus Palast und das sakrale Motiv der Kuppel. Mit der Präsentation des bürgerlichen Parlaments im Habitus höfischer und sakraler Ausdrucksformen geschieht etwas, das bei der Umsetzung originärer oder adaptierter Bauaufgaben des Bürgertums das gesamte Jahrhundert durchzieht: Die Suche nach Ausdrucksformen durch Beerbung und Aneignung, das heißt auch Verwandlung zu eigenen Zwecken und Umcodierung. Gestaltung wird zu einem Feld der Konkurrenz: bei der Darstellung der Reichseinigung zwischen dem Kaiser und der Volksvertretung. So ist die Bemerkung des Kaisers, der das Reichstagsgebäude als »Gipfel der Geschmacklosigkeit«[26] charakterisiert, nicht nur eine schnöde Diffamierung und wohl weniger

seinem Kunstverstand geschuldet als der Ablehnung des Baus als Symbol der Reichseinigung. Fühlt er sich doch als Repräsentant der Reichseinheit mit seinem freilich noch zu vollendenden Baukomplex Schloss, Nationaldenkmal und Dom.

Lästert Wedekind und vergleicht die Kuppel mit einem »Bonbonnierendeckel«[27], hebt das auf die formale Überladenheit des Gebäudes ab, ebenso wie auf die Unverhält-

Berlin, Platz der Republik, ehemaliger Königsplatz, mit Siegessäule, Bismarck-Denkmal und Reichstagsgebäude, Aufnahme 1925

Berlin, Reichstagsgebäude mit Bismarck-Denkmal von Reinhold Begas, enthüllt 1901, Blick von Westen, Aufnahme um 1901

nismäßigkeit der Repräsentanz gemessen an der politischen Wirksamkeit des Parlaments. Doch das ist nur ein Aspekt. Die Kuppel, obwohl an der Peripherie der Innenstadt golden glänzend, konkurriert als Höhendominante mit der Schlosskuppel, später auch mit dem Dom. Dass hier der Nerv des Kaisers an empfindlicher Stelle getroffen wurde, zeigt seine Weisung, die Parlamentskuppel nicht höher als die Schlosskuppel zu bauen. Der kaiserlichen Repräsentanz in der Stadt wird nunmehr nicht nur im engen Umfeld seit 1869 durch das sichtbare Höhenzeichen städtischer Selbstverwaltung, den Rathausturm (vgl. S. 119), Paroli geboten, sondern auch durch die Parlamentskuppel. In die »bauliche Höhenkonkurrenz gesellschaftlicher Zentralität, ... zwischen kurfürstlicher, königlicher und kaiserlicher Residenzstadt und bürgerlicher Kommune«[28] spielt ein neuer Ort hinein, der Königsplatz als Ort der Volksvertretung des Reiches. Fortan wird dieser Ort Gegenstand von Wettbewerben und Planungen sein, die sich mit der Etablierung von Parlaments- und Regierungsrepräsentation auseinander setzen.

Kuppeln auf dem Reichstag spalten die Geister, die zu ihrer Interpretation antreten. Das trifft nicht nur für die neue Errungenschaft aus der Formenschmiede von Foster zu, sondern auch für Wallots Exemplar. Um ihren Symbolcharakter wird gestritten. Halten Wallots Kuppel einige für die unübertroffene Essenz des Wilhelminismus, gilt sie anderen als das Auslaufmodell des Historismus mit ihrer Konstruktion aus Glas und Eisen, als Hinwendung zur Ingenieurskunst und als Schwelle zu einer neuen Gestalthaltung, wie sie in Berlin zum Beispiel Messel vertritt.

Wenig Macht in pompöser Fassade Ecktürme, ein hohes Sockelgeschoss, Kolossalsäulen, Portiken, Wappen der Länder, Figuren sind neben der Kuppel die herausragenden Gestaltungselemente der Fassade. Diese Elemente, eingebunden in den Stil der Hochrenaissance, und die Dimension des Reichstags lassen ihn zu einem prachttriefenden, monumentalen Bau werden. Es hat den Anschein, als sollte die pompöse Fassade die geringe Macht des Parlaments kompensieren, gleichsam so, wie es Herren von minderem Wuchs lieben, mit korrekten Anzügen von ihrem geringen Höhenmaß abzulenken. Mit dem Reichstag entstand ein Gebäude, »das sich an fast jeder Fassade anders gab und wiederum anders in der Kuppel. Es war ein Haus, das sich nicht entscheiden konnte, was es sein wollte. Oder besser gesagt: Es sollte ein Ausdruck der Reichseinheit und zugleich ein Monument des damaligen Parlamentarismus sein und wurde doch nur ein exponiertes Beispiel des tiefen Risses im Deutschen Reich und der Ohnmacht eines Parlaments, ›Herr im eigenen Hause‹ zu werden.«[29]

Ein Tempel für zwei Kammern –
das Parlamentsgebäude in Wien
Die Auflassung der Stadtbefestigung und deren Bebauung ist die bedeutendste Umgestaltung Wiens in der zweiten Hälfte des 19. Jahrhunderts. Nach der Vollendung gleicht die Ringstraße einer Galerie monumentaler öffentlicher Bauten. Ein Repräsentationswille ist allen Bauten eigen und findet seinen Ausdruck nicht nur in deren Dimension, sondern auch in dem jeweils gewählten »Neostil«, mit dem nicht nur eine prächtige Fassade kreiert wird, sondern mittels dessen auch auf die Funktion des Baus verwiesen werden soll. So tritt die Oper im Stil der Renaissance, das Rathaus im gotischen Gewand auf, stellt sich die Universität in den Formen italienischer Hochrenaissance dar. Das Parlament kommt in gräzisierenden Formen daher. Diskussionen, die sich um die

Stilfrage und um das Verhältnis von Repräsentation und Nutzen ranken, sind auch beim Wiener Parlamentsbau anzutreffen.

Ursprünglich sah die Ringstraßenplanung keinen Parlamentsbau vor, doch als das Staatsgrundgesetz für die Reichs- und Landesvertretungen, das Februarpatent, 1861 erlassen wird, besteht die Notwendigkeit diese Vertretungen zu behausen. Noch im gleichen Jahr wird ein Provisorium geschaffen, bereits vier Jahre später ein beschränkter Wettbewerb ausgeschrieben und 1874 der Grundstein für das Parlamentsgebäude gelegt. Die ursprüngliche Forderung sieht zwei Gebäude an verschiedenen Plätzen vor, getrennt für Herren- und Abgeordnetenhaus. Theophil Hansen[30], von dem der spätere Parlamentsentwurf stammt, plant für

Demonstrationszeichnung
der Wiener Ringstraße und ihrer Bauten
1 Parlament
2 Rathaus
3 Universität
4 Burgtheater
5 Hofburg

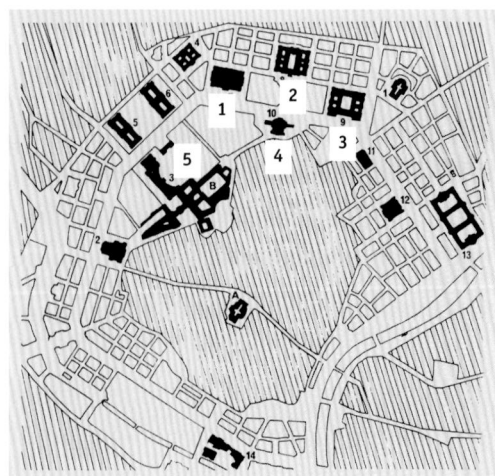

die Abgeordneten eine bauliche Hülle in der Art römischer Renaissance, damit auf die römische Republik anspielend. Für die Herren darf's ein bisschen edler sein, griechische Klassik scheint hier angemessen, rangiert doch der griechische Stil als Verweis auf die Ursprünge der Demokratie als nobelster vor allen anderen. Doch kein Plan ohne Änderung. Der Preußisch-Österreichische Krieg 1866 und die nachfolgende innere Krise vereiteln den Bau. Im Laufe der Zeit gewinnen die Liberalen an Macht, setzen eine entsprechend liberalere Verfassung durch. 1869 wird eine neue Entscheidung getroffen: Beide Kammern sollen in einem Prachtbau untergebracht werden und dort je einen gleichwertigen Bauteil bekommen. Hansen erhält den Auftrag, der Kaiser bestätigt den Bauplatz. Das Parlamentsgebäude bekommt eine Lage, deren stadträumliche Konfiguration für repräsentative Qualität sorgt. Monumentale Bauten für Recht und Kultur formen hier ein imposantes Viereck: Rathaus, Universität, Parlament und Burgtheater. Nicht abgeschoben wie in Berlin liegt das Parlament am Rande des Geschehens, sondern es bekommt eine hervorragende Position an vorderster Stelle der Ringstraße, vereint mit den anderen Bauten zu einem Komplex bürgerlicher Repräsentation und über einen kleinen Park mit der schräg gegenüber liegenden Hofburg im Dialog.

Hansen entwirft ein zweigeschossiges Parlamentsgebäude, gräzisierend im Stil, angelehnt an den Blockbau der Renaissance und dreigeteilt in seiner Struktur. Auffahrtsrampe und Brunnen vervollständigen den Entwurf. Die Bauteile für Abgeordnete und Her-

ren entsprechen dem Programm, der Mittelteil, der Atriumsbau, entspringt seiner Inspiration. Und diese Zutat sorgt für Krach: zu aufwendig, zu teuer, nicht notwendig, nicht gefordert. Hansen kann jedoch klarmachen, dass der Mittelbau der zentrale Ort des Gebäudes im mehrfachen Sinn ist: Praktisch ist er die gemeinsame Kommunikationszone beider Kammern. Künstlerisch fungiert er als Mittelpunkt. Mit seiner Würdeform, der Tempelfassade, unterstreicht er Bedeutung und Monumentalität des Gebäudes, als symbolische Form verbindet er zwei gleichwertige Elemente mit einem dritten zur Einheit. Als Walhalla mit den Statuen verehrungswürdiger Persönlichkeiten wird der Atriumsbau auch zu einem ideellen Ort.

Undenkbar ist ein Parlament in anderen Formen als in denen des Barock für die Gegner des griechisch-klassischen Stils. Denn eine patriotische Gesinnung verlangt ein Parlamentsgehäuse, das auf die österreichischen Traditionen Bezug nimmt und die liegen nun mal im Barock. Doch Hansen sieht das anders. Ein Parlament zu bauen, bedeutet für ihn, nicht nationalen Eifer zu befriedigen, sondern mit der Architektursprache an das Ursprungsland der Demokratie zu erinnern. So greift er auf griechisch-klassische Formen zurück, um diese Botschaft zu vermitteln. Die Parlamentsfassade ist konsequent in diesem Sinn geschaffen, ihre Deutlichkeit beinah penetrant. Tempelfronten an den Fassaden lassen kaum eine Fehldeutung zu, die Assoziationen gehen stracks in die gewünschte Richtung. Und dennoch: Diese geballte Kraft der Würdeformen umhüllt nichts anderes als den profanen Alltag der Parlamentsdebatten. Der geistige Maßstab der baulichen Inszenierung kann kaum höher angesetzt werden. Doch ob Hansens Vorstellung je zutraf, dass die edle Hülle auch erhebend und idealisierend auf die Volksvertreter wirkt, ist eher zu bezweifeln. Denn wie so oft, eine Verpackung kann zwar Assoziationen produzieren, Erwartungen wecken, doch der Inhalt bleibt davon weitgehend unberührt.

Nachfolgende Seiten
Wien, Parlament, Ansicht von der Ringstraße, Architekt Theophil von Hansen, 1873–83, Aufnahme vor 1902, noch ohne Brunnen

Die Hauptfassade an der Ringstraße ist die Repräsentationsfassade schlechthin. Hier gerät die Inszenierung etwas subtiler. Nicht nur die Tempelfassade prägt das Erscheinungsbild, auch die vorgelagerte Rampe, die zum Parlamentseingang hinter dem Portikus mit den elf Meter hohen korinthischen Säulen im ersten Geschoss aufsteigt. »Die kraftvoll steigende Diagonale der Rampe gibt dem massiven, grob strukturierten Erdgeschoss den Charakter einer gemauerten Akropolis, auf der die glänzend polierten Geschosse im klassischen Stil ruhen.«[31] Optisch wird so das Parlament erhöht, seine besondere Funktion noch unterstrichen. Den Platz der Götter- und Heldenverehrung am griechischen Tempel, das Giebelfeld, nimmt Kaiser Franz Joseph, der Verfassungsspender, ein, die 17 Kronländer des österreichischen Vielvölkerstaats in Beratung und Gesetzgebung um sich vereint. Nichts Geringeres als die politische Rollenverteilung in der konstitutionellen Monarchie wird so an der Hauptfassade deutlich gemacht.

Schwebt Hansen in seinem Entwurf ein Parlamentsgebäude als Gesamtkunstwerk vor, ist es nur folgerichtig, Malerei und Plastik unter der Führung der Architektur einzubeziehen. Mythologische und historische Figuren, Reliefs und Friese umziehen den Bau, Quadrigen besetzen das Dach. Der Schmuck am Gebäude ist üppig, doch stilistisch angepasst und unterliegt einem ikonographischen Programm, in dem auf das Staatsleben abgehoben wird. Auch dafür wird im Fundus der Geschichte gestöbert und eine Personage

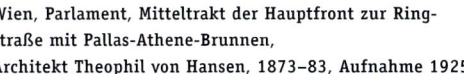

Wien, Parlament, Mitteltrakt der Hauptfront zur Ringstraße mit Pallas-Athene-Brunnen,
Architekt Theophil von Hansen, 1873–83, Aufnahme 1925

von Demosthenes bis Platon aktiviert, die
keine politische Verstimmung produziert.
Auch die Rampenmauer mit ihren Stand-
bildern und der davor liegende Brunnen
sind in das Programm einbezogen. Die Kala-
mität einer Inszenierung, der der eigene
geschichtliche Rückhalt fehlt, wird auch
hier deutlich. »Die Standbilder … verraten,
in welchem Ausmaß der österreichische parlamentarische Liberalismus seinen Mangel
an Verankerung in der Vergangenheit emp-
fand. Da er keine Geschichte hatte, hatte er
keine eigenen politischen Helden, um ihr
Andenken in Stein zu verewigen. Er ent-
lehnte ein paar ›Rossebändiger‹ vom Kapitol in Rom, um die Einfahrt zur Rampe zu
bewachen. Entlang der Rampe selbst wurden
die Gestalten von acht antiken Historikern
aufgestellt – von Thukydides, Polybios und
anderen Würdigen. Wo eine historische Tradition fehlt, muss die Gelehrsamkeit den
leeren Platz ausfüllen. Schließlich erkor
man die Athene zum zentralen Symbol, das
man vor die Front des neuen Gebäudes stellte. Hier sprang der Mythos ein, wo keine
Geschichte zu dienen vermochte. Die österreichischen Parlamentarier tendierten nicht
zu einer Gestalt, die so revolutionär war wie
die Freiheitsstatue. Athene als Beschützerin
der Stadt und Göttin der Weisheit war ein
ungefährliches Symbol.«[32] Das österreichische Parlament präsentiert sich baulich mit
Fassade und ikonographischem Programm in
einer Weise, die seinen Machtanspruch nicht
forciert und auftrumpfend, sondern eher
versöhnend weihevoll und idealisierend darstellt.

Demokratie und Parlamentsbauten im 20. Jahrhundert

Mit Stützen, Kuppel und Schüssel zur nationalen Identität – das Parlamentsgebäude in Brasilia

Der brasilianische Staat baut sich ein Stück nationaler Identität und der internationalen Fachkritik tränen die Augen, als sie die neue Hauptstadt unter die Lupe nimmt: »... Erscheinungen, die sich unversehens in einen Alptraum verwandeln. Der Platz der Drei Gewalten vereinigt ein Musterbuch von Vorzeigestücken: In der hybriden Gestaltung formaler Merkwürdigkeiten von Gebäuden inhumanen Eindrucks und rhetorischen Zuschnitts bemerkt man die szenographische Übersteigerung des Deliriums einer politischen Klasse, das eilfertige Verschleiern tiefer gesellschaftlicher Gegensätze, das Wiederaufleben des nationalistischen Ehrgeizes«[33]. Es »sind die sehr einfachen Formen für die größeren Regierungsgebäude und im Besonderen die Kuppel und Untertasse der gesetzgebenden Körperschaften durch und durch banal und lassen wirkliche Größe vermissen«[34]. Die Kritik hält jedoch nicht nur diese groben Geschütze bereit, es gibt auch differenziertere Stimmen, die sich sachlicher auf die Architektur einlassen, ihr Leichtigkeit und sogar antimonumentalen Charakter bescheinigen.

Den geläufigen, europäisch geprägten Vorstellungen von Repräsentation verweigert sich offenbar die Inszenierung Brasiliens in der neuen Hauptstadt Brasilia. Im Parlaments- und Regierungsviertel auf einem riesigen Platz am Stadtrand, das aus »monumentalen Architektursinsten politischer Institutionen entlang der ›Monumentalach-

se«[35] besteht, sind die üblichen tradierten, Macht repräsentierenden Ausdrucksmittel nicht zu finden, doch pathetisch wirkt die Architektur auch ohne diese.

Der Plan, den Regierungssitz von Rio de Janeiro weg in ein anderes Landesgebiet zu verlegen und dort eine neue Hauptstadt zu gründen, ist keine Idee des 20. Jahrhunderts. Schon 1789 taucht eine derartige Idee im Zusammenhang mit Unabhängigkeitsbestrebungen und dem Ziel, einen selbstständigen Staat zu gründen, auf. Auch im 19. Jahrhundert steht das Thema Hauptstadtneugründung mehrfach auf der Tagesordnung. Ernst wird es damit jedoch erst ab 1953, als Studien für einen zukünftigen Bundesdistrikt gesetzlich verankert werden und das jetzige Gebiet im Bundesstaat Goias als das mit den besten Voraussetzungen ausgewählt wird. Erste vorbereitende Baumaßnahmen werden 1954 getroffen, 1955 ein Etat im Haushalt für den Hauptstadtneubau ausgewiesen. Der Verdienst um die praktische Einlösung der Aufgabe gilt für alle Zeit dem Populisten Juscelino Kubitschek, der 1955 Präsident wird und als solcher in einem Staat mit Präsidialverfassung beinah uneingeschränkte Entscheidungsfreiheit hat. Ursprünglich ist der Hauptstadtbau nicht Inhalt seines Wahlprogramms, das auf Modernisierung und Entwicklung des Landes[36] und in der Folge auf wirtschaftliche Emanzipation und die Führungsrolle auf dem Kontinent[37] orientiert. Auf die Hauptstadtfrage gestoßen, erkennt er ihre integrierende Kraft und setzt sie an die Spitze als alle anderen Programmpunkte umspannendes Ziel, macht sie zur nationalen Angelegenheit. Nicht nur der Regierungssitz soll verlegt, sondern auch ein Teil der Bevölkerung und Wirtschaftsunternehmen ins Landesinnere umgesiedelt werden; Brasilien will sich einen neuen Mittelpunkt mit symbolischer Ausstrahlung geben. 1956 passiert das Gesetz zum Bau der Hauptstadt Abgeordnetenhaus und Senat, am 21. April 1960 wird Brasilia eingeweiht.

Kubitschek ist es auch, der den Architekten Oscar Niemeyer um Mitarbeit bittet.

Lucio Costa, der aus dem städtebaulichen Wettbewerb 1956 als Sieger hervorgeht, liefert den Plan, Niemeyer die Architektur. So rational die Struktur des städtischen Grundrisses von Costa ist, so überraschend wirken die Bauten Niemeyers.

Ein Kreuz aus zwei Achsen liegt der städtischen Struktur zugrunde: Eine leicht gebogene Achse nimmt die Wohnviertel und Verkehrsadern auf, die andere ist zur Monumentalachse mit Bahnhof, Kultur- und Sportbauten, Einkaufsbereichen und gleichförmig gestalteten Ministerien ausgebaut. Sie gipfelt im weiten, offenen Platz der Drei Gewalten mit Parlamentsgebäude, Oberstem Gerichtshof und Planalto-Palast (Amtssitz des Präsidenten), der den Bauten kaum Halt bietet. Bei einer Distanz vom Bahnhof zum Platz der Drei Gewalten von knapp zehn

Planung für Brasilia in Form eines Flugzeugs, Entwurf von Lucio Costa, 1957

auf Zehenspitzen scheinen die flachen Kuben zu balancieren. Umlaufende, weiß strahlende Stützen, die scheinbar nur in einem Punkt die Erde berühren, provozieren diesen Eindruck. Auf ihnen ruhen die weit vor die gläsernen Gebäudekerne gezogenen Dächer, deren Schattenwurf vor Sonne schützt. Auch zu diesen Bauten führen Rampen.

Kilometern sind Fußgänger nicht eingeplant. Wohl aber, wenn sie automobilisiert den Platz erreicht haben, sind sie als Besucher willkommen. Für europäische Gemüter, trainiert im Abstandhalten, verblüffend: Kein Zaun, keine Sperranlage, keine Ordnungshüter weisen sie in ihrer Neugier zurück. Dem Parlament aufs Dach zu steigen – kein Problem, und sich in anderen Regierungsbauten umzuschauen, ist ebenso normal.

Kuppel und Schüssel sind die Markenzeichen des Parlamentsgebäudes, das als flacher Riegel quer im Gelände liegt und Höhepunkt der Monumentalachse ist. Beide Kammern haben hier ihre Arbeitsstätten. Über dem Abgeordnetenbereich balanciert die Schüssel, die Kuppel ist dem Senatsbereich übergestülpt. Eine Rampe und vier Brücken führen auf das mit weißen Marmorplatten belegte Dach. Nicht nur das Dach, auch die Kuppel ist begehbar, die ebenso wie ihr Pendant, die Schüssel, weiß strahlt. Die simplen wie einprägsamen Großformen, als Umkehrformen verwendet, werden durch zwei hinter dem Gebäude liegende und ein wenig aus der Mitte verschobene Bürotürme ergänzt. Die Schmalseiten der auf einem gestreckten Fünfeck aufsteigenden und eng beieinander stehenden Scheiben sind zum Parlamentsbau gerichtet, so dass sich zwischen ihnen ein Kontrast von Horizontale und Vertikale ergibt.

An den ursprünglichen Eckpunkten des dreieckig geplanten, heute aber langrechteckig geformten Platzes stehen sich die Gebäude des Obersten Gerichts und des Amtssitzes des Präsidenten gegenüber. Wie

So elementar die Gebäudeformen sind, so eindrücklich ist die Gestalt der Stützen. Sie geben den Bauten Signifikanz und werden neben Kuppel und Schüssel zum Zeichen für das Ensemble der Regierungs- und Parlamentsbauten am Platz der Drei Gewalten. Zum ersten Mal verwendet sie Niemeyer jedoch schon für die Residenz des Staatspräsidenten, den Alvorada-Palast. Dieser Palast, nicht Bestandteil des Wettbewerbs und vor den anderen Bauten errichtet, liegt abseits vom Regierungsviertel an einem künstlichen See. Ihm zugeordnet sind eine Kapelle und ein Dienstgebäude. Als dem Präsidenten die erste Entwurfsfassung vorgelegt wird, hapert es seiner Meinung nach an der für einen solchen Palast angemessenen Monumentalität. Niemeyer bedient diesen Anspruch, streckt den Bau in die Länge und fügt zwei Stützen zusätzlich ein. Der uneingeschränkte Beifall des Präsidenten ertönt daraufhin, der im Bau Leichtigkeit, Größe und Erhabenheit vereinigt sieht.[38] Nur zwei Geschosse hoch ragt der Palast aus der Landschaft heraus, doch was ihn wirklich auffallend und markant macht, sind seine Stützen an den Längsseiten, die wie weiße geblähte Segel den Bau über der Erde schweben zu lassen scheinen.

Die zeitgenössische Kritik, den Prinzipien der CIAM[39] verpflichtet, nimmt Anstoß an Niemeyers Prinzip, Bauten in klaren Grundformen mit Aufmerksamkeit heischenden, bizarren Elementen zu umfangen. Doch gerade die sichel- und segelförmigen Stützen haben die Chance gebracht, mit den in moderner Gesthaltung dahinter liegenden Glaskästen eine Symbolik zu verbinden. Die

liegenden Kuben allein hätten wohl kaum die Kraft zur Metaphorik in sich getragen. Niemeyer hat mit seinen Stützen Formen erfunden, die frei waren von inhaltlichen Besetzungen aus der eigenen oder der Weltgeschichte, die keinen bedeutungsschwangeren Ballast trugen. Nicht nur ihre formale Vorbildlosigkeit und ihre ursprüngliche Inhaltsleere, auch ihr demonstratives Zurschaustellen prädestinierte diese Stützen dafür, ihnen im Prozess des praktischen und kommunikativen Gebrauchs eine selbstständige symbolische Bedeutung zuzuordnen. Die 54 Stützen am Amtssitz des Präsidenten, an seinem Palast und am Obersten Gericht stehen »heute im Bewusstsein der Brasilianer für Juscelino Kubitschek und für Demokratie«[40], sind somit vom Bedingungsgefüge ihres Entstehens[41] nicht zu trennen.

Doch nicht nur die Form der Stützen, auch der durch sie vermittelte Eindruck des Schwebens charakterisiert die Bauten. Sie scheinen eben nicht fest aufzusitzen, sondern liegen gewissermaßen in der Landschaft vor Anker und über ihnen ziehen die Wolken hinweg. Beeinträchtigt wird ihr monumentaler Charakter dadurch nicht: Ihre klare Gestalt, reduziert auf geometrische Grundelemente, ihre Dimension, das Hervorgehobensein auf dem gesonderten Platz, der Maßstab der räumlichen Anlage und nicht zuletzt ihre Stützen sorgen für ihre monumenthaft-skulpturale Eigenheit. Hier, am Platz der Drei Gewalten, quasi am Kopf der Monumentalachse, hinter der die Steppe beginnt, drängt auch der Gegensatz zwischen künstlicher Form und Natur extrem auffällig hervor. Die Gruppe von Regierungs-

Brasilia, Oberster Gerichtshof am Platz der Drei Gewalten, Architekt Oscar Niemeyer, 1958, im Vordergrund das Denkmal der Erbauer Brasilias von Bruno Giorgi

Brasilia, Präsidentenpalast (Alvorada-Palast) und Kapelle, Architekt Oscar Niemeyer, 1958

Brasilia, Parlamentsgebäude mit dem Senat (links), dem Abgeordnetenhochhaus und der Nationalversammlung (rechts) am Platz der Drei Gewalten, Architekt Oscar Niemeyer, 1958

und Parlamentsbauten wird zum vorgeschobenen Posten der Zivilisation in Richtung Hinterland, Steppe, Dschungel – ein Führungsanspruch, der sich bildhaft vermittelt.

Sollen die Bauten als Regierungs- und Parlamentsbauten erkannt werden, hilft in Brasilia die Kenntnis traditioneller Würdeformen kaum auf die Sprünge. Ihre örtliche Zusammenfassung am Platz der Drei Gewalten hebt sie zwar von den anderen Gebäuden ab, doch zentrale Kuppel, Portikus, Giebel, Freitreppe, figürlichen Schmuck oder Inschriften sucht der Betrachter vergeblich. Eingeschliffene, vorgefertigte Interpretationsmuster sind auf diese Glaskästen des 20. Jahrhunderts im Herzen Südamerikas nicht zu applizieren. Mit den Umkehrformen Kuppel und Schüssel und den Stützen ist eine eigene Formensprache an Bauten der Macht entwickelt worden, die eine hohe Signifikanz gewährt, die in ihrer prägnanten Simplizität den historischen Kontext verlässt und, einmal gekannt, eine direkte Zuordnung zu Brasilia erlaubt. Ob diese Elemente zu Topoi der Herrschaftsarchitektur werden oder ihre Signifikanz ein Nachahmen eher verbietet und sie einzigartig bleiben, ist ein halbes Jahrhundert nach ihrer Kreation noch nicht abschließend zu beurteilen.

Ohne Drohgebärde, Abstandszwang und Sicherheitszone, mit Bauformen, »die Fortschritt und Modernität, zum Teil auch die Begriffe ›Brasilien‹ und ›Demokratie‹ symbolisieren«[42], hat sich die brasilianische Demokratie der Fünfzigerjahre inszeniert. Wenn Kritiker von der »Unsicherheit und Gebrechlichkeit der politischen Institutionen Brasiliens«[43] sprechen, die sich in den Bauten ausdrücken, ist diese Wertung in Kenntnis der politischen Entwicklung des Landes getroffen, in der auf Demokratie Diktatur und wiederum eine Demokratie folgt. Die politische Entwicklung und den Einfluss des

Architekten darauf kommentiert Umberto Eco: »Und keine vom Architekten geschaffene Form hätte verhindern können, dass sich die Ereignisse anders entwickeln; als wäre der Architekt in eine Situation passiver Dienstleistungen versetzt worden, indem er Formen erfand, die den vom Soziologen und Politiker geltend gemachten Forderungen entsprachen.«[44]

Vom Provisorium ins Glashaus –
das Parlamentsgebäude in Bonn
Die Wahl fällt 1949 auf Bonn, als die Suche nach einem neuen Regierungssitz in der Bundesrepublik entschieden wird. Zunächst ist nur an eine provisorische Lösung gedacht. Gerade diese Entscheidung für ein Provisorium wird prägend für die Bauten des Bonner Regierungsviertels. So ist im Gegensatz zur Ost-Berliner Inszenierungsgeschichte, die für Jahrzehnte über ein Planungsstadium nicht hinaus kommt (vgl. S. 81–94), hier eine Geschichte des Umbaus der Repräsentationsbauten anzutreffen.

Kommentare über die Bonner Regierungsbauten erwecken den Eindruck, als seien diese so prickelnd wie ein schales Bier. In Bonn sei so »nichts Aufregendes und Einmaliges entstanden«, so dass »die Bonner Staatsbauten die Bezeichnung Architektur nicht verdienen, weil alle – auch die, in denen die Regierung sitzt – nichts als bürokratische Manifestationen«[45] sind und wesentlich unter der Knute des Rechnungshofs entstanden. Das ist starker Tobak und scheint so gar nicht zu der wirtschaftsmächtigen Bundesrepublik zu passen. Was ist dran an Understatement und Containercharme der Regierungsbauten?

Ins Provisorium zu ziehen heißt, es gibt später noch etwas Dauerhaftes, Solides, Repräsentatives – eine Bleibe, in der nicht Politik auf gepackten Koffern gemacht wird. Diese Denkweise wächst aus der Einschätzung, die deutsche Teilung sei nur ein Interimszustand von kürzerer Zeit und ein Umzug nach Berlin in baldiger Nähe. Eine

andere Komponente hängt mit der Vergangenheit zusammen, mit der aggressiv-monumental auftrumpfenden Repräsentationsarchitektur im »Dritten Reich«, von der Abgrenzung als notwendig angesehen wurde, sollte nicht neuerlich deutsches Großmannstum durch die Bauten im neuen Staat evoziert werden. Die Geste der Bescheidenheit und das Anknüpfen an die Moderne waren angebracht.

Die Pädagogische Akademie in Bonn und deren Erweiterung durch Hans Schwippert wird beiden Punkten gerecht. Bundesrat und Bundestag ziehen in das nunmehr Bundeshaus genannte Gebäude ein. Die Akademie, in der Gestalthaltung des Bauhauses zwischen 1930 und 1933 errichtet, kombiniert funktional unterschiedliche Kuben miteinander, die, weiß verputzt, einen Komplex parallel zum Rhein bilden. Die Umgestaltung[46] 1949 bezieht sich hauptsächlich auf die ehemalige Turnhalle, die zum Foyer gewandelt wird, und auf die Angliederung eines Plenarsaals. Zwischen 1951 und 1953 wird ein Abgeordnetenbau hinzugefügt. Die größte Neuerung sollte im Inneren stattfinden. Die Sitzordnung im Plenarsaal wird von Schwippert als kreisrund entworfen, doch scheitert sein Projekt letztlich am Einspruch von Adenauer, der in konservativ-autoritärer Haltung für die traditionelle, hierarchische Sitzordnung, wie sie im Reichstag üblich war, plädiert.

Die im Nachhinein polemisch als »Quadergeschiebe«[47] bezeichnete Akademie hatte mit dem Plenarsaal einen Gebäudeteil erhalten, dessen deckenhohe und 20 Meter lange gläserne Seitenwände den Saal von außen einsehbar machten und den Blick von innen in die Umgebung freigaben. Die Metapher vom Glas als Zeichen der Transparenz und Offenheit machte die Runde. Gläsern-kristalline Strukturen und ihre Interpretationen aus den Zwanzigerjahren wurden erinnert und fortan galt: »Wer transparent baut, baut demokratisch.«[48] Das änderte aber nichts daran, dass keine richtige Idee aufkam, wie sich die Republik positiv baulich in Szene setzen wollte, wohl aber ein »diffuse(s) Bedürfnis nach Repräsentation und Behaglichkeit«, das »zum Konzept schlichter Improvisation bald in Widerspruch«

Bonn, Bundeshaus, ehemals Pädagogische Akademie, Ansicht Görresstraße, Architekt Martin Witte 1930-33, Umbau Hans Schwippert 1949-50, im Hintergrund das Abgeordnetenhochhaus »Langer Eugen«, Architekt Egon Eiermann 1967-69

geriet und in der groben Imposanz der ersten Neubauten für Ministerien eine Entsprechung findet, »welche eher die Kontinuität konservativer Architekturauffassungen als einen Willen zum Neubeginn erkennen lässt«[49].

1955 ist zunächst Schluss mit den bundeseigenen Bauaktivitäten. Bundeshaus mit erweitertem Plenarsaal, Finanzministerium, Postministerium, Auswärtigem Amt und Presseamt sollen per Beschluss des Bundestags keine Bauten hinzugefügt werden. Doch Bonn wird für die Regierungstätigkeit zu eng und so wird ein neues Abgeordnetenhaus 1966 in Auftrag gegeben.

In den gut zehn Jahren zwischen Baustopp und neuerlicher Bauaktivität gewinnt die 1960 von Adolf Arndt gehaltene Rede »Demokratie als Bauherr« die Qualität einer Zäsur – als Ansatz im Nachdenken über die Frage, »ob die demokratische Gestalt des Gemeinwesens sich als eine Besonderheit auf das Bauen auswirken«[50] müsse und als kritische Bilanz in der Einschätzung bisheriger Bauten, so auf das Bundeshaus bezogen, wenn er zu überle-

gen gibt, ob »solch ein Missgebilde überhaupt die eigenste Stätte des Volkes, wenn auch nur für eine Zeit des Übergangs während der Spaltung, sein könne«[51].

Der Bau des »Langen Eugen«, benannt nach dem damals agierenden Bundestagspräsidenten und 1969 fertig gestellt, setzt ein erstes architektonisches Zeichen. Er ragt nicht nur als einziger Bonner Bau – und das bis heute – über die Rheinufer hinaus, er zeigt als Höhendominante auch das Regierungsviertel, gleichsam die Hauptstadt, an. Zählt der Bau zwar in seiner modernen Konstruktion und mit der vorgehängten Stahl-Stabwerk-Fassade zu den gelungeneren Bauten, so ist die Idee, mit Vertikalität zeichenhaft zu wirken, so traditionell wie inspirationslos. Über seinen Signaleffekt im Terrain setzt er jedoch auch ein anderes, ein politisches Zeichen: Er lässt eine Ahnung davon aufkommen, dass das Provisorium dauerhafter werden wird als geplant und dass Zweifel an der »Aufrichtigkeit und Zielstrebigkeit der deutschen Wiedervereinigungspolitik«[52] berechtigt sind.

Und richtig, der Bundestag beschließt 1969, sich im Provisorium dauerhaft einzurichten und es für die Ansprüche eines Regierungssitzes herzurichten. Einem städtebaulichen Ideenwettbewerb 1971, der die Einbindung der Bundesbauten in die Stadt zum Inhalt hat, folgt 1972 ein Wettbewerb zur Behausung von Bundesrat und Bundestag. Der Vorschlag vom Architektenbüro Behnisch & Partner gehörte zu den vier erstplatzierten Entwürfen und zeigte Bundesbauten, deren Gestalt auf der Kreisform aufbaute. Diese miteinander in Beziehung stehenden Rundbauten gliedern den Großkomplex und sind auf Kommunikation orientiert, organisieren Wege und Flure als Aufenthalts-, Disputations- und Begegnungsräume. Kritiker trauen Behnisch, der sich nicht nur mit der Olympiahalle in München, sondern

auch mit Schulbauten empfohlen hatte,
durchaus zu, auch hier »aus dem technischen Repertoire der Gegenwart« einen Ge-
samtausdruck entstehen zu lassen, »der die
dekorative Willkür zur artifiziell unglaub-
würdigen Verschönung nicht nötig hat, dennoch aber einen strahlend entgegenkom-
menden, die fernhaltende Aura
durchbrechenden Impetus auf das Publikum
hin entwickelt«[53]. Und gegen das Urteil der
Gutachter gerichtet, wird konstatiert: »Behnischs Vorschlag, deutlich gefaßte Grundformen – aus Kreis und Kreissegment entwickelt – mit einer technisch gelichteten
Detaillierung zu verbinden, wäre die Form
für eine Bauaufgabe gewesen, die dem Aus-
drucksverlangen eines demokratischen
Staatswesens mit dem gegenwärtigen Mitteln der Architektur, wenn nicht seine
Erfüllung, so doch einen Ausblick auf Erhof-
fenswertes bereitgestellt hätte: eine gewisse
Größe, die sich der Machtdemonstration ver-
sagt, Staatlichkeit ohne Herrschaftsmonu-
mentalität.«[54] Zahlreiche Umarbeitungen der
erstplazierten Entwürfe, gutachterliche
Stellungnahmen über die Position von
Plenar- und Fraktionsbereich, die nördlich
und südlich des »Langen Eugen« gefunden
werden, führen schließlich 1977 dazu, das
Büro Behnisch & Partner mit dem Plenarbe-
reich zu beauftragen. Die angespannte
Haushaltslage lässt das Projekt stecken bleiben, letztlich vom Neubau auf einen Umbau
zusammenschrumpfen und die Weiternut-
zung des Plenarsaals beschließen.

Ein anderes Übel ziert derweil das Regierungsviertel: der Neubau des Bundeskanzleramtes, errichtet 1973 bis 1976. Der lagern-

de, nach außen dreigeschossige Bau mit seiner eloxierten Aluminium-Fassade und drei symmetrisch vorgeschobenen Risaliten zeigt sich dem Betrachter ernsthaft-düster. Das Raster, das das Äußere gliedert, unterstützt diesen Eindruck, so dass der Bau die Assoziation hervorruft, »als müsse der gesamte stählerne Raumkäfig in schwärzester Seriosität eine anhaltende Schwermut ausbrüten, als zöge ein Begräbnis vorbei: – ein schwarzer Tripelkatafalk«[55]. Der ersehnte Durchbruch zu einem Staatsimage war offenbar nicht geglückt.

1983 erhält die Gruppe Behnisch & Partner den Auftrag, für den Plenarsaal einen neuen Eingangsbereich zu entwerfen. Zeitgleich wird die Sanierung des alten Plenarsaals beschlossen und der Umzug ins nahe Wasserwerk, das einen Ersatzplenarsaal bekommt. Ein Jahr später legt die Architektengruppe eine Studie vor, in der die Sanierung des Plenarsaals mit einer abgesenkten, kreisrunden Sitzordnung verbunden wird. Damit steht der alte Plenarsaal zur Disposition. Eine Diskussion in Parlament und Öffentlichkeit entbrennt daraufhin. Die Notbremse gegen den Abbruch zieht 1986 der nordrhein-westfälische Minister für Stadtentwicklung, Wohnen und Verkehr und stellt Teile des Bundeshauses unter Denkmalschutz. Ein Jahr später hat der Bundestag endlich Chuzpe genug, für einen neuen Plenarsaal nach Behnischs Vorschlag zu plädieren. Die Denkmalfrage wird geregelt, der Abriss des alten Plenarsaals beginnt noch im gleichen Jahr, der Neubau 1988.

Im Oktober 1992 ist er fertig, der neue Glaskasten für die Debatten des Bundestages. Geschichts- und ortsverbunden steht er auf der Stelle seines Vorgängers. Doch seine Tage sind gezählt, die deutsche Einheit hält einen Umzug von Parlament und Regierung

nach Berlin bereits in petto. Die Freude über den lichten, leichten, transparenten, symmetriefreien Bau bekommt einen Monat nach der Einweihung jedoch einen Knacks, denn die elektroakustische Anlage setzt aus, und fortan sitzen die Abgeordneten wieder im Wasserwerk, ehe sie im September 1993 den Bau erneut beziehen, um schon 1999 in den umgebauten Reichstag nach Berlin auszuwandern.

Die Kritik feierte Behnischs Bau und sah die bundesdeutsche Demokratie endlich zu ihrem baulichen Ausdruck gekommen. Ein bravouröses Understatement war entstanden, das herkömmliche Repräsentationsgesten nicht kannte und »traditionelle Repräsentationserwartungen zielsicher unterlaufen«[56] hatte. Von der Transparenz und Leichtigkeit des Baus wird, wie schon 1949, auf die parlamentarische Demokratie geschlossen, gleichzeitig die banale Gradlinigkeit der Deutung hinterfragt.

Eingangshalle, Plenarsaal, Präsidialpavillon, Parlamentsrestaurant und die umgebende Landschaft sind zu einer unhierarchischen Raumorganisation kombiniert, die frei von autoritären Gesten auf Kommunikation abhebt. Das Thema Fassade im Sinn einer programmatischen, Achtung gebietenden Schauseite ist aufgelöst. Der Alltäglichkeit und Gleichzeitigkeit differenzierter Aktivitäten und Interessen verschiedener Individuen in unterschiedlichen Funktionen wird ein Gehäuse gegeben, das nicht auf die Kraft tradierter Würdezeichen setzt, sondern in dem Kommunikation zum Programm erhoben wird und das auf eine heitere Weise, die nicht ausgrenzt, die Funktionen erkennbar macht, Neugier erlaubt und den Kontakt zum natürlichen Jahreslauf

bewahrt. So steht die gläserne Eingangszone eben nicht als Lockmittel für Besucher isoliert da, sondern das Konzept freier und gerichteter Bewegung, von Raumdurchdringung, von Begegnung setzt sich im gesamten Bau fort. Die Hülle, das Gehäuse, setzt ebenso wenig wie das Innere mit seiner Ausstattung auf ein Imponiergehabe von Gegenständen und Räumen und verbreitet dennoch ein Flair von raffinierter, edler, doch nicht protziger Gestaltung. Behnischs Bau, in dem »weit über alle kalkulierte Ordnungswidrigkeit hinaus ... der Aufstand gegen jede Konvention und Regel zum gestalterischen Generalprogramm« wird, drängt auch die Frage auf, »ob denn die real existierende Gesellschaft zu irgendeinem Zeitpunkt diesem radikalen Ideal auch nur annähernd entsprochen hat«[57].

Diktaturen und ihre Inszenierungen

In den Dreißigerjahren werden zwei Hauptstadtpläne entwickelt, der eine für Moskau, der andere für Berlin. Höhepunkt der Planung ist jeweils das Gebäude der Volksrepräsentation: in Moskau der Sowjetpalast, in Berlin die »Große Halle«. Wird der Palast erst Anfang der Sechzigerjahre an anderem Standort und in veränderter Gestalt als nach der ursprünglichen Planung verwirklicht, geht die Planung der »Großen Halle« mit dem nationalsozialistischen Deutschland zugrunde. In beiden politischen Systemen wird mittels des Gebäudes der Volksrepräsentation versucht, die Legitimität der totalitären Herrschaft und deren Basis, die Zustimmung einer breiten Masse der Bevölkerung, zu veranschaulichen. Brennt sich in die Geschichte des Sowjetpalasts in den Dreißigerjahren die zunehmende Übermächtigkeit der Parteiführung ein, so auch – ähnlich wie bei der »Großen Halle« – die »ideologische Kompensation der tatsächlich fortschreitenden verfassungsrechtlichen Ausschaltung politischer Vermittlungsinstanzen zwischen Volk und Führung durch die Vergrößerung und Monumentalisierung der Volksversammlung in der

Architektur«[58]. Spiegelt das Projekt Sowjetpalast die »Fortdauer der revolutionären Rätemacht« vor, »indem es das Prinzip einer korporativen Beteiligung der arbeitenden Massen an der Macht gleichsam choreographisch« nachbildet, »behauptete dagegen« die geplante Kuppelhalle »keinerlei Macht der Volksmassen in welcher Form auch immer, sondern bot ein Schauspiel öffentlicher Massenakklamationen«[59]. Die Basis dafür war geschaffen, nachdem der Reichstag seine Arbeit 1936 eingestellt hatte und es »keinen verfassungsrechtlichen Mechanismus mehr (gab), nach dem der Volkswille ... auf die Gesetzgebung oder Regierungstätigkeit hätte einwirken können. So entbehrte das projektierte Regierungszentrum in Berlin jeder funktionellen Darstellung einer Verantwortlichkeit der Führung gegenüber dem Volk, nicht einmal als ideologische Fiktion.«[60]

Der Sowjetpalast als zentrales Gebäude der Volksrepräsentation – Moskau
»Bei der Verwirklichung eines großen Projekts geht es nicht immer ohne Komplikationen ab. Es steht ein Ringen um Geschwindigkeit bevor, um die Qualität des Baus und um die klassenmäßige, ideologisch einwandfreie proletarische Architektur.«[61] Diese Sätze sind Teil der Wettbewerbsausschreibung für den Sowjetpalast von 1931. Das Gütesiegel einer ›klassenmäßig, ideologisch einwandfreien proletarischen Architektur‹ erhält in diesem Wettbewerb der Entwurf für ein Gebäude, das, wäre es vollendet worden, Empire State Building und

Eiffelturm überragt hätte und dessen krönende Leninstatue in den Wolken verschwunden wäre.

Die Idee, ein die neue Gesellschaft symbolisierendes Gebäude zu errichten, keimt schon in den Zwanzigerjahren, ehe sie in Zusammenhang mit dem ersten Fünfjahrplan wieder aufgenommen wird. Steht am Anfang ein Gebäudewettbewerb, wird dieser ab 1934 eingebettet in die Umbaupläne Moskaus. Das Ziel ist hoch gesteckt: Der Bau des Sowjet-

palasts wird zur bis dahin größten architektonischen Herausforderung in der Sowjetunion, gilt als das zentrale Projekt und soll zum Ausweis der Überlegenheit des sozialistischen Systems werden. Soweit der grundsätzliche Anspruch. Eine konkrete Rivalität traf den Völkerbund-Palast in Genf, der Anfang der Dreißigerjahre Gestalt gewonnen hatte (vgl. S. 173). Nicht weniger als die gestalterische Suche nach dem adäquaten gebauten Symbol einer neuen Gesellschaft, das bauliche Formulieren ihrer Identität und Eigenständigkeit werden mit dem Projekt Sowjetpalast zur Aufgabe.

Dieser Plan begeistert, zieht führende Architekten verschiedenster stilistischer Prägung aus aller Welt an. Geleitet wird der Wettbewerb vom Palastbaurat, einem Gremium, dem der enge Vertraute Stalins, Molotow, vorsteht. Gewünscht wird ein Bau, in dem die Sowjets tagen, kulturelle Ereignisse und Massenkongresse stattfinden können. Es werden für diese Funktionen ein Kongresssaal mit 15 000 Plätzen und einer mit 5 900 gefordert, sowie vier kleinere mit einer Kapazität für jeweils 500 Personen. Die Vorstellungen über die Gestaltung sind offen genug, um ausreichend Spielraum für unterschiedlichste Entwurfshaltungen zu geben. Allein die Forderung: »Das Gebäude soll monumental wirken«, »dem Charakter der Epoche entsprechen … und seiner Bedeutung als künstlerisches Architekturdenkmal der Hauptstadt der UdSSR Rechnung tragen«[62], führt nicht zwangsläufig zur Einengung gestalterischer Ideen. Dass die Architekten das auch so gesehen haben, zeigen die Entwürfe aus den ersten beiden der insgesamt sieben Wettbewerbsdurchgänge, die noch die Bandbreite von konstruktivistischer, klassizistischer und historisierender Gestalthaltung aufweisen und Gebäudegruppierungen als räumlich-konzeptionelle Foren ebenso wie kompakte monumentale Bauten anbieten.

Erst im Verlauf der folgenden Runden werden konstruktivistisch-rationalistische Ansätze ausjuriert zugunsten pathetisch-monumentaler Gestaltvorschläge. Dass diese präferiert werden, verwundert kaum, schwebt doch das Damoklesschwert der Methode des sozialistischen Realismus bereits über den Künstlern der Avantgarde. Und prompt werden die in der Sowjetunion brodelnden Auseinandersetzungen zwischen Vertretern der Avantgarde mit denen der Tradition im April 1932 durch die Verordnung »Über die Umgestaltung der Literatur- und Kunstverbände« kanalisiert. Ganz in diesem Sinne werfen die Gebote des sozialistischen Realismus ihre Schatten voraus, als vom Palastbaurat im März 1932 für die dritte Wettbewerbsrunde nicht nur eine Hochhauskomposition gefordert wird, sondern auch, »dass sowohl die neuen als auch die besten Elemente der klassischen Architektur aufgegriffen werden«[63]. Die Zurückhaltung der Auftraggeber in Gestaltungsfragen ist damit passé. Einmischung ist angesagt, speziell in Stil- und Formfragen. Das Gestaltungsvokabular der Avantgarde wird als formal und kosmopolitisch diffamiert und zunehmend ausgegrenzt, der Rückgriff auf bewährte historische Formen gefordert. Werden auf formaler Ebene international verbreitete Gestaltungstendenzen abgelehnt, wird dagegen mit dem Thema Hochhaus die internationale Konkurrenz aufgenommen. Gewiss haben Kenntnisse der Hochhausentwicklung in New York und der Wille, international und im Systemvergleich Konkur-

renzfähigkeit zu beweisen, zu diesem Sinneswandel der Auftraggeber beigetragen. Zudem zeigt sich im Drang, mit einem Hochhaus die Macht zu repräsentieren, ein spezifisches Moment sowjetischer Entwicklung. Hier schwingt der Wunsch nach einer stadtbeherrschenden Dominante mit, einer baulichen Verkörperung der Macht, die real und symbolisch über Häusern und Bewohnern der Stadt wacht und sie gleichfalls bewacht.

Am 5. Mai 1933 nimmt der Palastbaurat den Entwurf von Boris Iofan an, auf dessen Grundlage die Architekten Iofan, Gelfreich und Stschuko das endgültige Projekt entwickeln. Die Vorlage von Iofan, ein sich nach oben in vier Stufen verjüngender Rundbau von 220 Metern Höhe mit der Statue des »Befreiten Proletariers« als Abschluss und mit breit vorgelagerter Monumentaltreppe und vorgeschobenen Kolonnaden, wird im endgültigen Entwurf aufgeblasen zu einen Bau mit gigantischen Dimensionen: 420 Meter Höhe, gekrönt mit einer 70 Meter hohen Leninstatue und im Sockel eine Kongresshalle für 21 000 Personen. Eine riesige Aufmarschfläche umgibt das Gebäude, aus dessen gewaltigem Unterbau mehrere Gebäudestufen teleskopartig in die Höhe gepresst werden. Die Idee, den erdabgehobenen Proletarier durch den in himmlische Sphären entrückten Lenin zu ersetzen, geht auf den Palastbaurat zurück. Die Neubesetzung dieser Spitzenposition hält eine unmissverständliche Botschaft bereit, ist eng mit der Realität verknüpft: Sie kündet von der erstarkten Macht Stalins in Partei und Staat. Neben seiner Gebäudefunktion erfüllte der Sowjetpalast auch eine Denkmalfunktion: In dieser Fassung mutierte er zu einem »Monument Stalins in der Maske Lenins«[64].

Figurengruppen und Friese, deren programmatische Inhalte vom Aufbau des Landes künden, umziehen den Bau. Ob diese an der klassizistisch orientierten Fassade des riesigen Turmbaus überhaupt zu erkennen

und zu deuten gewesen wären, ist nicht gewiss. Dass die in der Vertikalen gestapelten Funktionseinheiten in ihren Unterschieden nicht an der Fassade ablesbar waren, zeigt der Entwurf. Charakteristisch für die Fassade ist ihre sich wiederholende und aus Großformen organisierte Binnengliederung, die dem Monumentalbau zu einer forcierten Vertikalität verhilft und dessen aufstrebende Bewegung unterstützt. Auf diese Weise wird der drückenden Masse des Megasolitärs die dynamische Bewegung seiner Bauglieder, der Stufenelemente und der Fassadenvorlagen, entgegengesetzt.

Es mutet aus der Perspektive geschichtlicher Entwicklung wie eine Ironie an, wenn 1933 das Bild »der Sowjetpalast als Sockel der Figur Lenins«[65] durchaus ernst gemeint als symbolische Gestaltung gewünscht wurde. Mit diesem Bild wird heute wohl eher der Abstieg der Delegiertenmassen in die Sockelgruft eines totalitären Regimes assoziiert. Dennoch bleibt im Architekturentwurf etwas von der totalitären Konzeption einer wechselseitigen Beziehung »zwischen den Massen und ihren Führern aufrecht erhalten, sei es in der architektonischen Idee einer theatralischen Vorführung der politischen Entscheidungsvorgänge nach dem Vorbild der Rätedemokratie, sei es in der bildhaften Idee einer dynamischen Zusammenfassung von Massenbewegungen in der Statue des Parteiführers«[66].

Gebäude und umgebender Raum sind in einer Dimension geplant, für die es bislang keine Wahrnehmungserfahrung gab. Das Unmögliche, Bau und umgebenden Raum von solch gewaltiger Dimension aus der Nähe wahrzunehmen, treibt den Betrachter in Distanz, um den riesigen Solitär wenigstens segmentweise zu erfassen. Doch die Inszenierung greift auch hier. Der Betrachter wird in die Inszenierung eingespannt,

in die Gemeinschaft der Gruppe gesteckt, so das Gefühl der Kleinheit beim Einzelnen kompensiert und die Bewegung über den vorbereiteten Distanzraum geleitet, der, aus Straße und Platz bestehend, als Paradefläche für Huldigungsdemonstrationen der Bevölkerung fungiert und auf eine riesige Freitreppe stößt, die zum Palast führt. Die Inszenierung geschieht also nicht nur mit dem Bau, seiner gewaltigen Dimension, der Anlehnung an klassizistische Formen, mit figürlichem Schmuck, sondern integriert auch den Raum und bereitet ihn für die Choreographie von Massendemonstrationen auf. Die Dynamik der Massenbewegung wird in der aufstrebenden Gestalt des Baus bis in die Statue weitergeleitet, doch hier verflüchtigt sie sich über deren Armhaltung im All.

Auf dem Terrain, das der Palast besetzen sollte, stand ursprünglich die Erlöserkirche. Ohne sich in Sentimentalitäten zu verstricken, wird sie für die Neuplanung kurzerhand abgerissen. Der Sowjetpalast erhält eine denkbar gute Adresse: am Ufer der Moskwa und nahe am Kreml, eine Position, die den politischen Ort der Gegenwart mit dem der Geschichte stadträumlich gleichziehen lässt, ja ihn sogar an Bedeutung übertrumpft. Im Generalplan von Moskau ist dieses Gebiet von Beginn an berücksichtigt. Dass es als zentraler Ort, als politischer Mittelpunkt der Stadt geplant war, verraten in der Silhouette der Stadt noch sieben verwirklichte von ursprünglich 16 geplanten Hochhäusern, die den Rand des Zentrums umstehen. In deren Mitte hätte, so er vollendet worden wäre, der Sowjetpalast die Stadt dominiert.

Die »Große Halle« als Höhepunkt der Nord-Süd-Achse – Berlin

In der Planung der »Welthauptstadt Germania« gipfeln die gigantomanen Repräsentationsabsichten der Nationalsozialisten. Die Staats- und Parteibauten gehören in der Hierarchie der nationalsozialistischen Bauaufgaben zur bedeutendsten Gruppe, die vorwiegend neoklassizistisch ausgebildet wird. Zentrum der baulichen Selbstdarstellung ist Berlin.[67] Nach der Machtergreifung Hitlers geht es von Beginn an um ein städtebauliches Konzept, mit dem Berlin zur Welthauptstadt umgebaut werden soll.

Ab 1936 wird an den Umgestaltungsplänen für die »Welthauptstadt Germania« gearbeitet, ab 1937 liegen sie vornehmlich in den Händen des »Generalbauinspektors« Albert Speer. Ein Achsenkreuz mit Straßenverlauf in Nord-Süd- und Ost-West-Richtung und einem Schnittpunkt am Brandenburger Tor fungiert als Grundelement der Stadtplanung. Das etwa sieben Kilometer lange und auf 120 Meter Breite auszubauende Mittelstück der Nord-Süd-Achse zwischen den geplanten Zentralbahnhöfen in Moabit und Tempelhof sollte zur Prachtstraße entwickelt werden. Die Ränder dieser extrem bemessenen Straße sollten Regierungs- und Verwaltungsbauten, zu zwei Dritteln jedoch auch Privatbauten säumen. Diese Achse sollte als bauliche Inszenierung der Macht gestaltet werden. Was den potenziellen Besucher erwartet hätte, wäre ein Staccato machtvoll auftrumpfender Architektur gewesen. Vom Südbahnhof kommend, dessen Freitreppe

nach Norden zur Achse führen sollte, hätte sich dem Besucher der Blick über den mächtigen Triumphbogen bis zur »Großen Halle« geboten: die Achse der Macht mit ihren dominanten Baukörpern.[68]

Der Triumphbogen, der mit 170 Metern Breite, 117 Metern Höhe und 119 Metern Tiefe über der Achse lagern sollte, war als Gegenpol zur »Großen Halle« konzipiert, die durch seine 80 Meter hohe Öffnung zu sehen sein sollte. Den Bereich zwischen Bahnhof und Triumphbogen sollte die »Beutewaffenallee« ausfüllen, ein langgestreckter Platz, bestückt mit erbeuteten Panzern und Geschützen. Die »Große Halle«, als zentraler Bau der Volksrepräsentation im Spreebogen geplant, sollte zum Höhepunkt der Achse werden. Der Ehrgeiz kannte keine Grenzen: Eine Versammlungshalle für 180 000 Menschen, die größte der Welt, sollte entstehen. Entsprechend monströs waren die Maße dieser Kuppelhalle: etwa 315 Meter Seitenlänge des quadratischen Unterbaus bei einer Gesamthöhe einschließ-

Modell der für Berlin projektierten Nord-Süd-Achse, Blick vom geplanten Südbahnhof (im Bild unten angeschnitten) über den Triumphbogen zur »Großen Halle«, Arbeitsstab GBI, letzte Fassung 1942, historische Aufnahme

Modell der »Großen Halle« an der für Berlin projektierten Nord-Süd-Achse, Albert Speer, Aufnahme 1941

lich Laterne und Adler von circa 320 Metern. Der steinerne Koloss hätte das Alsenviertel geschluckt, den Spreebogen überdeckt und mit seiner grün schimmernden Kuppel aus patinierten Kupferplatten in die Stadtlandschaft geragt. Den Platz auf der Laterne über der Kuppel sollte ein Adler einnehmen, der zunächst über einem Hakenkreuz, später – die Planänderung erfolgte wahrscheinlich nach der Kapitulation Frankreichs – auf einer Weltkugel thronte. Optisch sollten 20 Meter hohe Pfeiler die Wucht des Kuppelbergs abfangen, gleichzeitig zum Unterbau vermitteln. Die extreme Dimension des kuppeltragenden Quaders aus hellem Granit betonten gebündelte, kannelierte Pfeiler an dessen Ecken und die zur Platzseite vorgelagerte Säulenvorhalle. Zwei 15 Meter hohe Plastiken, Atlas, das Himmelsgewölbe tragend, und Tellus, die Weltkugel haltend, flankierten die Säulenhalle. Wie die Idee der Kuppelhalle, so geht auch der allegorische Sinn dieser Plastiken auf Hitler zurück. Der Eindruck der Kuppelhalle wurde noch gesteigert durch die gleichartige Gestaltung der Platzeingangsbauten, Oberkommando der Wehrmacht und Neue Reichskanzlei, die eine Art Torsituation bildeten und den Blick aus der Achse auf die »Große Halle« fokussierten.

Nicht nur die Maße der »Großen Halle« negieren den menschlichen Maßstab, auch deren architektonisch-räumliche Umgebung sowie die gesamte Achse sind nicht mehr auf das Individuum bezogen, sondern auf die Formation der blockweise angetretenen Marschkolonne. Der Einzelne wird verzwergt und selbst die zum Block formierten Men-

schen dienen nur als Ornament, als Staffage einer Kulisse in der Inszenierung des faschistischen Systems. Dass das Moment der Beeindruckung und Einschüchterung ins Maßlose ausgereizt werden sollte und der Verlust, sogar der bewusste Verzicht auf menschlichen Maßstab einkalkuliert war, ist angesichts der steinern brutalen Megalomanie evident. Der Verlust des körperlichen Maßsystems, damit des menschlichen Bezugssystems für Größen, Massen, Höhen, Volumen, dessen extremes Übersteigern durch Gegenstände und Räume bzw. deren Details, löst eine Wirkung aus, die den subjektiven Eindruck des Erdrücktwerdens[69], des Nichtbestehenkönnens hervorbringt. So ist die »Große Halle« nicht nur vorbildlos als riesige Gesamterscheinung, auch ihre Bauteile knüpfen nicht an gewohnte Maßverhältnisse an. Bedenkt man, dass die Traufhöhe der Gebäude in der Straße Unter den Linden 22 Meter betrug und sich an der Höhe des Brandenburger Tors ausrichtete, wird klar, die Kuppelhalle hätte gigantisch gewirkt. Unterstrichen wird die Größe des Baus durch die zweizonig gestaffelte Säulenvorhalle. Im Detail, in den auf 30 Meter Höhe und drei Meter Durchmesser berechneten Säulen, konfrontiert sie mit Baugliedern von extremer Größe, die jenseits der Erfahrung mit Eingangszonen, auch mit repräsentativen, liegen. Die paarweise Anordnung der Säulen organisiert den Eintritt ins Innere. Auf die militärische Formation des Marschblocks antwortet die Ordnung der Doppelsäulen: Wie Türsteher regeln sie den Zugang und stehen gleichzeitig Spalier für die Eintretenden.

Im Norden der »Große Halle« war ein Wasserbassin von 120 mal 400 Metern vorgesehen, in dem sie sich spiegeln und in dieser Verdoppelung auf den vom Nordbahnhof kommenden Reisenden wirken sollte. Im Süden, auf dem Gelände des ehemaligen Königsplatzes, war vor der Kuppelhalle der »Große Platz« geplant, der als Aufmarschfläche für eine Million Menschen mit Granit

versiegelt werden und dessen Flanken Bauten der Macht bilden sollten: »Führerpalast«, Neue Reichskanzlei, Oberkommando der Wehrmacht, Großdeutscher Reichstag. Einzig der von Wallot gebaute Reichstag hätte an Geschichte und Politik vor dem Nationalsozialismus erinnert, doch welch Stellenwert diesem Geschichtszeugnis eingeräumt wurde, zeigt seine hilflose Kleinheit angesichts der geplanten Baumonster, seine funktionelle Degradierung zu einem Archiv-, Bibliotheks- und Restaurantgebäude, seine bildhafte Gesprächigkeit angesichts der verschlossenen stummen Baumassen. So prallt seine gestalterische Eloquenz am fensterlosen Gegenüber, dem »Adolf-Hitler-Palais«, ab, dessen einziger Balkon sich über dem mit Stahltüren abzuschottenden Mittelportal befindet. Ein Dialog mit der Geschichte wird nicht angestrebt, im Gegenteil, im Lächerlichmachen wird sie nicht aufgehoben, sondern entwertet. Auch schien das Größenverhältnis zwischen Reichstag und »Großer Halle« zu besagen, »dass die Regierungsform der repräsentativen Demokratie von der des nationalsozialistischen Staates, in der die Massen unmittelbar, ohne die Zwischenstufen des diskreditierten Abgeordnetensystems, die Regierung sanktionierten, zu zwerghafter Bedeutungslosigkeit verurteilt worden war«[70].

So wie der Weg über die Achse als Inszenierung geplant war, war es auch der engere Bereich unmittelbar vor der »Großen Halle«. In der Abfolge von Räumen als Instrumentarium der kultisch-inszenatorischen Machtdarstellung war der ungegliederte Einraum, die »Große Halle«, die Steigerung zum geometrisch geformten Appellraum, dem »Großen Platz«, der nur von der Achse her zugänglich war und deren Höhepunkt, die »Große Halle«, vorbereitete. Die Wirkung der »Großen Halle«, durch einen leicht erhöhten Vorplatz vom übrigen Platzniveau unterschieden, wird nochmals gesteigert durch eine die gesamte Front einnehmende Treppe. In der Leere der riesigen Versammlungshalle erstarrt die über Achse und Platz geführte Aufmarschbewegung, und es wird die »kompakt egalisierte Massenbasis für den Führerstaat, die Voraussetzung ihrer militärischen Neuformierung, zur Darstellung«[71] gebracht.

Sozialismus und Machtdemonstration

Ohne Schloss, doch mit Palast – Berlin
Lakonisch lassen sich die Repräsentationsversuche im Osten Deutschlands nach Gründung von BRD und DDR mit den Stichpunkten Regierungshochhaus, Tribüne plus Paradeplatz, Palast der Republik, Staatsratsgebäude und Außenministerium benennen. Die Inszenierungsgeschichte teilt sich in zwei miteinander verwobene Stränge: die Geschichte der Pläne, nachvollziehbar an Entwürfen und Modellen, und die der Taten, deren Ergebnisse das Gesicht der historischen Mitte Berlins veränderten. Der Schauplatz ist in jedem Fall derselbe: das Areal um das ehemalige Schloss.

Seit 1950 wird die bauliche Inszenierung der sozialistischen Gesellschaft vorangetrieben[72], doch erst 1976 ist sie mit der Eröffnung des Palastes der Republik vollendet. Staatsratsgebäude, Außenministerium und Palast der Republik säumen fortan die historische Mitte der Stadt. Das heutige Bild zeigt diese Situation schon längst nicht mehr. 1995 wird das Außenministerium abgerissen, der Palast der Republik steht zur Disposition und im Staatsratsgebäude hat

der Bundeskanzler Deutschlands bis zum Umzug ins neue Kanzleramt im Spreebogen sein Interimsquartier genommen.

Geradlinig verläuft der Inszenierungsprozess der Herrschenden in der DDR bei weitem nicht, die Suche nach einer adäquaten Fassade der Macht nimmt den überwiegenden Zeitraum in dieser Geschichte ein.

Wunschbild   Die ersten Weichen für die bauliche Inszenierung der sozialistischen Gesellschaft werden im Juli 1950 auf dem III. Parteitag der SED gestellt. Die »Grundsätze des Städtebaus« und das »Aufbaugesetz«, kurz nach dem Parteitag beschlossen, weisen in die gleiche Richtung. Eine Magistrale von der Stalinallee über den Alexanderplatz sollte bis zur Straße Unter den Linden führen, ein Zentraler Platz im Bereich von Lustgarten und Schloss entstehen. Im »Aufbauplan für das Zentrum des neuen Berlin«, Ende August 1950 in der Berliner Zeitung publiziert, sind die Vorstellungen bereits konkreter und eine erste Abbildung taucht in der Öffentlichkeit auf: Vom Schloss gibt es keine Spur mehr, dafür einen Demonstrationsplatz mit Tribüne und ein Hochhaus östlich der Spree. Planern und Politikern gleichermaßen scheinen offenbar beide Elemente geeignet, die wiederholt in Texten und Reden geforderte bauliche Monumentalität, die Aufbauwillen und Zukunft versinnbildlichen soll, herzustellen.

Im Hintergrund, bevor dieser Plan veröffentlicht wird, kursieren im internen Kreis andere Ideen, die sich um das angestrebte Zentrale Gebäude, seine Gestalt und Nutzung ranken. Mit der Frage, wer zieht ein, verknüpft sich die Frage, welche Seite der Macht, die des Volkes oder die des Staates, stellt der neue Staat öffentlich aus. Alternativen gestalterischer, symbolischer und funktionell-praktischer Art werden eingebracht, doch alle Vorschläge, ob sie nun mit dem Wiederaufbau des Schlosses rechnen, das höchste Gebäude der Stadt als Stadtkrone in der Tradition der Volkshäuser oder

ein demokratisches Forum mit einer Kongresshalle vorsehen, werden abgelehnt. Erst kurz vor der Veröffentlichung in der Presse am 27. August 1950 sind die Würfel gefallen. Ein Hochhaus wird gewünscht, das als Regierungsgebäude dienen soll.

Volkshaus, Kongresshalle oder Regierungsgebäude, demokratisches Forum, ein Hochhaus oder eine andere Baugestalt – eine Debatte darüber, viel Lärm um Nichts? Im Gegenteil. Der neue Staat war dabei, sich in Gebäuden zu inszenieren, teilte auf diese Weise mit, auf welchem Weg er politisch war. Ein städtebauliches System mit so genanntem Zentralen Platz, Zentralem Gebäude und einem Netz von Zentralen Straßen, hervorgehoben von den übrigen, verweist nicht nur auf ein hierarchisch gegliedertes Stadtmodell, sondern auch auf eine hierarchisch strukturierte Gesellschaft. Die Zentralität im Stadtraum wird zum »Abbild des Zentralismus im staatlich etablierten Sozialismus des 20. Jahrhunderts … Es ging dem eben erst gegründeten neuen Staat in seiner Hauptstadt um eine städtebaulich-architektonisch wirksame Inszenierung neuer gesellschaftlicher, in erster Linie politischer Zentralität, am historischen Ort alter gesellschaftlicher Zentralität.«[73] Dabei spiegelte sich auch die vorrangige Rolle des Staates in der DDR wider, die nach stalinistischem Konzept weiterentwickelt und in einem Institutionalisierungsprozess real wurde. Die SED, auf dem Weg zur »Partei neuen Typs«, hatte in dem Prozess die Führung inne und begann bereits den Staat zu instrumentalisieren.

Die 1. Tat: Tabula rasa in der historischen Mitte   Die ersten Fakten werden mit einer rigorosen wie umstrittenen Tat geschaffen: dem Schlossabriss zwischen September 1950 und März 1951. Die Residenz der Hohenzollern ist in den Augen der führenden Politi-

Aufbauplan für das Zentrum des neuen Berlin, veröffentlicht in der Berliner Zeitung vom 27. August 1950

Aufbauplan für das Zentrum des neuen Berlin, Modellfoto, veröffentlicht in der Berliner Zeitung vom 27. August 1950

ker obsolet, zu sehr erinnert ihr Vorhandensein an Preußen, dessen Militarismus, an feudale, hierarchische Verhältnisse, nicht zuletzt an das Kaiserreich. Obwohl sich zuvor vielfacher Protest aus unterschiedlichen Lagern gegen den Abriss meldet, wird das Schloss aus dem Stadtbild gesprengt,

die Fassade, hinter der die preußische Macht waltete, getilgt. Mit der Vernichtung des baulichen Erbes deutscher Geschichte bahnen sich die Herrschenden radikal den Weg zur eigenen Repräsentation, doch der sinnvolle Umgang mit der freigeräumten Fläche und die Entscheidung für eine bauliche Lösung erweisen sich als ungeahnt schwierig. Ab Mai 1951 wird auf der nun Marx-Engels-Platz genannten Fläche demonstriert. Die bauliche Inszenierung besteht zwar bislang nur aus einer Tribüne, doch die Demonstration der Massen über den Platz bedient einen eigenen Aspekt in der Bandbreite politischer Inszenierungstätigkeiten: Öffentliche Räume werden zu temporären Bühnen der Macht und dieser Zweck fließt ein in die städtische Planung.

Planspiele Zwischen Ende 1950 und 1957 läuft die Diskussion zur Gestaltung des Zentralen Gebäudes und seiner städtebaulichen Position ab. Wirkt sich der Formalismusstreit 1951 auf die architektonische Gestaltung aus und führt zu einem Wandel von einer modernen Formensprache zu einer, die sich im Rahmen nationaler Traditionen zu orientieren hat, steht bei der Standortsuche die Frage, ob das geplante höchste Gebäude der Stadt Berlin und darüber hinaus in Deutschland östlich oder westlich der Spree stehen soll; war doch bemerkt worden, der riesige Platz mit seiner Fläche von 82 000 Quadratmetern braucht eine Gestaltung, um nicht ein städtebauliches Loch zu bilden.

Zwischen 1958 und der 1962 gegenüber der Öffentlichkeit kommentarlos stattfindenden Grablege des Projekts Zentrales Gebäude im engsten Kreis der Herrschenden, nämlich durch das Politbüro des ZK der SED, werden Entwürfe unterschiedlichsten Charakters hervorgebracht, von denen einige

Der Lustgarten und die Straße Unter den Linden, wie sie das Modell des neuen Stadtzentrums zeigt. Auf dem Bild 1. der Bau der ne Staatsoper, 2. Marstall, 3. Tribüne auf dem Lustgarten, 4. Dom, 5. Nationalgalerie, 6. Altes Museum, 7. FIAPP-Denkmal, 8. Ze haus, 9. Neue Wache, 10. Universität

hier erwähnt werden sollen. Die Bedingungen unter denen geplant wird, haben sich jedoch verändert: Seit der 1. Baukonferenz 1955 ist das industrielle Bauen angesagt, moderne Gestaltung langsam wieder zugelassen. In Moskau ist 1957 der Sowjetpalast in seiner ursprünglichen Gestalt abgeblasen worden, ein neues Projekt im Kreml geplant. In West-Berlin läuft der Hauptstadtwettbewerb 1957/58, der auch das Gebiet zwischen Brandenburger Tor und Alexanderplatz einbezieht. Die Stalinallee, das erste große Projekt Ost-Berlins, steht kurz vor dem Abschluss und der V. Parteitag vor der Tür. Eigene Überlegungen zur Zentrumsgestaltung werden dringlich. Da Parteitage der SED und Jahrestage der DDR immer mehr zum Taktmaß für neue Ideen werden, wundert es kaum, dass rechtzeitig zum V. Parteitag 1958 anerkannte Planer und Architekten ein Konzept für die städtebaulich-architektonische Gestaltung der Hauptstadt vorlegen.

Der erste Entwurf stammt von Gerhard Kosel. Er plant ein Marx-Engels-Forum in einer Kombination aus Hochhaus von 150 Metern Höhe für die Regierung und Saalbau für die Volkskammer. Für die Wahrnehmung aus der Ferne sorgt die Höhe, für die Nahsicht muss nachgeholfen werden. Rigoros ist geplant, die historische Stadtsubstanz preiszugeben: Weite Wasserflächen der verbreiterten Spree säumen im Norden und Süden den Gebäudekomplex, so dass der Gründungsort Berlins, das historische Nikolaiviertel, geflutet worden wäre. Der Spiegel des Wassers hätte das Bild der baulichen Inszenierung vielfach zurückgeworfen, den Mächtigen zur eitlen Selbstbestätigung, den Kritikern als schöner Schein. Die Position zur ererbten Stadt hat sich offensichtlich noch nicht geändert; zugunsten der eigenen Repräsentationsabsicht ist man bereit zu

opfern, was den Plänen im Weg steht. Die westliche Ansicht des Komplexes ist als Hauptansicht konzipiert. Von der Straße Unter den Linden wirkt das Regierungsgebäude als point de vue, unterstützt durch den großräumigen Demonstrationsplatz zwischen westlichem Spreearm, Lustgarten und Marstall, der den Blick ungehindert freigibt auf das Regierungshochhaus und die davor liegende Tribüne und das am Eingang des Gebäudevorhofs stehende Marx-Engels-Denkmal, für das eine Figurenhöhe von 25 Metern gedacht war. Der dahinter liegende Saalbau der Volkskammer schiebt sich nicht in den Blick, als flacher rückwärtiger Gebäudeteil spielt er keine Rolle in der Repräsentationsfassade. In dieser baulich-räumlichen Figuration liegt eine Repräsentationshierarchie, die auf Regierung und Partei zugeschnitten ist. Die Vertreter der Regierung auf der Tribüne lassen sich von den vorbeiziehenden Demonstrierenden feiern, im Hintergrund die Überväter der Geschichte, deren ägyptische Größe sie über alle hinaus-

ragen lässt. Für die gewählten Volksvertreter, die Volkskammerabgeordneten, ist in dieser Inszenierung kein Platz.

Gedanken, die aus dem Schema Regierungsrepräsentation ausscheren, fördert erst der »Ideenwettbewerb zur sozialistischen Umgestaltung der Hauptstadt der DDR, Berlin« vom Oktober 1958 bis April 1959 zutage. Zwei Wettbewerbsteilnehmer, A. Naumow und Hermann Henselmann, bedienen nicht den Wunsch nach einem Regierungshochhaus, sondern verzichten darauf. Sie drehen den Spieß um und setzen an die Stelle der staatlichen Machtrepräsentation, der Darstellung der Exekutive, in moderner Architektursprache ein Parlamentsgebäude, die Darstellung der Legislative. Ohne Höhendominante kommen jedoch auch sie nicht aus. Während Naumow zu seinem Parlamentsgebäude eine Stahlnadel von 260 Metern Höhe stellt, schlägt Henselmann ein mehrteiliges Ensemble mit einem Fernsehturm von 320 Metern vor. Interessant an dem Entwurf des Leningrader Architekten Naumow ist neben dem arkadenumspannten und mit einer

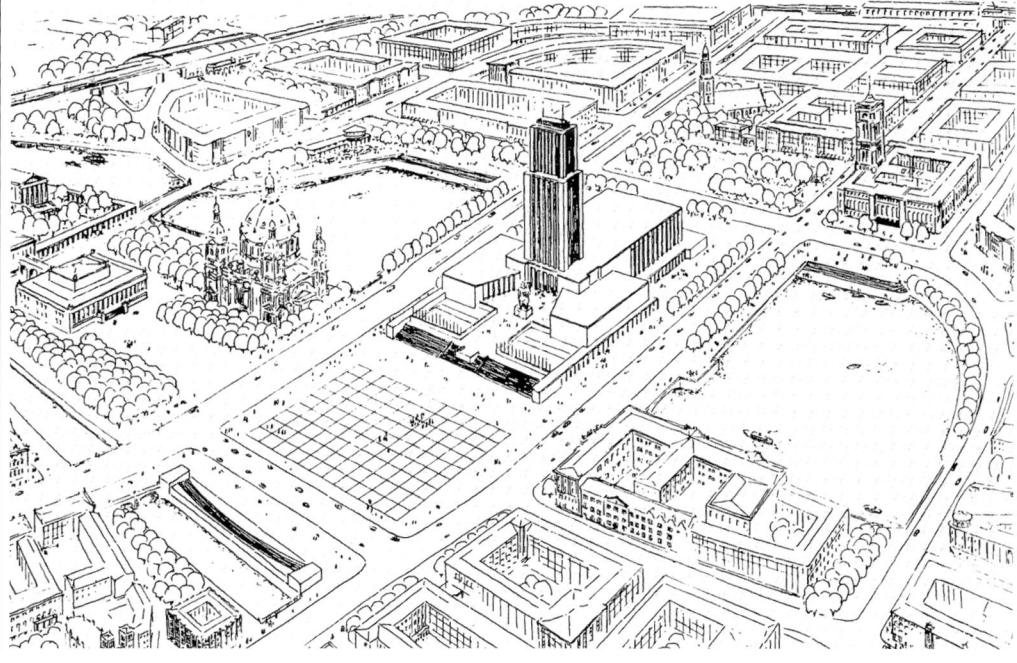

Wettbewerb für das Stadtzentrum von Berlin, Entwurf A. Naumow, 1959, Parlamentsgebäude und Stahlnadel statt Regierungshochhaus

Wettbewerb für das Stadtzentrum von Berlin, Entwurf Hermann Henselmann, 1959, Fernsehturm als »Turm der Signale«

flachen, transparenten Kuppelkonstruktion versehenen Parlamentsbau die westliche Begrenzung des Marx-Engels-Platzes mit einem geschwungenen Gebäude, das deutlich das barocke Lindenensemble vom Marx-Engels-Platz trennt und den Charakter der Spreeinsel als Querachse betont. Inspirierend wirkt dieser Vorschlag später bei der

Positionsbestimmung des Außenministeriums.[74] Der außer Konkurrenz von Henselmann eingereichte Entwurf verdient Beachtung, gelingt ihm doch, die einseitige Ausrichtung bisheriger Planung zu überwinden. Von Ost nach West zeigt er eine Gebäudefolge, die mit einer schalenförmigen, an vier Streben aufgehängten Kundgebungshalle beginnt, sich fortsetzt mit einem zum kubisch geformten Parlament vermittelnden Wasserbecken und vom Parlament mit einer Brücke den östlichen Spreearm überspringend weiterleitet zum Denkmal, einem Fernsehturm, dem eine Marx-Engels-Ehrenhalle vorgelagert ist. Von Osten wie von Westen bietet sich auf diese Weise ein repräsentativer Blickpunkt: Der Fernsehturm steht genau in der Achse der Straße Unter den Linden und die Kundgebungshalle mit dem dahinter liegenden Parlament ist aus östlicher Richtung wahrzunehmen. Die eine Ansicht gibt es so nicht. Mit der Doppelansichtigkeit des Ensembles ist der östliche Stadtraum, der historisch immer der – von der Hauptfassade des Schlosses gesehen – rückwärtige war, nicht mehr abgehängt, sondern als Zugang zur Mitte der Stadt mit eigener Wahrnehmungsqualität einbezogen. Im Entwurf ist der als Denkmal apostrophierte Fernsehturm der wohl ungewöhnlichste Beitrag, weicht doch ein technisches Bauwerk meilenweit vom gewünschten und tradierten Denkmalprogramm ab. Obwohl Henselmann versucht, den Turm, aus Schaft und Kugel bestehend, mit der Bezeichnung als »Turm der Signale« und einer nachts rot über der Stadt leuchtenden Kugel hoffähig zu machen, findet er bei der Jury keine Akzeptanz. Ein technisches Bauwerk, das als Höhendominante fungiert, stößt an die Grenzen derer, die sich im politisch-kulturellen Mittelpunkt der Stadt repräsentiert wissen wollen.

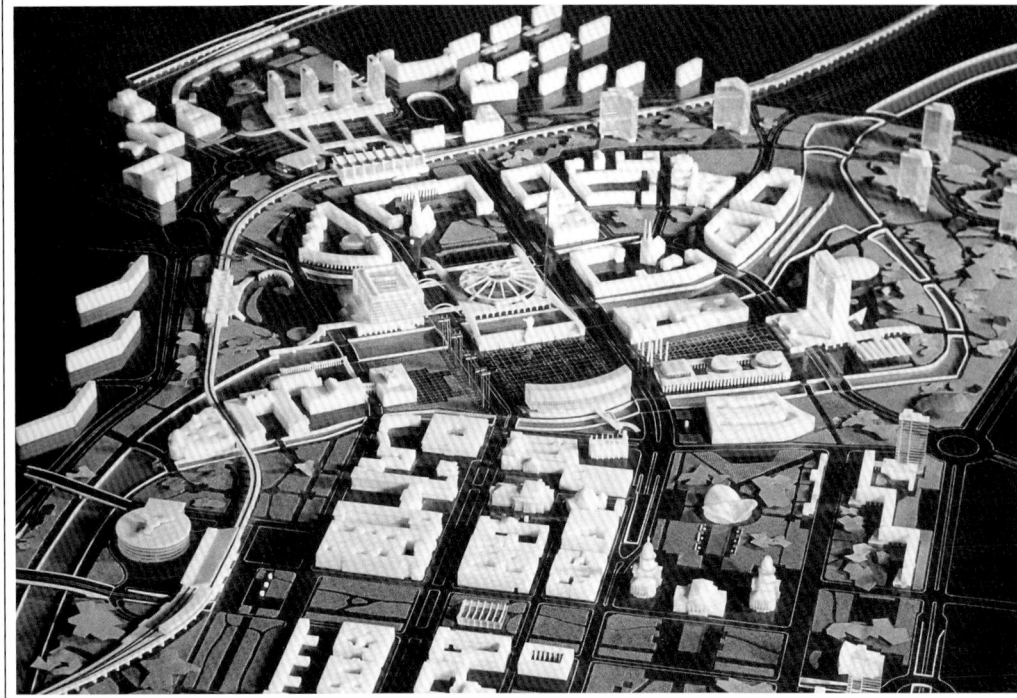

Konkreter erwogen wird in dieser Zeit auch die Bebauung der südlichen und westlichen Wand des Marx-Engels-Platzes. Die Bauakademie auf dem Schinkelplatz, deren Aufbau bereits begonnen hat, gerät in die Debatte über Erhalt oder Abriss. Die im Dezember 1959 in einer Beratung unter der Leitung von Walter Ulbricht getroffene Festlegung, dass das Außenministerium an der Westseite des Marx-Engels-Platzes gegenüber dem Regierungsgebäude zu errichten und dafür die Ruine der Schinkelschen Bauakademie abzureißen ist, facht den Protest der Abrissgegner an, ist letztlich jedoch nicht umzustoßen.[75]

In einem 1960 intern ausgeschriebenen Wettbewerb sticht der Entwurf des Kollektivs Josef Kaiser/Stadtbauamt hervor. Entgegen dem noch immer geforderten Regierungshochhaus bildet auch hier ein Parlamentsgebäude den Mittelpunkt der Arbeit. Seine Gestalt, eine Glaskuppel von 90 Metern Höhe, die sich auf einem niedrigen, symmetrischen Gebäudesockel erhebt, gilt den Entwerfern als Reaktion auf einen unterschiedlichen Kontext. Im städtebaulichen Rahmen hätte die gläserne Konstruktion trotz ihrer Dimension die umgebenden Bauten zwar um ein Vielfaches überragt, doch sicherlich nicht verzwergt und historische Bauten wie Dom, Marienkirche und Rathaus nicht zu baulichen Statisten degradiert, zu denen sie im Schatten der steinernen Hochhausentwürfe geworden wären. Zudem wirkt ein Zentralbau durch seine Allansichtigkeit im Raum. Die Glaskuppel sollte darüber hinaus als Metapher wirken für öffentliches Arbeiten, für Transparenz parlamentarischer Tätigkeit, für das Wirken der Volkskammer, sollte gestalthaft ausdrücken, was als gesellschaftliches Ziel anstand, doch nicht erreicht wurde. Damit sollte sie auch im bewussten Gegensatz zur Speerschen Kuppel

über der »Großen Halle« stehen, mit der die »Welthauptstadt Germania« hätte überragt werden sollen, und sie hätte an die Vorstellungen von kristallinen Stadtkronen aus den Zwanzigerjahren angeknüpft. Die dem Gebäude vorgelagerte Tribüne ist nach Westen gerichtet und bekommt ein Gegenüber im Außenministerium. Dessen abgestufter Baukörper, der mit seinen niedrigeren Seitenflügeln auf den Höhenmaßstab der umliegenden historischen Gebäude Bezug nimmt und in einer unprätentiösen gerasterten Fassade gezeigt wird, schließt das Regierungsforum nach Westen ab.

In dieser Zeit ragen die ersten Hochhäuser im Westen der Stadt in den geteilten Himmel und künden von der ungebrochenen Kraft des Kapitals. Als diese auf der Ostseite ins Auge stechen, setzt die Parteispitze kategorisch gegen alle abweichenden Ideen fest, dass das Zentrale Gebäude als Höhendominante gebaut wird. Das Beharren auf der Höhendominante wird hier zur politischen

Entwurf für das Stadtzentrum von Berlin, Josef Kaiser, 1960, Volkskammer als Zentrales Gebäude mit gläserner Kuppel

Reaktion im Kräftevergleich zweier Systeme, der als Austragungsort auch das Feld der architektonischen und zeichenhaften Gestaltung einbezieht.

Von den nun folgenden Plänen ist sicherlich der von Henselmann vom Frühjahr 1961 der spektakulärste. Er, der beim ersten Anschwellen der Koselschen Spree-Seen 1958 noch gegen sie argumentiert hatte, entwirft jetzt eine noch großflächigere Spreeausdehnung und stellt das Parlamentsgebäude mitten hinein, gleichsam wie eine Wasserburg oder ein »Wasserschloss«[76]. Nur über schmale Brücken ist das als Rundbau entworfene Parlament mit einer kleinen kubischen Marx-Engels-Halle im Westen und mit einem Hochhaus im Osten verbunden. Mehr isoliert als herausgehoben hat es den Kontakt zur stadträumlichen Umgebung und den Bewohnern der Stadt verloren, es wird zur einsamen Insel in der Spree. Die räumliche und sinnbildliche Entfernung vom Volk in der Gegenwart korrespondiert mit der Nähe zu den Vätern der eigenen Geschichte. So sieht der Entwurf einen Rundweg um das

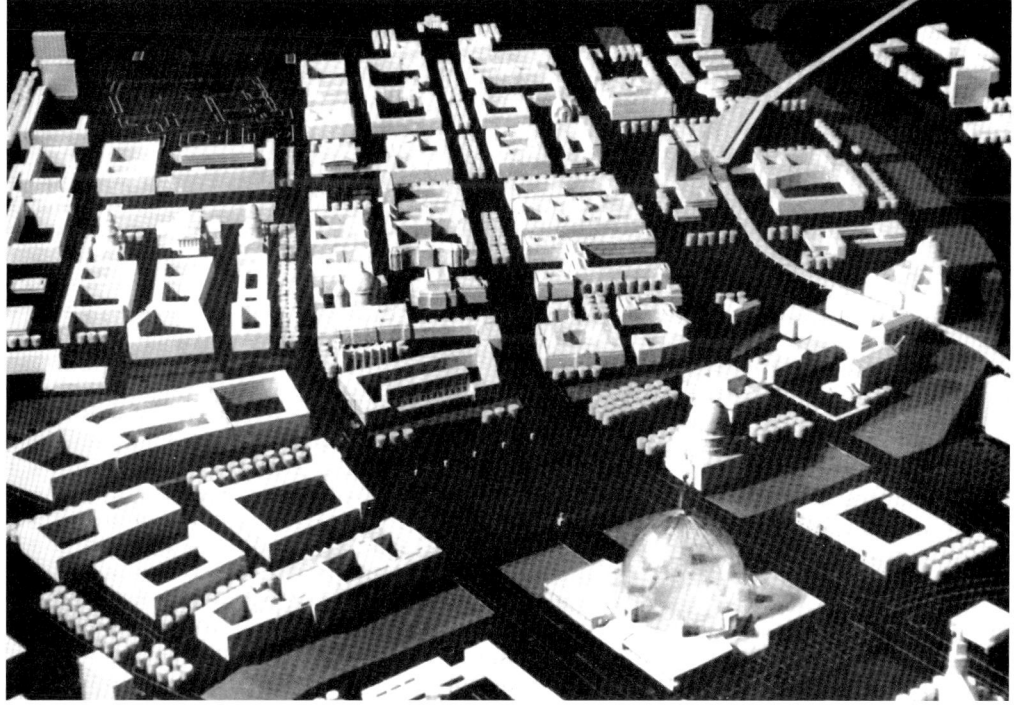

Parlament vor, bestückt mit den Skulpturen bedeutender Persönlichkeiten der nationalen und internationalen Arbeiterbewegung. Ob diesen Figuren ironischerweise eine symbolische Wächterfunktion zukommen sollte, oder ob sie nur in einer Ehrengalerie vereint werden sollten, bleibt dahingestellt. In jedem Fall hätte der Distanzraum der erweiterten Spree ihre Wahrnehmung von den Flussrändern her beeinträchtigt.

Im April 1961 fällt die Stadtverordnetenversammlung von Ost-Berlin den Beschluss über den »Aufbau des Zentrums der Hauptstadt der Deutschen Demokratischen Republik« und legt darin den Standort des Zentralen Gebäudes für die oberste Volksvertretung und den Ministerrat östlich der Spree und dessen Baubeginn für 1965 fest, nicht aber dessen Gestalt. Zusammen mit

Entwurf für das Zentrale Gebäude in Berlin, Entwurf Hermann Henselmann, 1961, Parlament als »Wasserschloss«

der Zentrumsplanung wird auch bestimmt, dass für das Außenministerium an der Westseite vom Marx-Engels-Platz ein Gebäude zu errichten ist und für den Staatsrat ein vorläufiger Bau an der Südseite. Nachfolgende Entwürfe zum Marx-Engels-Platz mit Zentralem Gebäude werden jedoch, wie schon die Vielzahl der vorherigen, nicht umgesetzt. In Berlin, der Hauptstadt, dämmert es allmählich: Die Zeit der großen autoritären Inszenierungen ist offenbar ergebnislos verstrichen. Die Bilanz ist eindeutig: Keine politische und keine architektonisch-bildkünstlerische Inszenierung und keine komplexe städtische und gesellschaftliche Qualität waren geschaffen worden. Die Stadt hatte in ihrer historischen Mitte keine neue Fassade der Macht bekommen. Der Sinn für ein erneutes Aufbäumen, um die aus den Fünfzigerjahren stammende Aufgabe auf gleichem Weg mit den alten Mitteln zu verfolgen, war abhanden gekommen, die Konsequenz, die Rücknahme des Projekts »Zentrales Gebäude« im Oktober 1962 in seiner ursprünglichen Definition, folgerichtig.

Die 2. Tat: Steinerner Geschichtstransfer für das Haus des Staatsrates Als nach dem Tod des ersten Präsidenten der DDR Wilhelm Pieck 1960 die Institution des Staatsrates als höchstes Staatsorgan gegründet wird, bekommt diese ein vorläufiges Quartier im Schloss Niederschönhausen, abseits der Innenstadt im Stadtbezirk Pankow. 1962 wird der Umzug aus dem Provisorium offiziell beschlossen. Der Termin zur nächsten großformatigen Selbstdarstellung, der 15. Jahrestag der Gründung der DDR, naht und da offenbar mit keinem Regierungshochhaus Staat zu machen ist, wird im Bau des Staatsratsgebäudes die Chance gesehen, doch noch mit einem repräsentativen Bau aufzuwarten. Das Tempo, mit dem alle Vorbereitungen für den Bau und das Projekt selbst vorangetrieben werden, ist entsprechend hoch. So wird auf einen Wettbewerb verzichtet, der Planungsauftrag direkt an Roland Korn vergeben. Von der Standortgenehmigung bis zur Schlüsselübergabe im Oktober 1964 dauert es nur zweieinhalb Jahre.

Der erste realisierte staatliche Repräsentationsbau wird an der Südseite des Marx-Engels-Platzes errichtet und ist ein lang gestreckter Kubus von 141 Metern Länge, 25 Metern Tiefe und einer Höhe von 27,5 Metern. Ein Nebentrakt zieht sich an der Breiten Straße entlang, ein Gartenbereich liegt im rückwärtigen Teil der gesamten Anlage. Die zum Platz gewandte elfachsige Front ist als Repräsentationsfassade ausgebildet. Die Ansicht verblüfft zunächst durch einen Fremdkörper in der sachlich gehaltenen Fassade. Ein historisches Element ist hier integriert, geradezu zur Schau gestellt und lässt an den Einbau einer Spolie denken. Tatsächlich handelt es sich um eine Kopie des Portals IV[77] von der Lustgartenseite der 1950/51 gesprengten Berliner Schlossruine. Doch der Bezug, der hier vorliegt und eine Rekonstruktion des zwischen 1706

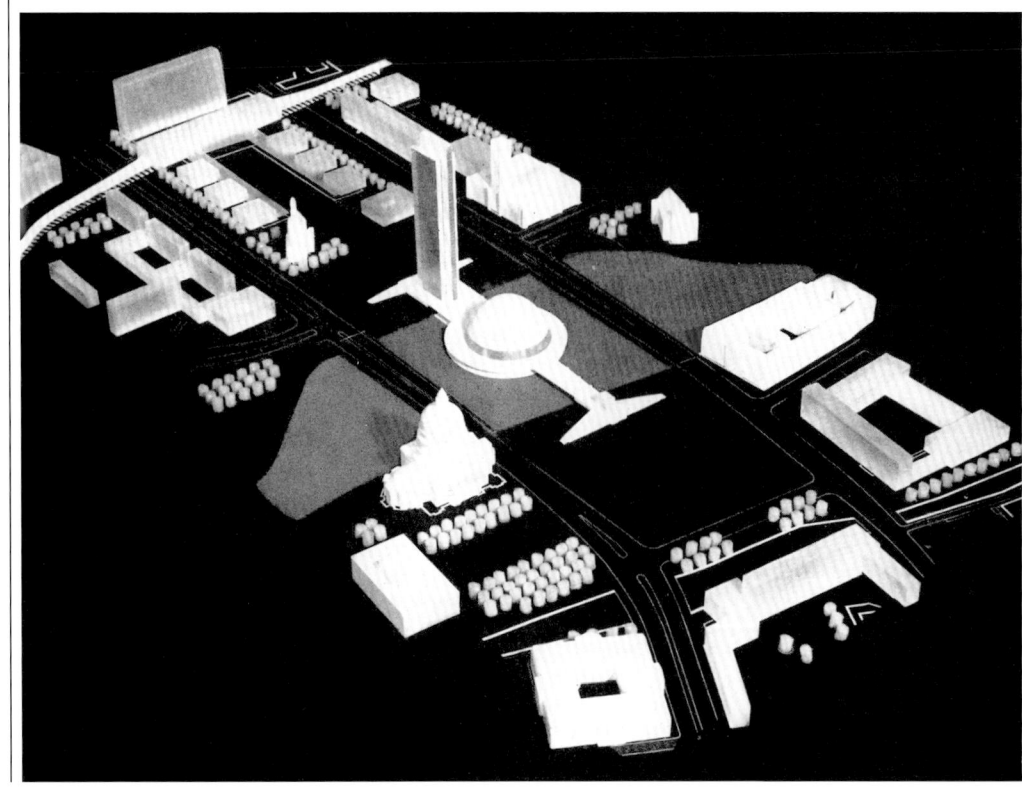

und 1713 von Eosander von Göthe gefertig-
ten Portals zum hervorstechenden Fassaden-
merkmal werden lässt, ist nicht im Verweis
auf das Schloss generell zu finden, sondern
in einem historischen Akt, dessen Inszenie-
rungsort eben der Balkon am Portal IV war.
Karl Liebknecht hatte am 9. November 1918
von diesem Balkon aus die »sozialistische
Republik« ausgerufen, gegen die Proklama-
tion der Republik durch Philipp Scheide-
mann von einem Fenster des Reichstags aus
am selben Tag. Einzig in der Kombination
von Ort und Handlung liegt der symbolische
Wert des Portals, der es für das Staatsratsgebäude dienlich werden lässt. Es ist steiner-
nes Zeugnis des historischen Vermächtnisses
der politischen Väter und mit seiner Ausstellung präsentierten sich die Mächtigen

Berlin, ehemaliges Staatsratsgebäude, Fassade zum Marx-
Engels-Platz, Architekt Roland Korn, 1962-64, Aufnahme
1965

Berlin, Schloss, Lustgarten-Fassade mit dem Portal IV,
Architekt Eosander von Göthe, 1706–13, abgerissen
1950/51, Aufnahme um 1930

des »ersten sozialistischen Staates auf deut-
schem Boden« als Erben und Vollender dieser historischen Aufgabe. Historische Kontinuität und Legitimität eigenen politischen
Handelns soll das als »Liebknecht-Portal«
bezeichnete Rekonstrukt vermitteln.

Doch das Portal wirkt nicht nur symbolisch, seine Gestalt prägt das Gehäuse für
den Staatsrat wesentlich mit. Es gibt nicht
nur die Raumhöhen vor, auch Geschossnut-
zung und Fassadengliederung entsprechen
seiner Vorgabe.[78] So dominiert das Barock-
portal in der flächig ausgebildeten Repräsentationsfassade zweifach. Zum einen tritt
es deutlich sichtbar aus der Front hervor,
zum anderen setzt es die Proportionen der
übrigen zehn Achsen fest. Im ersten
Geschoss ragen die Blumenfenster aus der

Berlin, Fassade des ehemaligen Staatsratsgebäudes mit
rekonstruiertem Portal IV vom Schloss, Aufnahme 1972

Fläche hervor, korrespondieren so mit dem »Liebknecht-Balkon«. Lisenen aus rotem Porphyr trennen die Fenstergruppen voneinander und »hängen wie Fahnen an der Fassade«[79]. Sie fördern ein assoziatives Wahrnehmen des Baus, das ihn als permanent geschmückt zeigt mit dem traditionellen Symbol der Arbeiterbewegung, der roten Fahne. Doch der lang gestreckte Solitär liegt weder von den Linden kommend noch aus östlicher Richtung blickend direkt im Wahrnehmungsfeld. Lediglich vom Marx-Engels-Platz aus oder vom Lustgarten beziehungsweise vom Alten Museum her fällt er geradezu in den Blick. Stadträumlich bildet er eine Nebenwand auf dem Marx-Engels-Platz, dessen östliche Seite zur Zeit seiner Übergabe noch immer die Tribüne aus den Fünfzigerjahren besetzt hält.

Die 3. Tat: Bürohaus als Trennscheibe zwischen Lindenforum und Regierungsforum Das Außenministerium rangiert im Aufbaubeschluss zur Zentrumsgestaltung neben dem Staatsratsgebäude an vorderer Stelle. Doch im Gegensatz zum zügig realisierten Staatsratsgebäude durchläuft das Projekt Außenministerium eine längere Entwurfsphase, in der die Parameter für den Bau und seine Gestalt immer wieder verändert werden. Die Idee, das Gebäude als Wand zum Lindenforum und als westlichsten Punkt des Regierungsforums auszubilden, steht hinter der Standortwahl, die grundsätzlich bis zum bestätigten Entwurf unverändert bleibt. Als es – Baubeginn war im August 1964 – im Februar 1967 endlich übergeben wird, steht ein Riegelbau von 145 Metern Länge und 44 Metern Höhe mit einer Fassade aus leichten Aluminiumlisenen am Spreekanal. Der große Solitär ist weder an seiner Scheibengestalt noch an seiner Unterteilung in Sockel- und Bürogeschosse und auch nicht an seiner

allseitig gleichförmigen Fassade per se als ein Gebäude der Macht zu erkennen. Im Gegenteil, es gehört zu der Gruppe von Bürobauten, die die Gleichartigkeit und Anonymität der Tätigkeiten der Nutzer über die moderne Fassade nach außen tragen. Auch wenn die Gebäudefassade nur auf ein Bürohaus schließen lässt, so steht dieses doch am Zentralen Platz der staatlichen Inszenierung und bildet dort eine Platzwand. Allein der Ort und die für den Ort bewusst gewählte Dimension sowie der namensgebende Hauptnutzer lassen den Bau im geplanten Regierungsensemble zu einer Bedeutung jenseits der Büroarchitektur aufsteigen, so dass es als Teil des Ensembles Marx-Engels-Platz, als Platzwand, darin zu einer Fassade der Macht wird. Die Faktoren, die hierzu führen, liegen jedoch in städtebaulichen, die Wahrnehmung verändernden Faktoren, nicht in der Gestaltung der Fassade selbst.
Der Bürobau, in dem neben dem Außenministerium auch das Ministerium für Hoch-

Berlin, ehemaliges Ministerium für Auswärtige Angelegenheiten, Blick vom Marx-Engels-Platz, Architekt Josef Kaiser, 1964-67, abgerissen 1995

und Fachschulwesen seine Behausung fand, bewirkt eine grundsätzliche Umkehrung der Wahrnehmung des Ortes: Die historisch dominante Blickrichtung von Westen auf die Spreeinsel bzw. von der Spreeinsel nach Westen stört dieser Bau, verhindert ihn teilweise. Stattdessen wird der Blick von Osten, vom Alexanderplatz her, nun als Hauptblickrichtung etabliert. Dazu gehört, dass das Bürohaus als Endpunkt des Regierungsforums nicht nur den Maßstab der Gebäude Unter den Linden und auf dem Friedrichswerder negiert, es lässt sie zum Teil auch hinter sich verschwinden, so die Türme der Friedrichswerderschen Kirche, den Turm des Französischen Doms und einen Teil der Kuppel der Hedwigskathedrale, wie es auch in entgegengesetzter Richtung den Blick von den Linden nicht mehr auf das ehemalige Schlossareal freigibt. Die Wahrnehmung eines ursprünglich ineinander übergehenden städtischen Raumes wird an seiner Fassade gestoppt, auf diese Weise die Lindenbebauung optisch abgehängt, entsorgt. Diese optische Blockade eines städtebaulichen Kontinuums bezweckt offensichtlich die Konzentration auf das Regierungsforum und stellt ein Pendant zum Abriss der baulichen Zeugnisse der Geschichte dar. Hier insbesondere wirkt sich brisant der Umgang mit dem Erbe Schinkels aus. Ist die Bauakademie schon geschleift, soll nicht die Friedrichswerdersche Kirche noch ständig an das ehemalige Ensemble erinnern, die Genossen sind schließlich sensibel. Und so ist klar, dass ein besonderes politisches Interesse bei der Gestaltfindung des Außenministeriums am Verdecken ihrer Türme besteht.[80] Am Bau des Außenministeriums ist es also nicht die spezifische Fassadengestalt, sondern es sind die städtebauliche Einordnung des Gebäudes und die dadurch veränderten Wahrnehmungsmöglichkeiten und Sichtbeziehungen, die es im Ensemble der Regierungsbauten zu einer Fassade der Macht, zu einem stadtgestaltenden Politikum werden lassen.

Im Westen verschwindet der bauliche Hintergrund und im Osten gibt es nichts Neues, jedenfalls kein Zentrales Gebäude, so dass das Außenministerium auf ein imaginäres bauliches Gegenüber antwortet, doch dafür reckt sich bald ein technisches Bauwerk, der Fernsehturm, als Höhendominante unübersehbar in die Höhe und trägt ein eigenes Kapitel zur Zentrumsgestaltung bei.[81]

Die 4. Tat: Das Zentrale Gebäude als Palast Erst nach dem Cäsarenwechsel 1971 von Walter Ulbricht zu Erich Honecker an der Parteispitze wird gut ein Jahr später das Zentrale Gebäude wieder in Angriff genommen. Kein Regierungsbau wird mehr in Auftrag gegeben, sondern ein Kongressgebäude, in dem auch die Volkskammer ihren Platz haben soll. Hinter dem neuerlichen Eifer um dieses Gebäude steckt nicht nur der Inszenierungswille eines neuen Mannes an der Partei-, später auch an der Regierungsspitze, der seine Politik in Gebautem repräsentiert sehen will, sondern ein liberaler Zug in der Kulturpolitik, aber auch so etwas Profanes wie die ICC-Planung im westlichen Teil von Berlin.

Nach Vorstudien zu einem Mehrzweckgebäude mit Sitzungssaal der Volkskammer, einem verwandelbaren Saal für Kongresse und Großveranstaltungen mit 5 000 Plätzen sowie Einrichtungen für Gastronomie und Freizeit wird im März 1973 endlich grünes Licht für den Aufbau des Gebäudes gegeben, dessen Architekt Heinz Graffunder ist. Verbal geadelt, wird der Bau ab nun »Palast der Republik« genannt, ein Vorgang, der an die Aufwertung der Wohnblocks in der Stalinallee als »Wohnpaläste« in den Fünfzigerjahren erinnert, und er bekommt einen Standort auf dem Marx-Engels-Platz, nahe dem Dom. Im Mai wird die Öffentlichkeit über den Palast informiert, im November der Grundstein gelegt und 1976, zum IX. Parteitag der SED, ist der flachgestreckte Rechteckbau fertig gestellt. Das asymmetrisch in einen Foyertrakt und zwei höhere Baukörper, die die Säle aufnehmen, eingeteilte Gebäude passt sich städtebaulich und in der Höhe der Umgebung an. Zur Spree hin wird der Bau mit einem terrassierten und begrünten Untergeschoss verbunden, zum Platz durch eine vorgreifende Terrasse. Die in Glas gehaltenen, durch bronzefarbene Aluminiumsprossen unterteilten Fassaden werden durch die weißen, marmorverkleideten Hauptbaukörper gehalten. Zum Platz hin öffnet sich das Hauptportal, über dem das Staatsemblem prangt. Neben diesem macht einzig noch die über dem Erdgeschoss liegende und zum Platz vorkragende Tribüne für die Partei- und Staatsführung im Äußeren die Funktion des Gebäudes auch als Staatsbau deutlich.

Entstanden war ein Gebäude, dessen Raumdisposition und -funktion sich aus der Tradition der Moderne herleitet. Ein kleinerer Saal, der den seltenen Volkskammersitzungen diente, lag dem großen Kongresssaal gegenüber, der nicht institutionell gebunden war und in dem nur zeitweilig Feste und Feiern des Staates oder Kongresse der SED stattfanden, der jedoch primär und überwiegend für öffentlich-kulturelle Veranstaltungen genutzt wurde. Zum hohen Grad an Öffentlichkeit des Palasts trugen auch wesentlich die jedermann zugänglichen Foyers und Restaurants bei. Der Gedanke der Volkshäuser ist in diesem Bau ebenso aufgehoben wie die Geschichte der sozialistischen Kulturhäuser in der DDR. Ideen, die die Raumdisposition betreffen, führen zu Entwürfen von Le Corbusier im Wettbewerb für den Sowjetpalast zurück.

Dieser Bau mit seiner Doppelfunktion als »Volkspalast und Staatspalast«[82] hat die autoritäre Geste staatlicher Selbstdarstellung verloren. Seine Gestaltung, die Wirkung seiner Fassade aus braungetöntem Glas zur Platzseite vor weißen Kuben, war eher unprätentiös, fast ein bisschen bieder und der anderer auf internationalem Terrain gebauten Kongresszentren vergleichbar. Die DDR war gestaltungsmäßig endlich mit dem Repräsentationsbau in der Moderne angekommen, wenn auch ein wenig modisch aufgepeppt. Galt in den Fünfzigerjahren die historisierende Gestaltung in den Formen nationaler Tradition als Nonplusultra, um sozialistisches Selbstbewusstsein und Identität zu veranschaulichen, war es nun die Glasfassade, die als Zeichen für Transparenz, Offenheit, Bürgernähe und Optimismus interpretiert wurde.

Die Orte in der Stadt sind somit verteilt, die Institutionen positioniert. Die Institu-

Nachfolgende Seiten
Berlin, Palast der Republik am Marx-Engels-Platz, Architekt Heinz Graffunder, 1973–76, Aufnahme 1977

Berlin, Zentraler Raum mit Fernsehturm, Palast der Republik und Marx-Engels-Platz, Staatsratsgebäude und Außenministerium, Aufnahme 1990

Paris, La Grande Arche,
Architekt Johan Otto von Spreckelsen,
eingeweiht 1989

tionen des Staates, Staatsrat und Außenministerium, liegen am Platzrand, das Gebäude des ZK der SED, die eigentliche Machtzentrale, gehört nicht zum Platzraum. Die Doppelfunktion des Palasts hat ihn und den Platz, der nicht mehr als Aufmarschfläche genutzt wird und zum größten Parkplatz der Stadt mutiert, wesentlich zu einem kulturell-kommunikativen Ort in der Stadt gemacht, zu einem Ort der Bürger, nicht des Staates.

Kultur als staatliche Inszenierung
Ein Leerraum als Fassade –
La Grande Arche in Paris
Eine Fassade, eine Schauwand ist nicht zu sehen, nur ein gigantischer Rahmen. Je nach Blickrichtung füllt er sich mit der Königsachse, zuweilen bis zum Zentrum von Paris oder zeigt die westliche Vorstadtbebauung. Ein gerahmter Leerraum, dessen zwei Perspektiven je andere architektonisch-stadträumliche, geschichtliche, zeitliche und inhaltliche Sichten bieten, als Fassade der Macht? Eine bestechende Idee.

Die Gestalt – einfach, einzigartig und einprägsam: Ein überdimensionaler Würfel, dem zwei Seiten fehlen, so dass man hindurchsehen und hindurchsteigen kann. Assoziatio-

Paris, La Grande Arche,
Architekt Johan Otto von Spreckelsen,
eingeweiht 1989

95

nen wie Fenster, Bogen, Tor, gar Triumph-bogen und Monitor verknüpfen sich mit die-sem Gebilde: La Grande Arche.[83] Innerhalb der Gruppe der Grands Projets der Achtziger-jahre steht es an vorderster Stelle. Beigetra-gen haben dazu verschiedene Faktoren: Wie auf keinem anderen der Projekte ruhte auf ihm das aufmerksame Auge des französi-schen Präsidenten François Mitterrand, der es während seiner siebenjährigen Amtszeit verwirklicht wissen wollte. Die Entstehungs-geschichte gleicht einem Tau-ziehen ver-schiedener Interessengruppen mit divergie-renden Konzepten. Die Lage am Stadtrand von Paris, im Büro- und Verwaltungsstandort La Défense und auf der historischen Achse, die sich heute vom Louvre bis zu La Grande Arche zieht[84], ist in mehrfacher Weise expo-niert. Kultur und Nation sind Stichworte, die anklingen und seine Bedeutung ermes-sen lassen.

Nach der Wahl zum Präsidenten 1981 drängt Mitterrand auf Entscheidungen. Das Abdriften von La Défense zum Abstellort für mehr oder weniger hoch aufragende Verwal-tungscontainer großer Konzerne soll gebremst werden, ein Gegenkonzept greifen. Der zweihundertste Jahrestag der Revolution liegt nicht mehr fern, und Architektur eig-net sich, politische Zeichen zu setzen. Hier kann eine historisch weit reichende und immer wieder belebte französische Tradition von der Regierung und auch in der Person von Mitterrand fortgesetzt werden, mit Bauten politischen Willen zu bekunden, die Größe der Nation, ihren kulturellen Anspruch, den Stellenwert von Kultur als staatlicher Aufgabe zu manifestieren, sich baulich ein Gesicht zu geben.

Bis zur Auslobung des Wettbewerbs für Tête Défense, das westliche Ende von La Défense, hat das Gebiet schon eine turbu-lente Planungs- und Bebauungsgeschichte hinter sich. Die jüngste, heute fünfzig Jahre zurückliegende Geschichte enthält mehrere

Anläufe, das auf der Ost-West-Achse etwa acht Kilometer vom Louvre entfernt und nahe Nanterre liegende Gebiet zu gestal-ten.[85] Einschneidend ist die Gründung der EPAD[86] 1958, einer staatlichen Entwicklungs-gesellschaft, die den Weg zur privatwirt-schaftlichen Nutzung von La Défense ebnet und die Entwicklung zu einem tertiären Wirtschaftszentrum steuert. Das Gebiet, das durch zunehmende Verdichtung gekenn-zeichnet ist, dessen Bürotürme seit Anfang der Siebzigerjahre die gewohnte Sicht der Pariser auf den vier Kilometer entfernten Triumphbogen stören, soll einen bindenden monumentalen Mittelpunkt erhalten. Die ersten Projekte stammen aus den Fünfziger-jahren, bleiben jedoch fiktiv. Als die Tête Défense mit der Vollendung des Boulevard Circulaire 1971 Eigenständigkeit erlangen kann, wird die Bauplanung konkret. Die Kri-tik an den Bürotürmen ist noch frisch und grundsätzliche Fragen drängen nach Klä-rung, die zugespitzt werden, als Studien zu

Übersichtsplan des Pariser Stadtteils La Défense

Bürotürmen des New Yorker Architekten Ieoh Ming Pei für private Investoren 1970 bekannt werden, in denen er nicht, wie vor-gegeben, neben der Achse plant, sondern die Königsachse direkt besetzt: Bebauung der Achse ja oder nein, Öffnung oder Schließung der Achse vom Zentrum nach La Défense, welcher Grad von Monumentalität ist vertret-bar und verträglich, wie wird die Perspektive beeinflusst, welche Assoziation wird mit wel-cher architektonisch-stadträumlichen Gestal-tung vermittelt? Der entscheidende Qualitäts-umschwung liegt jedoch zweifellos in der Idee der Inbesitznahme der Achse, die fortan alle weiteren Projekte charakterisiert.

Bis 1981 wechseln nicht nur die Präsiden-ten und die Projekte für die Bebauung, auch die Bedingungen und Konzepte ändern sich.[87]

Für Georges Pompidou war die städtische und überhaupt die Pariser Welt hinter La Défense zu Ende, ein architektonischer Abschluss und die kommerzielle Nutzung

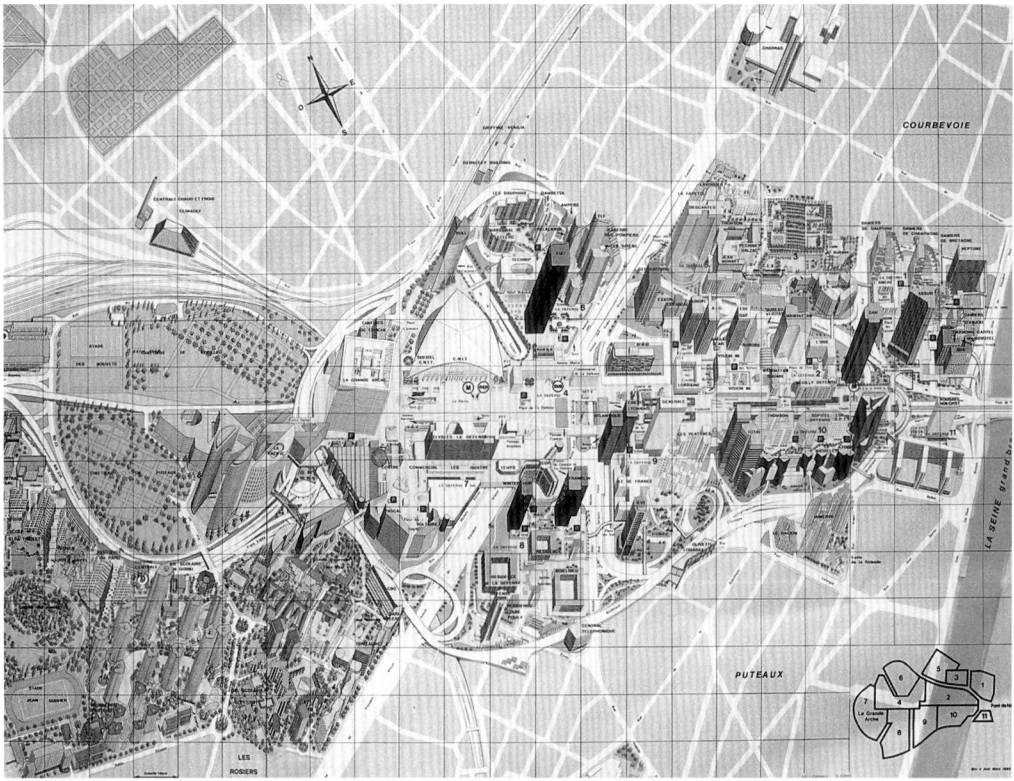

eines solchen Gebäudes kein Streitpunkt. Zur Zeit der Präsidentschaft von Giscard d'Estaing stehen Büroräume schon leer und private Investoren winken ab, geht es um neue Büroflächen. Einsicht in diese Entwicklung führt zu Korrekturen, das Projekt schrumpft in der Höhe und verliert gegenüber seiner ursprünglichen gestalterischen Idee. Zwei Wettbewerbe 1979 und 1980 sollen schließlich die Lösung bringen. In ihnen wird ein Gebäude verlangt, das in der Hochhausbebauung von La Défense monumental ist und vom Arc de Triomphe her unsichtbar. Mit dieser zwittrigen Forderung sollen zwei Fliegen mit einer Klappe geschlagen werden: Im Kreis der Hochhäuser gilt es, nicht lächerlich zu verzwergen, und es soll der Blick der Pariser auf die Achse nicht durch einen weiteren Koloss getrübt werden. Ein Projekt, in dem mehrere Glaskörper an der Achse aufgestellt, einen unregelmäßigen Kreis formen und eine gestaffelte, spiegelnde Kulisse bilden, dabei einen Sicht-

Paris, La Grande Arche, Blick vom Arc de Triomphe über die Avenue de La Grande Armee in Richtung La Défense

schlitz nach Westen offen lassen, scheint 1981 die Lösung zu sein. Das Projekt von Jean Willerval geht jedoch unter, als der Stern von Mitterrand als Staatspräsident im Mai 1981 aufgeht.

Mitterrand putzt Projekt und Konzept kurzerhand von der Platte, bringt neue Maßstäbe: Er krempelt das Nutzungskonzept um, setzt anstelle der privat-kommerziellen die öffentliche Nutzung und plädiert für eine internationale Konkurrenz. Dass diese Rigorosität im Umgang mit der Sache nicht nur Willerval verstimmt, sondern auch das Bild fürstlicher Selbstsetzung produziert, verwundert ebenso wenig, wie die öffentliche Abneigung gegen eine mögliche Wiederauflage der Endlosdiskussion aus den letzten zehn Jahren um den Achsenkopf.

Als der internationale Wettbewerb 1982 ausgelobt wird, ist klar, dass das gesuchte Gebäude auch die urbanistische Aufwertung der Bürolandschaft La Défense im Schlepptau haben muss. Das Nutzungskonzept wird darauf ausgelegt. Der schon mit den Wettbewerben von 1979 und 1980 formulierte Gedanke, dass zwei Ministerien in das Gebäude ziehen, taucht wieder auf. Das Neue und wirklich Programmatische jedoch steckt im Projekt eines internationalen Kommunikationszentrums mit vielfältigen, öffentlich nutzbaren Angeboten. Die dominante Bestimmung des Gebäudes zielt auf die öffentlich wirksame und durch die und in der Öffentlichkeit betriebene Auseinandersetzung mit einem der wichtigsten kulturellen Probleme am Ende des 20. Jahrhunderts. Ein im Verhältnis dazu geringer Flächenanteil soll Dienstleistungen und kommerzielle Nutzung aufnehmen. Das Konzept fasziniert, ist einzigartig und deklassiert alle kommerziellen Verwertungs- und Bürotempelpläne. Die Ideen befruchten auch die Gestaltphantasie: Dieser Bau mit monumentalem Charakter ist nun nicht mehr aus der Pariser Perspektive zur Unsichtbarkeit hinter dem Arc de Triomphe verdammt, nein, er darf sogar unter der Wölbung des Triumphbogens Struktur zeigen, jedoch ästhetisch nicht hinter die architektonischen Highlights der Achse zurückfallen. Zudem soll der Bau auch symbolische Kraft entfalten und an das Revolutionsjubiläum erinnern. Die Latte ist hoch gelegt: Die Qualitäten der zum Vergleich herangezogenen Bauten, Arc de Triomphe als ästhetischer Maßstab, Centre Pompidou für die kulturelle Qualität, die positive soziale und urbane Wirkung auf ein städtisches Areal und der Eiffelturm in seiner Symbolkraft, sollen nun von einem einzigen Gebäude erfüllt werden.

Inhaltliches Konzept, die neue ästhetisch-städtebauliche Haltung und die Ansprüche an das Gebäude wirken sich auf das Wettbewerbsprogramm aus. Es wird ein Gebäude gesucht, das vier grundsätzlichen Ansprüchen genügen soll: Die symbolische Verkörperung einer Idee steht an erster Stelle.

Paris, Blick vom Dach der Grande Arche in Richtung Louvre

Das Gebäude soll die Entstehungszeit charakterisieren, wobei internationale Verflechtung und Kommunikation in steigendem Maße Gegenwart und Zukunft bestimmen werden. Eine städtebauliche, die Spezifik des Ortes wahrende Integration des monumental gewünschten Baus in die bereits vorhandene Hochhausbebauung wird als Zweites gefordert. Die architektonische Bezugnahme auf die Ost-West-Achse und die Einhaltung der Maßstäblichkeit des Ortes und seiner Elemente sind die weiteren Vorgaben.

Für April 1983 ist die Auswertung der Entwürfe durch die Jury festgesetzt. Dass Mitterrand die letzte Entscheidung haben soll, bringt nochmals Hitze in die Diskussion. Um den autoritären Akt zu beschneiden, wird ein Kompromiss gefunden, der regelt, dass letztlich eine Gruppe von vier Entwürfen detaillierter begutachtet wird und das Preisgericht dem Staatspräsidenten eine Empfehlung gibt. Als Sieger geht Johan Otto von Spreckelsen aus der Konkurrenz hervor mit einem simplen wie genialen Projekt: Sein Würfel-Tor-Bogen besticht durch Klarheit und einfache Aussage, bezieht sich

auf die historische Achse, ist symbolisch mit mehreren Sinnschichten zu füllen.

Von Beginn an haftet an dem Projekt als staatliche Inszenierung der sozialistischen Regierung, verquickt mit dem persönlichen Interesse Mitterrands, eine politische Dimension. Der sozialistisch geführte Staat inszeniert sich in der vom Gaullisten Jacques Chirac als Bürgermeister verwalteten Stadt. Auf diesem Feld herrscht Ruhe, der Bürgermeister sieht sich in der Rolle des Vogts gegenüber dem Staat. Rivalitäten zwischen Stadt und Staat auf städtebaulicher Ebene, wie zur Zeit von Giscard d'Estaing üblich, finden nicht statt. In der Einbindung städtischer Vertreter in die Entscheidungen zu den Großen Projekten liegt eine sinnvolle Übereinkunft.[88] Auf der Ebene des Staates wird dagegen hart gekämpft. Als die Sozialisten 1986 bei den Parlamentswahlen eine Niederlage hinnehmen müssen, streicht das bürgerlich-konservative Kabinett der Kohabitation unter Jacques Chirac die Pläne für das kostenintensive Kommunikationszentrum, was nicht nur den Verlust eines prestigeträchtigen kulturellen Vorhabens, sondern auch den weitgehenden Rückzug des Staates aus dem Projekt bedeutet und den Verkauf der frei werdenden Flächen an private Investoren nach sich zieht. Die Vermarktung des Gebäudes ist nun Programm. Ein Rückkauf der Südwand sichert dem Staat die Möglichkeit, sein Ministère de l'Equipement[89] unterzubringen. Die öffentliche Nutzung des Dachs gewährt ein Festhalten an staatlichen Investitionen, zu der auch Wegesystem und Lifte gehören. So ist es möglich, im Dach die Stiftung der Menschenrechte unterzubringen, ein Plan, dem Mitterrand, der 1988 im Amt des Staatspräsidenten bestätigt wird, zustimmt.[90] Die Entwicklung zeigt, dass die Ablösung der Sozialisten durch die Gaullisten das Projekt zwar nicht mehr stoppen kann, dass aber wesentlich andere Interessen bedient werden sollen: Der Faktor Öffentlichkeit von Gebäude und Raum als primäre Qualität des Ortes wird per Kabinettsbeschluss gekippt, dafür zur gleichen Zeit dem privaten und kommerziellen Interesse der Weg geebnet. Dass hier nicht nur Haushaltsprobleme eine Rolle gespielt haben, ist einsichtig, hätte die neue Regierung doch mit den vorhandenen Mitteln ein Prestigeprojekt der Vorgänger vollenden müssen. Diese Prozesse, die den Bau in seiner Gestalt nicht berühren, an seiner Fassade nicht ablesbar sind, gehören zu seiner Geschichte als Objekt politischer Auseinandersetzungen und charakterisieren ihn letztendlich mit als Architektur der Macht.

Pünktlich zum Revolutionsjubiläum wird der Bau 1989 eingeweiht, natürlich von Mitterrand. Der riesige, ein wenig aus der Symmetrieachse des Areals verschobene Würfel

Paris, La Grande Arche,
Architekt Johan Otto von Spreckelsen,
eingeweiht 1989

wird durch die fehlenden zwei Seiten zu einem Rahmen, der Durchblick erlaubt: von Paris nach Westen, in die Vorstädte, von dort in Richtung Pariser Zentrum. Der Durchblick koppelt sich mit Durchschauen, im Sinne von erkennen, gleichzeitig mit Weitblick. Die räumliche Koordinate konnotiert hier die kognitive und zeitliche. Die Öffnung fungiert symbolisch als Blick in die Zukunft, aber auch als Blick in die Vergangenheit, zurück zum kulturellen Gewordensein, den Ursprüngen, ein Element der Kontinuität, der historischen Vergewisserung. Geschichte in ihrer räumlichen und zeitlichen Dimension wird sinnlich erfahrbar durch den Blick auf die in der Geschichte produzierte und veränderte architektonisch-räumliche Gestalt. Der Rahmen als einzig fixes Element fasst je nach Perspektive die Geschehen davor oder dahinter als miteinander verkettete, als veränderbare und unabgeschlossene Prozesse im Rahmen-Bild und stellt selbst eine räumlich-zeitliche Markierung dar.

Der räumliche Aspekt, der Blick zu den Pariser Vorstädten, kann als das »symbolische Aufbrechen historischer Strukturen in Form immer wieder verkündeter Bestrebungen zur Dezentralisation«, »aber auch als Wille zu einer pluralistischen, demokratischen Öffnung der Gesellschaft«[91] interpretiert werden. Dass La Grande Arche auch mit einem modernen Triumphbogen assoziiert wird, ist nicht abwegig, stehen auf der historischen Achse doch bereits zwei. Seit es Triumphbögen gibt, werden mit ihnen Herrscherpersonen verherrlicht, nun wird die Ehre mit Mitterrand verbunden. Trägt der Arc de Triomphe direkt zu dieser Assoziation bei, hält gerade die französische Geschichte an diesem Ort noch ein anderes Ereignis bereit: Am »Quatorze Juillet [feiert] die Nation ihre eigene Leistung des Abschüttelns des ancien régime genau vor der Kulisse des Triumphbogens«[92]. So produziert dieses Motiv offenbar gegensätzliche, jedoch zwei aus der französischen politi-

schen Geschichte entspringende Deutungen. Auch die Vorstellung eines Tores oder eines Monitors wird durch die Form der Grande Arche produziert. Kann das Tor »als Aufbrechen der Zitadelle des Privatkapitals durch staatlichen Eingriff, damit als öffentliche Maßnahme im Interesse der Gemeinschaft, als Symbol eines politischen Aktes und der Ausübung politischer Verantwortung im Interesse der Gemeinschaft gesehen werden«, steht der Monitor »als Signum des Kommunikationszeitalters«[93].

Der in weißem Marmor strahlende Rahmen ist jedoch nicht nur Zeichen, sondern zuerst Gebäude. Das Äußere zeigt ein gleichmäßiges Raster, nichts deutet auf die Nutzer und ihre Verteilung im Inneren hin. Lediglich die vorgelegte breite Freitreppe, die zur begehbaren Ebene der Liegefläche des Würfels führt, signalisiert diese Zone als öffentlichen Raum. Hier angekommen, schweben künstliche Wolken über dem Besucher. Gläserne Eingänge an den Seiten und ein runder Pavillon in der Mitte führen in den Sockel, in dem die Kommunikationsgesellschaft SAGA-Défense ihre Räume der Öffentlichkeit präsentiert. An einer Seitenwand bieten Fahrstühle ihren Dienst in Richtung Dach an. Oben angekommen wird klar, der Blick durch den Rahmen ist symbolisch interessant, doch attraktiver ist wohl der Ausblick vom Dach. In die Dachzone ist, wie 1988 geplant, die Stiftung für Menschenrechte eingezogen, die in ihren Räumen Ausstellungen zu entsprechenden Themen zeigt. Die Seitenwände sind anderen Institutionen vorbehalten. Die Südwand beherbergt tatsächlich das Ministère de l'Équipement, die Räume der Nordwand sind an verschiedene private, kommerzielle oder halbstaatliche Unternehmen vermietet. Der Rahmen bleibt in seiner Klarheit davon unangetastet, keine Etikettierung, keine Werbung oder Firmenlogos machen sich auf seinen Flächen breit. Die Vielfalt der Nutzer, staatliche Verwaltung, Medien, Kommerz und Öffentlichkeit, zeigt deutlich, der ursprüngliche großartige Plan, den Bau vorrangig zu einem Kommunikationszentrum zu entwickeln, ist gescheitert und verweist auf die ökonomischen, rechtlichen und politischen Probleme bei der Realisierung von Idee und Entwurf. Da dem Rahmen keine anderen Zeichen oder Symbole äußerlich angeheftet werden, wird seine Symbolik integrativ für die innenliegenden Nutzer, wobei seine praktische und ideele Funktion als öffentlicher Ort nicht zuletzt wegen seiner touristischen Attraktivität dominant geworden ist. Er verkörpert gleichsam praktisch und zeichenhaft die Einheit der Widersprüche seiner eigenen Entstehungsgeschichte und verweist damit auf die realen gesellschaftlichen und politischen Widersprüche in der Amtszeit Mitterrands.

Anmerkungen
1 Mütherich, S. 175
2 Braunfels, 1987, S. 250
3 Burke, 1993
4 Bauer, S. 106
5 Richter/Zänker, S. 28
6 Andersen, S. 61
7 Hennebo, S. 288. Die Bemerkung bezieht sich auch auf die Art der Gartenkunst, an der eine »wieder aufkeimende Freude am Spielerisch-Unregelmäßigen« zu beobachten ist. Ebd., S. 288
8 Kircher, S. 5
9 Siebenmorgen, 1996, S. 34
10 Sedlmaier/Pfister, Tafelband, S. 13
Begrenzt wurde der Platz auf der Nordseite einst durch das Gebäude Hof Rosenbach, auf der Südseite durch den Gesandtenbau. Nach den Gebäuden bildeten Kolonnaden beiderseits die Platzwände, an deren Endpunkten Säulen den räumlichen Abschluss markierten.
11 Das Gitter wurde 1821 abgetragen. Seit 1894 steht der Frankoniabrunnen vor dem Ehrenhof.
12 Hierzu zählen u. a. Kapitelle, Baluster, Wappenkartuschen, Metopenreliefs, Trophäen, Putten, Urnen, Schlusssteinzierat, Giebelfüllungen, Lünettenfüllungen.
13 Gerechtigkeit und Frieden, Eintracht und Liebe
14 Braunfels, 1987, S. 215. Hier auch weitere Literaturverweise zum politischen Wirken der Schönborns.
15 Geistliche Embleme waren angebracht über den nördlichen und südlichen Eingängen des Ehrenhofs.

16 Beyme, 1992, S. 33. Ausführlich ebd.
17 Vgl. ebd., S. 35
18 Beyme, 1998, S. 241
19 Norton, 1984, S. 350
20 Nerdinger, 1992, S. 18
21 Ausführlich zum Reichstag Cullen, 1983, Cullen/Kieling, 1992.
22 Programm den Entwurf zu einem Parlamentsgebäude für den Deutschen Reichstag betreffend, S. 415
23 Haltern, S. 82
24 Unter dieser Frage veröffentlichte Hübsch sein Werk zum Rundbogenstil, eine Frage, die jedoch grundsätzlich die Architekturdebatte in dieser Zeit bestimmte. Vgl. Hübsch
25 Buddensieg, 1999, S. 37
26 Zit. nach Cullen, 1983, S. 219
27 Wedekind, S. 150
28 Flierl, 1986, S. 22
29 Cullen, 1983, S. 38
30 Zu Person und Werk Hansens vgl. Wagner-Rieger/Reissberger
31 Schorske, S. 40
32 Ebd., S. 41
33 Carlo Cresti zit. nach Hornig, S. 10
34 John Jacobus zit. nach Hornig, S. 10. Bei Hornig weitere Kritiker zitiert, S. 7–12. Vgl. auch Oskar Niemeyer, S. 97–110
35 Fils, 1992, S. 186
36 Vgl. Fils, 1988, S. 98. Zu den Programmpunkten gehören die Entwicklung der Energie- und Industrieproduktion, des Verkehrswesens, des Gesundheits- und Erziehungssystems.
37 Vgl. Branco, S. 268
38 Vgl. Fils, 1988, S. 81
39 Congrès Internationaux d'Architecture Moderne, 1928 gegründet
40 Fils, 1988, S. 77
41 Aufbruchsstimmung und Pioniergeist charakterisieren diese Phase brasilianischer Entwicklung. Dazu gehört beispielsweise auch, dass der Wettbewerb als nationaler ausgeschrieben worden war, Baumaterialien, Bautechnik aus nationaler Fabrikation stammten und ausschließlich einheimische Arbeitskräfte beteiligt waren. Vgl. Stäubli S. 10/11 und S. 7 Vorwort von J. Kubitschek
42 Fils, 1988, S. 121
43 Norma Evenson zit. nach Hornig, S. 11
44 Eco, S. 356
45 Flagge, 1992, S. 225
46 Zur Baugeschichte der Bundesbauten vgl. Wefing, 1995, S. 105 ff.
47 Klotz, 1984, S. 399
48 Bartetzko, 1992, S. 120
49 Durth, 1989, S. 414
50 Arndt, 1992, S. 53
51 Ebd., S. 58
52 Sonntagsblatt, 2. Januar 1966, zit. nach Flagge, 1992, S. 231
53 Klotz, 1984, S. 414
54 Ebd., S. 415
55 Ebd., S. 403
56 Kil, 1999, S. 105
57 Ebd., S. 112
58 Werkmeister, S. 126
59 Ebd., S. 128
60 Ebd., S. 125
61 Wettbewerbsausschreibung zit. nach Naum Gabo und der Wettbewerb zum Palast der Sowjets, Moskau 1931–1933, S. 204
62 Ebd., S. 205
63 Über die Maßnahmen zum endgültigen Projektabschluss des Palastes der Sowjets in der Stadt Moskau, zit. nach Chan-Magomedow, 1995, S. 206
64 Flierl, 1998/Faschistische, S. 42
65 Verordnung des Palastbaurats vom 10. Mai 1933,

zit. nach Ter-Akopyan, S. 192
66 Werkmeister, S. 127
67 Vgl. ausführlich Reichhardt/Schäche
68 Einzelbauten beschrieben ebd.
69 Mittig, S. 103
70 Werkmeister, S. 124
71 Ebd., S. 126/127
72 Ausführlich Flierl, 1996/Der Zentrale Ort
73 Ebd., S. 323
74 Vgl. Tscheschner, S. 37
75 Vgl. ebd., S. 35/36, 40–42
76 Flierl, 1996/Der Zentrale Ort, S. 339
77 Ursprünglich war an der Südseite des Marx-Engel-Platzes das Institut für Marxismus-Leninismus vorgesehen, in dessen Fassade dieses Portal integriert werden sollte. Mit den Plänen für das Staatsratsgebäude verschwindet das Institut aus dem Konzept.
78 Vgl. Meuser, S. 36
79 Ebd., S. 40
80 Vgl. Tscheschner, S. 49
81 Vgl. Flierl, 1996/Der Zentrale Ort, S. 341–348 und Müller, Peter
82 Flierl, 1996/Der Zentrale Ort, S. 349, vgl. auch Flierl, 1996/Das Kulturhaus, S. 165
83 Monographie zu La Grande Arche vgl. Seidl, 1998, auch Seidl, 1996 und Holland
84 Der Tuilerien-Palast, ab 1564 im Auftrag der Katharina Medici gebaut, war Ausgangspunkt der Achse, nicht, wie heute oft angenommen, der Louvre. Erst Gartengestalter Le Notre wurde von Ludwig XIV. 1667 beauftragt, eine Achse vom Mittelrisalit des Tuilerien-Palastes aus anzulegen, der Beginn des Ausbaus der Ost-West-Achse. Nach der Zerstörung der Tuilerien 1871 tritt der Louvre als Ausgangspunkt der Achse ins Bild.
85 Zur Bebauung und Planung für La Défense vgl. Seidl 1998, S. 28 ff.
86 Etablissement Public pour l'Amènagement de la Défense
87 Pei schlägt zunächst Doppeltürme vor, wandelt sie dann um und gibt ihnen eine Parabelform. Ein gleichzeitiges Projekt des französischen Architekten Aillaud sieht vor, die Achse mit zwei konkaven, auf einem nach Paris geöffneten Halbkreis stehenden schwarzen und silbernen Spiegelgebäuden zu besetzen und auf der Südseite durch Turmbauten auf geometrischen Grundrissen zu ergänzen. Die Projekte werden überarbeitet und schließlich bekommt das Spiegelprojekt in seiner optisch entschärften Fassung – es ist von 70 Metern Höhe auf 55 gestutzt und so zwischen den Plätzen Concorde und Etoile nicht mehr sichtbar – den Zuschlag unter Staatspräsident Pompidou. Im Laufe der Zeit gibt es einen beträchtlichen Überhang an ungenutzten Büroflächen, private Investoren ziehen sich zurück, Projekte sterben ab, Baustellen verwaisen. Unter Giscard d'Estaing wird es nochmals umgearbeitet, erhält nun den Grundriss eines Spiralsegments und eine Höhe von 35 Metern. Gebaut wird jedoch nicht. Wettbewerbe 1979 und 1980 werden ausgeschrieben, aus dem letzteren geht 1981 Jean Willerval mit seinem Entwurf siegreich hervor.
88 Vgl. Holland, S. 25
89 Vereint die Ministerien für Umwelt und Städtebau
90 Vgl. Holland, S. 38 ff., Seidl, 1998, S. 90 ff., S. 302/303. L'Arche de la Fraternité – Stiftung für Menschenrechte
91 Seidl, 1998, S. 222
92 Ebd.
93 Ebd.

Bauten der städtischen Selbstverwaltung

Rathäuser künden von der Macht der städtischen Kommune. Seit dem Selbstständigwerden der Städte, insbesondere dem Behaupten ihrer Rechte gegenüber der feudalen Landesherrschaft, werden sie zur wohl herausragendsten öffentlichen Bauaufgabe neben Stadtbefestigungen und Stadtkirchen. In der Funktion des Rathausgebäudes verknüpfen sich die praktischen Aufgaben der städtischen Selbstverwaltung mit dem Anspruch auf Repräsentation. Schließlich ist das Rathaus Sitz der städtischen Regierung, somit Ort politischer Entscheidungen. Auch wenn sich Profil und Volumen der Aufgaben von Stadtregierungen im Laufe der Geschichte wandeln und veränderte Arbeitsabläufe neue Anforderungen an die räumliche Organisation der Gebäude stellen, bleibt das Rathaus unter den kommunalen Profanbauten doch die Bauaufgabe, mit der städtische Macht am deutlichsten baulich veranschaulicht wird.

Toskanische Stadtstaaten
und Stadtpaläste

Rathäuser gab es schon in der Antike. Im
Mittelalter entsteht die Bauaufgabe Rathaus
im 12. Jahrhundert erneut, als die Kommunen selbstständig werden in einem Prozess
der Ablösung von bischöflicher oder gräfli-
cher Macht. Diese Entwicklung durchläuft
verschiedene Etappen und Formen ihrer
Institutionalisierung. Im Zeitraum vom Ende
des 11. bis zur Mitte des 12. Jahrhunderts
ist die städtische Unabhängigkeit in den
meisten oberitalienischen und toskanischen
Städten erreicht. Eine Zäsur bildet der Kon-
stanzer Frieden von 1183. Die Bürger der
freien Städte Padua und Brescia errichten
zum Zeichen ihrer Unabhängigkeit die
ersten Rathäuser.[1] Von der politischen und
wirtschaftlichen Dominanz der sozialen
Schichten abhängig, wird die städtische
Selbstverwaltung modifiziert. Sie wandelt
sich von der Konsularregierung über die
Potestatenverfassung zur Signorienherr-
schaft.[2]

   Zwischen dem 12. und dem 15. Jahrhundert interessieren sich die Regierungen
mehr und mehr für die Gestaltung der
Städte, verantworten als Bauherren oder
Auftraggeber repräsentative Projekte. Es ist
der Versuch wahrzunehmen, »die Bedürfnisse
der kirchlichen und staatlichen Macht mit
den privaten Belangen in Einklang zu
bringen«[3]. Diese Tendenz zeichnet sich im
Stadtbild in den monumentalen Anlagen der
Kommunalpaläste und Dome ab.

   Die Zeit ist stürmisch, Kriege um die Vormachtstellung zwischen den Stadtstaaten
Italiens sind an der Tagesordnung. Florenz
und Siena rivalisieren vom 13. bis zum 16.
Jahrhundert miteinander, bis 1554 Siena
unterliegt. Beide Städte verkörpern den

Höhepunkt der Entwicklung der Stadtstaaten, zu der auch die städtebaulich-architektonische Gestaltung beiträgt und zugleich deren Ausdruck wird. Dabei werden die Kommunalpaläste in den Städten zum Zeichen ihrer Unabhängigkeit und in der Region zur Metapher für Konkurrenz zwischen den Städten, speziell zwischen den Rivalen Florenz und Siena. Konkurrenz, verschoben auf die Ebene der Gestaltung, ist kein Phänomen nur dieser Zeit. Auch die Praxis, Höhe als gebaute Dominante für sich zu reklamieren, darin die eigene Herrschaft und Macht zu verdeutlichen, ist nicht in der Geschichte versunken. Was im 13./14. Jahrhundert in der jeweiligen Stadt und in der Region als Zeichen für Herrschaft genutzt wird – die Höhe der Türme, der Ausdruck der Wehrhaftigkeit –, ist heute ähnlich anzutreffen in den Wolkenkratzern der Banken, Firmen oder Versicherungen mit ihrer abweisenden Hermetik aus Glas und Stahl, deren Symbolradius weit über die Region hinweg reicht, global geworden ist. Gleichsam ein frühes Modell dieser heute so aktuellen Darstellungsweise von Macht kann in der Toskana besichtigt werden.

Kommunalpaläste entstehen nicht voraussetzungslos. Die Adelsgeschlechter haben es mit ihren Türmen vorgemacht, wie die bauliche Inszenierung wirkungsvoll und zugleich wehrhaft sein kann. In der Toskana orientiert sich die jeweilige Kommune an diesen Geschlechtertürmen und gerät gegen sie in Konkurrenz. Doch wer die Macht hat, bestimmt auch Gesetze und Verordnungen. So bleibt die bauliche Gestaltung nicht das einzige Mittel, sich repräsentativ in Szene zu setzen. Beerben, Aneignen, Umdeuten von geschichtlichen Formen und das Konkurrieren mit anderen sozialen Gruppen in der Stadt und in der Region sind Aspekte der kommunalen Inszenierung in der Toskana.

Wehrhaftigkeit und Höhe –
Palazzo Vecchio in Florenz
Turm und Kuppel beherrschen das Stadtbild von Florenz. Von Osten oder Westen geschaut, liegen sie sich gegenüber, als würden sie auf einer imaginären Waage Balance halten. Palazzo Vecchio und Dom stellen ihre Bedeutung dar.

Trutzig und wehrhaft ragt die blockhafte Gestalt des Palazzo Vecchio über die umstehenden Häuser hinaus. Er ist der zweite Rathausbau in Florenz, begonnen 1298 und 1314 fertig gestellt.[4] Einladend ist seine Fassade nicht und doch war er für jeden Bürger zugänglich. Keine prächtigen Portale ermuntern zum Eintritt, eher wirkt der Bau mit Rustikamauerwerk und Wehrbauelementen verschlossen wie eine Festung, gebietet Abstand. Und ganz im Sinne einer solchen Auffassung sind im Erdgeschoss nur zwei kleine Eingänge vorhanden. Der ursprüngliche Haupteingang liegt zentral in der schmalen Nordfront, die gegen den Dom gerichtet ist. Die heute als Schauseite fungierende Westfront löst die Schmalseite erst ab, als mit der Piazza della Signoria und dem Bau der Loggia dei Lanzi die räumliche Dominanz hierhin verlagert wird. Dass diese Front nicht als zentrale Ansicht konzipiert ist, zeigt der an den Gebäuderand verschobene Zugang. Der Festungscharakter des Palazzos wird komplett durch Wehrgang und Zinnen, die wie eine Wulst über die Mauerflucht vorkragen. Eine Parallele zur zinnenbekrönten Mauer, der sechsten Stadtmauer[5], die das Gemeinwesen umschließt und schützt, liegt auf der Hand. Und eben aus den Zinnen, nicht aus dem Kern des Gebäudes, wächst schließlich der Turm mit einer tabernakelartigen Bekrönung als Abschluss empor.

In einem Amalgam aus Stadtpalast und Wehrarchitektur stellt die Kommune ihre Macht selbstbewusst als uneinnehmbare Festung dar, »in der die freie Stadt ihren gemeinschaftlichen politischen Stolz und Anspruch ausdrückt und verewigt sah«[6], und signalisiert zugleich krisenbewusst,

dass sie auf Verteidigung eingestellt ist. Die Zeichen der Wehrhaftigkeit sind durchaus ernst gemeint. Erst 1282 übernehmen die Zünfte die alleinige Macht, und die ist sicherungsbedürftig. Mit dem Priorat verfügen sie über das wichtigste Regierungsorgan des Gemeinwesens. Die gewählten Prioren, Vertreter der »im Erwerbsleben stehende Oberschicht«[7], leiten den Staat, ihnen unterstehen Teile der Gerichtsbarkeit und die Verwaltung. Die neue Ordnung braucht Schutz. Eine reine Attitüde sind Zinnenkranz und Wehrgang, die Palastkörper, Turm und Glockenträger umgrenzen, daher nicht. Im Gegenteil, es erstaunt, wie ernst der fortifikatorische Aspekt genommen wird, denn der Palast ist »das wehrtechnisch am modernsten eingerichtete Rathaus seiner Zeit«[8]. »Das Ungewöhnliche an der Bekrönung des Palazzo Vecchio besteht einerseits in der Größe der Zinnen, andererseits in der Kombination von Zinnenkranz und mächtiger, vorkragender Wehrgalerie.«[9] Die Kombination ist ein Novum[10] und bringt den Vorteil, gleichzeitig für Fernverteidigung aus dem Wehrgang hinter den Zinnen und für Vertikalverteidigung aus der gedeckten Wehrgalerie gerüstet zu sein. Flößt die wehrhafte Krone des Palazzo Respekt ein, kündet sie auch vom »Selbstbewusstsein einer bürgerlichen Gesellschaft und ihrer Staatsidee, indem sie die Zeichen und Formen verwendet, die man seit Jahrhunderten an den militärischen Bauten der weltlichen übergeordneten Macht, des Kaisers und der Feudalherren, gesehen und sich eingeprägt hatte«[11]. Dazu gehört auch die Rustika, die von den kaiserlichen Kastellen entlehnt und von der Wehrarchitektur in die städtische Repräsentationsarchitektur umformuliert wird.

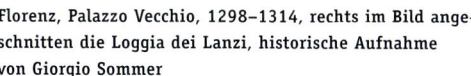

Florenz, Palazzo Vecchio, 1298–1314, rechts im Bild angeschnitten die Loggia dei Lanzi, historische Aufnahme
von Giorgio Sommer

An Vorbildern für den Bautypus generell
herrscht kein Mangel. Überall stehen noch
die Geschlechtertürme des Adels, hoch aufstrebend, mit Wehrgang, Zinnenkranz, häufig ohne ebenerdigen Zugang, oft erprobt
als Wohn- und Verteidigungstürme, Zeichen
einstiger Macht. Sie liefern die Vorlage für
den Repräsentationsbau der Kommune. Als
diese den Bautypus für ihren Kommunalpalast fruchtbar macht, ist die Zeit der Adelsgeschlechter längst vorbei, sie sind ent-
machtet, ihre Türme gestutzt. Die alten
Zeichen des Adels werden umgewandelt zur
Darstellung der eigenen politischen Souveränität. Streng wird darauf geachtet, dass
die neue Symbolik nicht entwertet wird,
denn eines ist klar: Mit der Höhe eines Baus
wächst die Reputation gegenüber den Konkurrenten und Höhe gilt als Symbol politischer Bedeutsamkeit. Einer Konkurrenz im
Stadtbild wird prompt ein Riegel vorgeschoben: Geschlechtertürme sind kurz zu halten;
sie dürfen nicht über den Wehrgang des
Palastes hinausragen. Unmissverständlich
den kommunalen Machtanspruch weit über
die Dächer der Stadt tragend, besetzen die
Stadtwappen Marzocco und Lilie den höchsten Punkt des Turmes. Mit den Turm-
glocken erhält das profane Bauwerk besondere Würde; waren Glocken doch bislang nur
in Kirchen üblich, galten dort als Würde-,
Souveränitäts- und Signalzeichen. Mit dem
Bedeutungstransport vom religiösen in den
profanen Bereich wird die zentrale Rolle des
Kommunalpalastes in der Stadt gestärkt.
Als Rathaus ist er Ort der Staatsgeschäfte,
als Wohnung während der Amtszeit der Prioren Residenz der städtischen Herrscher und
ideell das »Sinnbild der Staatsmacht«[12].

105

Ein typisches Merkmal aus der Entstehungszeit der Kommunalpaläste in Oberitalien ist
ihre Lage im Dunstkreis eines Marktes mit
seinen Buden und Händlern, der kommunikativen Mitte der Stadt. Emanzipiert von
der Abhängigkeit einer funktional bereits
besetzten stadträumlichen Situation zugunsten der eigenen Aufwertung, wird der
Palast um 1300 zu einem Objekt, das Orte
definiert, Bedeutungen stiftet. Dennoch, die
Sorgfalt bei der jeweiligen Standortwahl
fällt nicht flach. Der Palazzo Vecchio wird
auf den topographisch höchsten Punkt im
Stadtteil gesetzt. Mehr noch als die Höhe
aber sind die politischen Bezüge relevant.
Der aktuelle liegt in der Nähe zur Kirche
San Pier Scheraggio, dem Ort der Zunftver-
sammlungen, aus denen das Priorat hervor-
ging, der Ort der Amtseinführung des Capi-
tano del Popolo und des Priorats. Der zweite
Aspekt führt in die Geschichte der unmittelbaren Umgebung, zu einem nicht mehr
existierenden Turm, den Guardingo, der »als
eine Art historisches Symbol für eine frei-
heitliche Vergangenheit der Stadt«[13] in der
Erinnerung lebte.

Die heutige Via Calzaiuoli[14] ist das Band,
das weltliche und religiöse Macht miteinander verbindet. Diese Achse hält ein Gleichgewicht zwischen den Gegensätzen von
Stadtpalast und Dom, visuell erfahrbar
durch Turm und Kuppel, verschiedene Materialien, im Stil, im festungsartigen Charakter vom Palast und in der feierlichen Ausstrahlung der Kirche. Stadtpalast und Dom
sind »in gleicher Weise als eine Aufgabe der
Staatsleitung verstanden worden«[15]. Diese
Auffassung wird in der Gleichwertigkeit der
Höhendominanten – Palastturm und Domkuppel – ansichtig. Auf diese Weise und in
der Verbindungsstraße zwischen Dom und
Palast wird bedeutet, dass sich »in dieser
Achse und der Mannigfaltigkeit ihrer Bauten
… der Stadtstaat als Einheit«[16] verstand.

Gestaltung als Vorbild –
Palazzo Pubblico in Siena

Aus einem Guss ist der Palazzo Pubblico
nicht. Die erste Idee zu einem solchen
Gebäude sprießt 1281, mit dem Turmbau ist
es 1348 vollendet, eine letzte Veränderung
geschieht 1680.[17] Mit jeder Bauetappe ruft
der Palazzo einen anderen Eindruck hervor.
Die Wandlung von einer wehrhaften »massi-
ve(n) Turmhaftigkeit … zugunsten einer
breit auseinander gezogenen, kulissenhaften
Fassadenwirkung«[18] geht damit einher. Liegt
hierin die eine Besonderheit des Sieneser
Kommunalpalastes, sind andere im Anknüpfen an die bauliche Charakteristik der Stadt
und in dem politisch bedingten, topographisch jedoch ungünstigen Standort zu
finden.

Schmal, steil und zinnenbekrönt reckt
sich ab 1299 als erstes der »Torrione« an der
Piazza del Campo empor. Seine Bezeichnung
hebt auf die wehrhafte Gestalt ab. Mit vier
Geschossen erlangt er zwar keine extreme
Höhe, doch ist sein burgartiger Charakter

Stadtstruktur von Siena
1 Dom
2 Palazzo Pubblico

Siena, Piazza del Campo mit Palazzo Pubblico, 1281–1348,
Aufnahme von Giorgio Sommer, um 1868

Nachfolgende Seiten
Siena, Panorama von Süden mit Domgruppe
und Palazzo Pubblico, historische Aufnahme

kaum zu übersehen. Insbesondere vom obersten Geschoss, das stärker geschlossen ist
als die darunter liegenden und das mit
einem Rundbogenfries abschließt, auf dem
Gebälk und Zinnenkranz vorkragen, wird
dieser Eindruck erweckt. Die architektonische Funktion dieses Obergeschosses »ist
dieselbe, die am Palazzo Vecchio der Wehrgang ausübt. In anderer Formulierung, zwar
weniger kühn und pathetisch, doch ebenso
ernst und eindringlich, ragt auch der Palast
in Siena mit einem an Festungsarchitektur
anklingenden Motiv über die Dächer der
Stadt.«[19] Auch bei diesem mit einem Turm
assoziierten Bauteil liegen die Wurzeln in
den Geschlechtertürmen des Adels. Der
allerdings ist, seit die Großkaufleute die
Herrschaft über die Stadt innehaben, ebenso
wie »die Handwerkszünfte und das Nieder-
volk von jeder Einflussnahme auf die Macht
ausgeschlossen«[20]. Steckt im Entschluss, die
Regierung nicht mehr, wie bis dahin prakti-
ziert, zur Miete, sondern im eigenen Gehäuse unterzubringen, die Absicht, die errunge-
ne Macht im Stadtraum auszustellen, geben
die Herrschenden mit der Fassade ein Bild
von dieser Macht. Ganz offensichtlich ist
hierbei die Aufnahme lokaler Eigenheiten.
Travertin ist das Baumaterial des Adels, Zie-
gelsteine kann sich das Volk leisten. Auch
die Stadtmauer ist aus Ziegeln zusammengefügt, auch sie trägt Zinnen. So schwingen
Abgrenzung und Bekenntnis mit, wenn in
der Gesamterscheinung des Palastes das Zie-
gelmaterial den Eindruck prägt, Travertin
nur im Sockel, später auch im Glockenstuhl
vorkommt. Wehrhaftigkeit zu signalisieren,

ist nach wie vor ein Gebot der Zeit. Zinnengespickt stehen Stadtmauer und Kommunalpalast praktisch wie symbolisch für Sicherheit und Abwehr. Während der Regierungszeit der »Signori 9«, der »Nove«, 1287–1355, der zur Herrschaft gelangten Großkaufleute, gehört dazu auch, die Erscheinung der Stadt durch Gesetz und Verordnungen zu reglementieren, was besonders für den Standort des Kommunalpalasts relevant wird.

Von 1307 bis 1310 bekommt der »Torrione« Flügel im stumpfen Winkel angesetzt, der Platzform folgend. Der ursprünglich aufstrebende Eindruck des bislang isoliert stehenden Baus wechselt zu einer lagernden, kulissenhaften Fassadenwirkung. Im linken Seitenflügel sitzt fortan der Podestà, im rechten residieren die »Nove«. Auf die Anbauten, nur aus Arkaden- und Obergeschoss bestehend, wird die Fassadengliederung des Mittelbaus und der zinnenbekrönte Gebäudeabschluss übertragen. Das ist durchaus üblich, nichts Besonderes. Wenn jedoch die Kommune die Fassadenordnung des Palastes zur Norm im Platzrund erhebt, zeugt das nicht etwa von Einfallslosigkeit, sondern von klugem gestalterischen Kalkül. Einem möglichen wilden Inszenierungseifer setzt die Kommune die Reglementierung entgegen und bestimmt, »dass die ganze Platzfront nach ihr (der Palastfassade) zu gestalten sei: Die individuelle Form hat sich dem bestimmenden Gesicht des Allgemeinen unterzuordnen zu einer neuen künstlerischen Einheit von Palast und Platz.«[21] Der Palast wird am Platz zum Vorbild für die anderen Bauten, damit nicht nur ein Gebäude

zur Inszenierung der Kommune genutzt, sondern das gesamte Platzrund definiert. Zwei Probleme hat sie damit gleichzeitig im Griff: Ästhetisch gibt das wichtigste Haus am Platz, der Palast der Kommune, das Gestaltungsmodell vor; praktisch wird durch diese Vorgabe die Inszenierung der anderen gelenkt und Konkurrenz so gut wie im Keim erstickt. Unter dieser Voraussetzung schafft sich die Kommune eine Bühne, deren Kulisse wie ein Echo die Fassade des Kommunalpalasts vielfach variiert wiederholt. Prächtiger kann eine Inszenierung kaum ausfallen, deutlicher können die Platznachbarn nicht als huldigende Staffage eingesetzt werden.

Bleibt nur noch das Problem mit der Höhe. Zum einen setzt der Palast mit dem aufragenden Mitteltrakt zwar ein Zeichen, ist jedoch nicht hoch genug, um im Kampf um die Höhendominanz in der Stadt mitzuhalten. Zum anderen haben die Gebäude auf den umliegenden Hügeln allein schon wegen ihrer topographischen Situation einen beträchtlichen Höhenvorsprung. Der Palast dagegen lagert an der niedrigsten Stelle der Piazza del Campo, ungünstiger geht es nicht. Diesen Nachteil nimmt die Kommune jedoch in Kauf, da der Ort für den Städtebau politisch wichtig ist. Der Platz verbindet die drei Stadtteile Sienas, schafft eine gemeinsame Mitte. Für die Standortwahl des Kommunalpalasts ist ein ausgewogenes Verhältnis zu den Stadtteilen ein Kriterium gewesen, dem wurde der Platz gerecht. Dass der Palast nun ausgerechnet an die tiefste Stelle des Campo rückt, an seine südöstliche Seite, hängt mit der Lage des Doms zusammen. Mit diesem Repräsentationsbau zu korrespondieren, gilt als sinnvoll und für Feinheiten hat die Kommune ein Gespür. So reckt der Palast dem Dom besser nicht die Rückfront entgegen, sondern seine Fassade, sein ›Gesicht‹, und das geht eben nur von der niedrigsten Position aus. Im Ergebnis dieser Rücksichten auf stadtpolitische und städtebauliche Bedingungen wird ein Turm

notwendig, will die Kommune sich in der Dachlandschaft der Stadt behaupten. Zwischen 1325 und 1348 wird ein Turm in extreme Höhe getrieben, zuvor der linke Anbau um zwei Achsen erweitert. Mit Adelstürmen, Domkuppel und Domturm wird innerhalb der Stadt konkurriert. Mit dem Turm wird aber auch ein Fernziel der Konkurrenz anvisiert: Florenz. Beide Städte rivalisieren um die Vorherrschaft in der Toskana. Mit der Gestaltung der Kommunalpaläste, speziell dem Turmbau, bekommt das Ringen um die Führungsposition eine neue Qualität, ein neues Aktionsfeld.

Im Fazit gesehen gelingt der Sieneser Kommune mit dem Palazzo Pubblico eine bauliche Inszenierung, die ihresgleichen sucht: Die städtische Mitte wird als politischer Ort, als Ort der städtischen Macht definiert. Der Kommunalpalast beherrscht mit seiner Fassade den zentralen Platz, artikuliert mittels Turm seinen Rang in der Stadt und seine Gestaltung beeinflusst die der angrenzenden Gebäude, die in ihren Fassaden Varianten seiner selbst werden. Innerstädtisch wird dem sakralen Zentrum um den Dom das weltliche der Kommune entgegengesetzt. Über die Stadt hinaus erfolgte der Dialog mit dem Konkurrenten Florenz durch den Turmbau. Mit dieser vielschichtigen Inszenierung antwortet die Kommune selbstbewusst auf alle anstehenden Herausforderungen.

Reichsstädte und Rathäuser

Lübeck im norddeutschen und Augsburg im süddeutschen Raum gehörten zu den wirtschaftlich stärksten Reichsstädten. Durch geschickte Nutzung der jeweiligen geographischen Lage wurden sie zum Umschlagpunkt des Fernhandels. Nach Erhalt der Reichsunmittelbarkeit, geführt durch den Rat der städtischen Selbstverwaltung, konnten sich auf der günstigen wirtschaftlichen Grundlage prosperierende Gemeinwesen herausbilden. Die damals entstandenen Rathäuser waren die bedeutendsten Kommunalbauten einer freien Reichsstadt und Sitz der herrscherlichen und rechtlichen Macht der Kommune.

Die Entwicklung Lübecks wurde wesentlich bestimmt durch die Dominanz in der Hanse. Das Lübecker Rathaus, ein Gruppenbau, wird zu einer Zeit gebaut, als sich die Stadt in einem kontinuierlichen Aufschwung befand. Seine Bedeutung gewinnt es als Institution und aus seinem Baukörper, aber auch aus der Tatsache, Bestandteil eines Ensembles zu sein. Im Ensemble von Rathaus, Kirche und Markt besetzen Bauten der Bürger eindrucksvoll die Mitte der Stadt.

Augsburg dagegen errichtete einen Rathausneubau als die wirtschaftliche und politische Blütezeit der Stadt, hier insbesondere ihre Bedeutung als Sitzungsort der Reichstage, zu Ende ging. Ein herrschaftlicher Großbau entstand im Rahmen eines Stadtumbauprozesses, der der sinkenden Bedeutung der Stadt konträr zu sein schien.

Im Ensemble mit Marienkirche und Markt – das Rathaus in Lübeck

Die Lübecker Silhouette prägen Kirchtürme. Das Rathaus spielt als Höhenmarke keine Rolle, wohl aber die herausragenden Türme der Marienkirche. Nur einen Katzensprung entfernt von ihr liegen Markt und Rathaus, das mit prächtigen Schauwänden besticht. Das Ensemble erinnert an Lübecks Glanzzeit zwischen dem 13. und 16. Jahrhundert, als die Stadt zu den erfolgreichsten Handelszentren im Ostseeraum zählt, führend in der Hanse und Sitz wichtiger Gremien[22], mit Privilegien ausgestattet, aber unabhängig von einem Landesherrn und frei vom rechtlichen Einfluss eines Bischofs.[23] Der damalige topographische und gesellschaftliche Mittelpunkt der Stadt, das Ensemble von Marienkirche, Markt und Rathaus, trägt wie kein anderer Ort Lübecks den baulichen Stempel bürgerlichen Selbstbewusstseins zur Schau. Im Konzeptionswandel der Marienkirche und im Rathausbau mit seinen An- und Umbauten wird dies konkret sichtbar. Die heutige Ansicht ist Ergebnis mehrerer Umgestaltungen in einer vierhundertjährigen Baugeschichte.

Schon bald nach Verleihung der Reichsunmittelbarkeit 1226 durch Kaiser Friedrich II. wird mit dem Rathausbau an der Nordostecke des Marktes begonnen. Nördlich von ihm und durch Buden abgegrenzt, liegen Marienkirche und Friedhof. Drei parallel angeordnete Langhäuser entstehen, deren Giebel zum Markt und zum Kirchhof gerichtet sind. In ihnen bekommen Rathaus und Tuchhaus Quartier. Nach der Jahrhundertmitte, wahrscheinlich nach dem Stadtbrand von 1251, etwa zur gleichen Zeit, als das Hochschiff der benachbarten gotischen Marienkirche[24] langsam Gestalt annimmt, werden die drei Giebel zur Marktseite mit einer Stirnwand vereinheitlicht, vermutlich aus dem Bedürfnis heraus, »der gewaltigen Baumasse der Pfarrkirche eine Fortsetzung und ein Gegengewicht in der Rückseite des Marktes zu geben«[25]. Die Mauerfläche gliedern zwei Maßwerkblenden, deren obere Teile heute noch sichtbar sind. Gleichzeitig wird vor den Bau in ganzer Breite eine zweigeschossige Laube gesetzt, unter der das Gericht tagte und von der die Bursprake[26] verlesen wurde. Zwei rechteckige Türme fassten die Marktfront ein, in denen sich wahrscheinlich Wendeltreppen befunden haben, die zum Wehrgang der Mauer führten.

Ende des 13. Jahrhunderts wird das Gebäude im Norden umgebaut und zwischen 1298 und 1308 nach Süden mit dem so genannten Langen Haus erweitert. Traufständig am Markt positioniert, imponiert es mit einem mächtigen Satteldach – im Unterschied zu den schmalen Giebeln der Bürgerhäuser – und mit einer langen Arkadenreihe. Der wichtigste Raum im Anbau ist ein Festsaal, der Tanzsaal. In die Arkaden ziehen die Goldschmiede mit ihren Buden und am Ende des Flügelanbaus stellen Nadler ihre Stände auf. Der winkelförmige Bau beherrscht jetzt die nordöstliche Platzecke am Markt und ist dessen größtes Gebäude.

Einen Repräsentationsschub bringen die Umbauten zwischen 1340 und 1350. Der nördliche Gebäudetrakt wird neu errichtet, nur dessen Frontseite am Markt bleibt erhalten. Seit Ende des 13. Jahrhunderts leitet der Lübecker Rat die Hanse und für deren Zusammenkünfte ist ein großzügiger Raum nötig geworden. Mit dem 38 Meter langen Hansesaal im Obergeschoss des Rathauses wird für diesen Zweck ein repräsentativer Tagungsort geschaffen. Wirken sich die Umbauten nicht auf die Ansicht am Markt aus, so wird die Fassade zum Marienkirchhof[27] mit einer vereinheitlichenden Schauwand doch erheblich aufgewertet. Zu ihrer Charakteristik tragen die frontale Wandfläche und, als vertikales Moment, vier aufstrebende Pfeilertürme zwischen zehn profi-

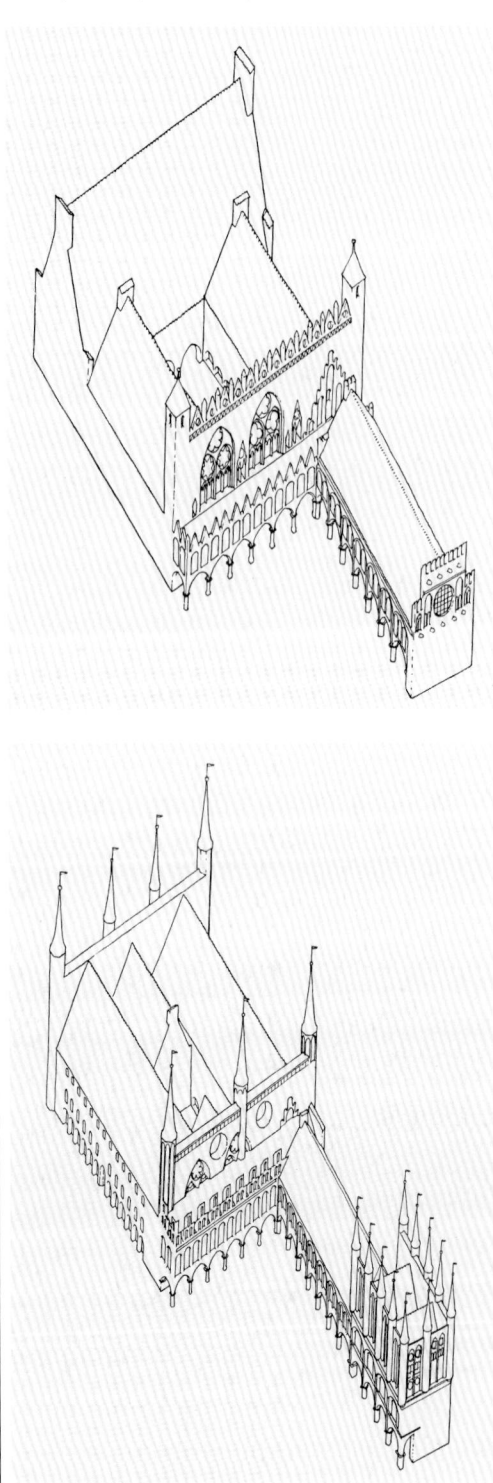

lierten Blenden bei. Die Korrespondenz zur Marienkirche, der Pfarrkirche, liegt auf der Hand. Das Rathaus als weltliche Institution war dem geistlichen Bau ebenbürtig geworden. Der Rat demonstrierte mit Rathausfassade und Ausbildung der Marienkirche als Basilika[28], damit in der Form der Bischofskathedrale, und ihren aufstrebenden Türmen, den höchsten in der Stadt, bürgerliches Selbstbewusstsein und die uneingeschränkte Macht in der Stadt. Deutlich wird, dass sich hier ein Ort herausbildet, dessen unterschiedliche Funktionen als sich ergänzende begriffen werden, die auch in ihrer bau-

Rathaus in Lübeck, Situation nach 1330

Rathaus in Lübeck, Situation nach 1443

Lübeck, Rathaus, Nordfassade, Aufnahme um 1950

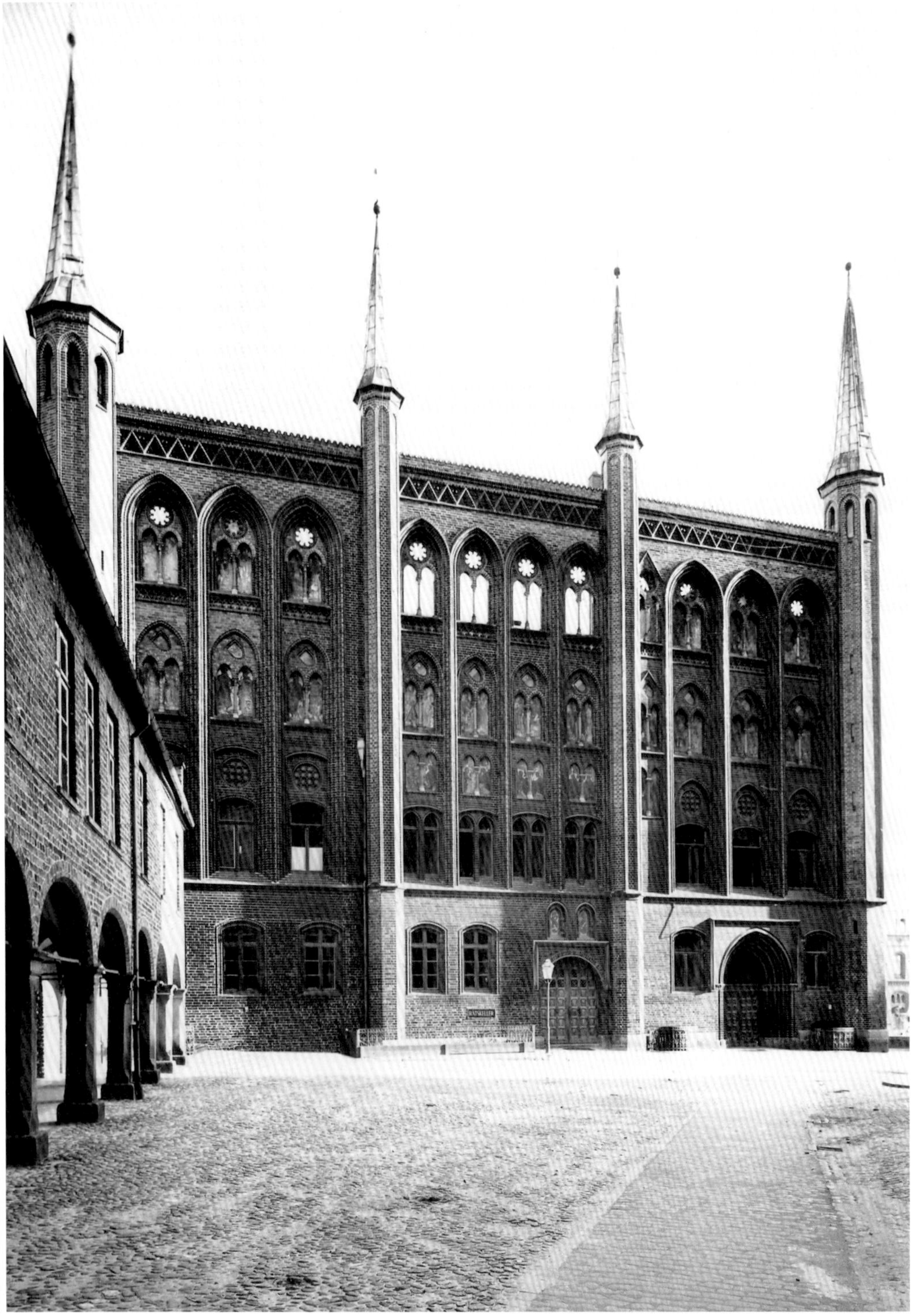

Vogelschau der Stadtmitte von Lübeck, Zeichnung von Karl Gruber, 1943

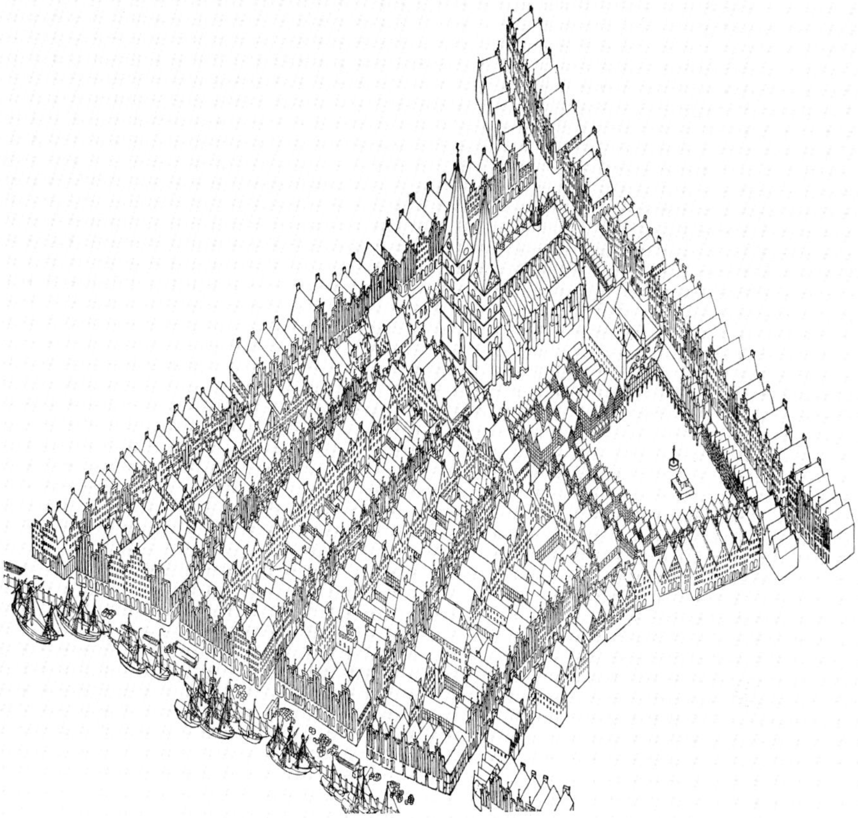

lichen Hülle korrespondieren und nicht in Konkurrenz voneinander geschieden sind.

Die vom Markt abgewandte Ostseite an der Breiten Straße ist weniger aufwendig ausgebildet. Das ist kaum verwunderlich, spielt sich hier doch weder der Handel ab und noch ist auf ein imposantes Gegenüber baulich zu antworten. Lediglich das Portal mit seiner Vorhalle aus der Zeit zwischen 1350 und 1360 zeigt auf einem Türbeschlag den Kaiser und um ihn in Weinranken die sieben Kurfürsten, offenbar ein Hinweis auf den Status als Freie Reichsstadt und womöglich auf die Goldene Bulle aus dem Jahr 1356.

Seit der Mitte des 13. Jahrhunderts war die Marktseite des Rathauses in ihrem Äußeren belassen worden. Erst zwischen 1435 und 1442 erhöht Ratsbaumeister Nikolaus Peck die Schauwand und verleiht ihr mit Pfeilertürmen und Windlöchern das charakteristische Aussehen. Auch der Südflügel des Gesamtkomplexes wird mit einem Anbau verlängert, der »der Ratsstube gleichzeitiger Rathäuser«[29] entspricht. Repräsentativ wird er mit einer Schauwand, die ebenfalls durch Pfeilertürme und Windlöcher ihre Struktur gewinnt. Ähnlich der Kirchhofseite sind die Fassaden der Baugruppe am Markt zu ein-

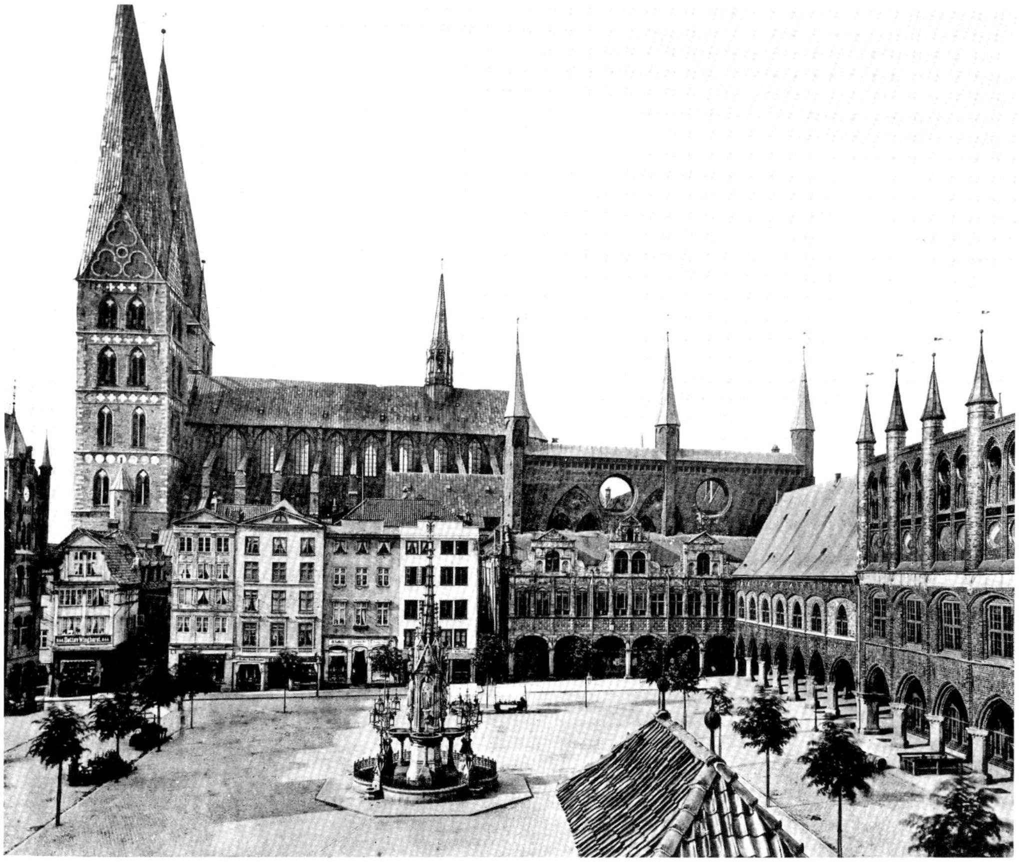

Lübeck, Blick über den Markt mit Marienkirche und Rathaus, Aufnahme um 1880

Grundriss der Stadtmitte von Lübeck

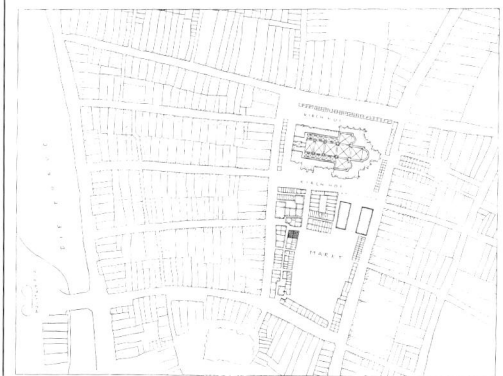

prägsamen, aufragenden Großformen geworden. Die Rathausgruppe mit ihren jeweiligen übergreifenden Elementen – Satteldach und Schauwand – steht damit deutlich im Gegensatz zu den aneinander gereihten Giebeln der schmalen Wohnhäuser und deren Parzellenstruktur und wird zugleich als Besondere hervorgehoben. Im Laufe der Bauzeit[30] der Rathausgruppe ist ein Komplex entstanden, dessen Teile sich als selbstständige Anbauten ausweisen, die aber dennoch, basierend auf dem Material Backstein und sich wiederholender Gestaltungselemente, den Bau als zusammengehörig charakterisieren.[31]

Das Selbstbewusstsein der Lübecker Bürger, vor allem der Patrizier, ist zwischen dem 13. und 15. Jahrhundert kaum zu überbieten. In einem deutlichen Machtzuwachs findet es seinen Rückhalt, der nicht nur in der überregionalen Bedeutung Lübecks als Haupt der Hanse besteht, sondern auch darin, dass Lübeck 1340 als erste deutsche Stadt das Recht zur Goldmünzenprägung errungen hat. Ein Licht auf die politische Position Lübecks wirft auch die Tatsache, dass die Stadt im Stralsunder Frieden 1370 ihre Handelsrechte und das hanseatische Mitspracherecht bei der dänischen Königswahl durchsetzen kann – Rechte mit weit reichender Bedeutung – und dass auch Handwerkeraufstände und ein Aufbegehren gegen den vornehmlich mit Patriziern besetzten Rat die Stadt nicht wirklich aus dem Gleichgewicht bringen.

Diese Bedingungen werden fruchtbar in der Hauptphase von Rathaus- und Kirchenbau. Größe, Vertikalität, Einzelgroßformen, Beziehung der Bauten am Ort, Ergänzung ihrer Funktionen und Bedeutungen sind die vom Auftraggeber, dem Rat, zwischen dem 13. und 15. Jahrhundert genutzten Gestaltungsmittel, um bürgerliche Souveränität zu

inszenieren, um politisch-soziale Sinngehalte wie Unabhängigkeit und Selbstverwaltung zu transportieren. Ziegel als Baumaterial verbindet außerdem mit anderen Hansestädten entlang der Ostseeküste, in denen Kirchen und Rathäuser in Backsteingotik zum typischen Ausdruck der Zeit und zu ihren repräsentativsten Bauaufgaben gehören.

Die bauliche Wirkung des Ensembles von Rathaus, Marienkirche und Markt in Lübeck wird aus der Alltagssituation verständlich. Der Markt war der zentrale Ort alltäglicher Verrichtungen der Bürger. Handel, Geselligkeit aber auch außerordentliche Ereignisse fanden auf ihm statt. Er war gerahmt von den kleinteiligen Fassaden der Wohnhäuser in Giebelstellung, von der Fassade des Rathauses und im Hintergrund vom Baukörper der Kirche. Die Fassade des Rathauses und die Kirche waren im Vergleich zu den Buden und Giebelhäusern am Markt monumental. Sie gaben dem städtischen Binnenraum Markt ein repräsentatives Gepräge, formten eine monumentale Schauwand an dessen Stirnseite. Rathaus und Kirche bildeten als sich ergänzende Bedeutungsträger eine Kulisse für den Markt als Bühne, auf der das Bürgertum sich darstellte und handelte, und waren zugleich für sich selbst bedeutungsvolle Orte: das Rathaus als Sitz der Selbstverwaltung der Stadt, des Rates, die Kirche als Hauptpfarrkirche, als Stadtkirche und zugleich als Ratskirche.

»ein heroischers ansehen« –
das Rathaus in Augsburg
Das mächtige Augsburger Rathaus mit seinem aufstrebenden Mittelteil, seiner strengen Schmucklosigkeit, der ungewohnt auffälligen Kombination von Turm und Giebel ist eine imposante wie verblüffende Erscheinung. Gebaut am Beginn des 17. Jahrhunderts, ist es als Rathaus unter dem Aspekt des Nutzbaus ungewöhnlich groß, für einen Repräsentationsbau zwar von wuchtiger Masse und großzügiger Dimension, doch mit

seinem kühlen Fassadenausdruck wenig einladend und scheinbar mitteillungslos. Präsentiert sich so eine freie Bürgerschaft, artikuliert sich mit diesem Rathausbau städtisches Selbstbewusstsein? Und wer ist der Adressat dieser machtvollen Geste?

Der Neubau des Augsburger Rathauses war Teil des Umgestaltungsprozesses der Stadt zwischen 1588 und 1632, einem Zeitraum voller Gegensätze. Politische und wirtschaftliche Entwicklung verlaufen gegensätzlich. Als Freie Reichsstadt ist Augsburgs rechtliche Stellung mit der Zugehörigkeit zum Heiligen Römischen Reich definiert. Seit dem Mittelalter verfügt die Stadt über Regalien, jedoch nie über ein volles Appelationsprivileg, bis 1648 auch über kein Stimmrecht auf den Reichsversammlungen, da sie die volle Reichsstandschaft nicht besitzt. 1582 wird letztmalig ein Reichstag in die Stadt einberufen, der fortan Regensburg beehrt. Sinkt zwar die politische Bedeutung, so ist das wirtschaftliche Gewicht der Stadt und ihre zentrale Position im Finanzwesen des Reiches unangefochten, erkennbar am Matrikularanschlag, der Position als Legstadt und als Kreditgeber des Kaisers. Im Welthandel jedoch bröckelt die Vormachtstellung Augsburgs langsam ab, die Prosperität stagniert. In der gemischt konfessionellen Stadt mit einem leichten Überhang des Katholischen brechen nach 1600 Polarisierungen zwischen den Glaubensgemeinschaften wieder stärker hervor, werden im Alltag sichtbar. In diese Zeit der Gegensätzlichkeiten fällt Augsburgs beeindruckendster künstlerischer Aufschwung, die umfassendste Gestaltveränderung der Stadt. Im Rathausbau fand dieser städtische Kraftakt seinen Kulminationspunkt.[32]

Drei Zentren[33] Augsburgs liegen in Nord-Süd-Richtung verteilt über das Stadtgebiet. Als die Umbauten am Perlachplatz beginnen, steht keineswegs der Rathausneubau am Anfang der Entwicklung, auch nicht im Mittelpunkt. Städtebaulich und ästhetisch aufgewertet wird das Gebiet zuerst mit dem Augustusbrunnen[34], der an die Gründung der Stadt durch die Römer erinnert und 1588 errichtet wird. Erst 1614, nachdem ein Loggiabau, in den repräsentative und kommunikative Funktionen aus dem alten Rathaus verlagert werden sollten, verworfen

Plan von Augsburg zur Zeit von Elias Holl, Ausschnitt mit dem Rathaus aus der Vogelschau von Wolfgang Kilian, Kupferstich 1626

wird, reift langsam der Plan für ein neues Rathaus. Doch zunächst steht die Frage, wohin mit den Glocken aus dem alten Rathaus bei einem Umbau. Dass es sich hier um keine Nebensächlichkeit handelt, zeigt die Funktion der Glocken als Signalgeber in wichtigen Situationen für die Stadt. Der Perlachturm bietet sich an. Elias Holl, der Stadtwerkmeister, schlägt vor, ihn aufzustocken und in ihm die Glocken aufzuhängen. Die Idee kommt beim Rat gut an, der Anfang Januar 1615 beschließt, das alte Rathaus durch einen Neubau zu ersetzen und diesen auch gleich durch Elias Holl entwerfen und bauen zu lassen.

Warum und mit welchem Ziel die politische Obrigkeit Augsburgs, der Rat[35], den Neubau in Angriff nimmt, ist in der Grundsteinplatte und im Dekret für den Bau formuliert. In beiden wird das Anliegen festgehalten, die Not der Bauleute durch eine Verdienstmöglichkeit zu lindern.[36] Diese praktischen, sozial-konfliktbefriedenden Ambitionen fußen auf einem »internalisierten christlichen Normenkodex« des Augsburger Rates, dem die »Dialektik zwischen rationalem

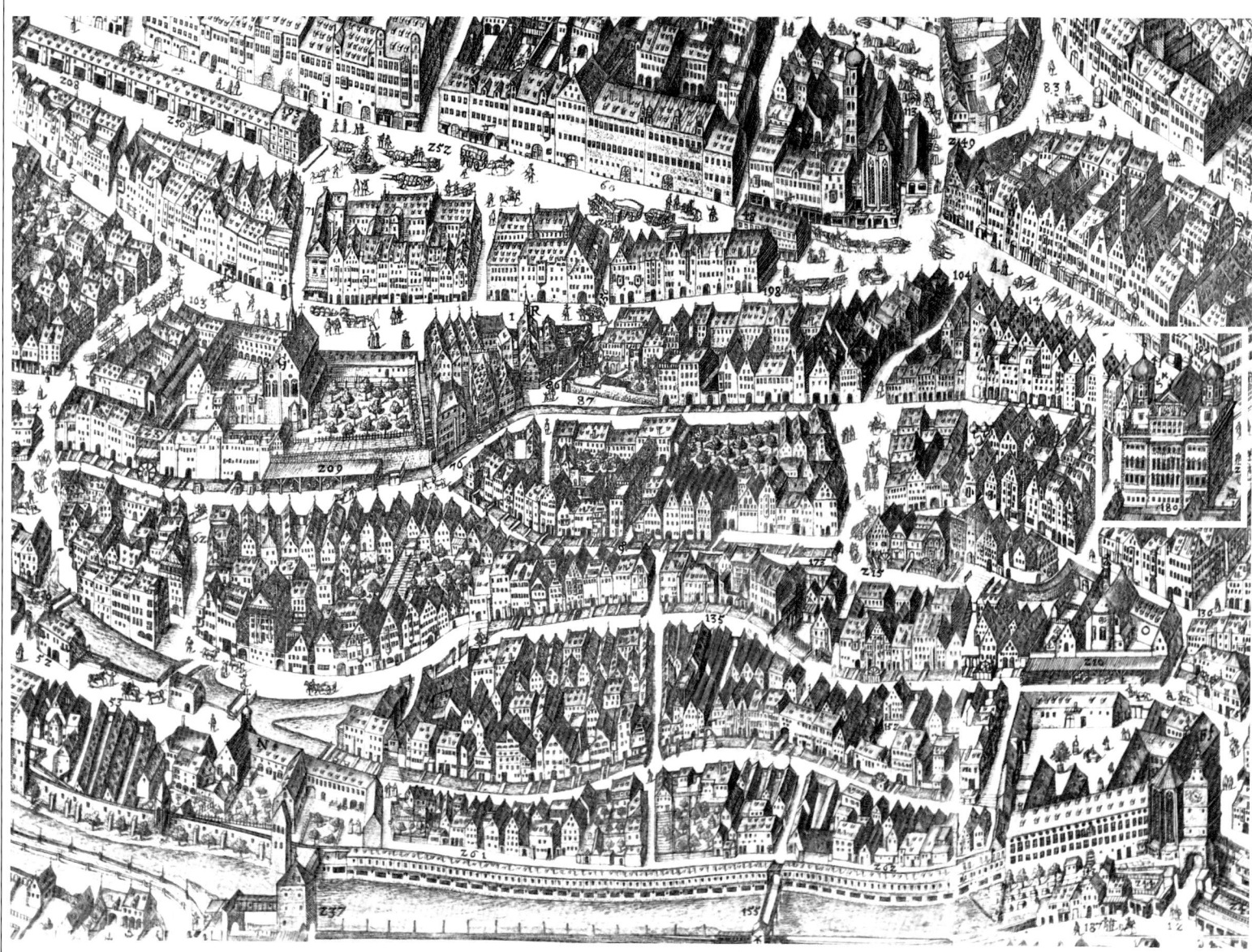

Machthandeln und in gewisser Hinsicht nicht weniger ›rationaler‹ Moralität«[37] zugrunde liegt. Die Inschrift des Grundsteins bekundet darüber hinaus den Willen der Auftraggeber, mit dem Bau ein großes, zeitlich über die Gegenwart in die Nachwelt wirkendes Bauwerk zu schaffen. Dass der Name des regierenden Kaisers Matthias genannt wird, deutet nicht nur auf die Position als Reichsstadt hin, sondern auch auf den historischen Bezug der Stadt zum antiken römischen Reich. Eingebunden in das urbanistische Bauprogramm Augsburgs, das

durch eine vorteilhafte Finanzlage der Stadt möglich wurde, verwirklicht der Rat, insbesondere die Oligarchie, mit dem neuen Rathaus in diesem Spektrum von Beziehungen sein Repräsentationsbedürfnis. Ein weit profaneres Ziel ist die ausreichende Versorgung der Verwaltung mit Raum.

Die Planungsphase[38] wird im Frühsommer 1615 abgeschlossen, der Grundstein im August 1615[39] gelegt und fünf Jahre später, im Mai 1620, ist der Außenbau mit dem Ein-

Perlachturm und Rathaus in Augsburg, Kupferstich von Lucas Kilian, 1619. Zwischen Rathausneubau und Perlachturm erstreckt sich der Fischmarkt, im Vordergrund der Augustusbrunnen, der jedoch nie in dessen Mittelachse lag. Neben der Tür links vom Hauptportal des Rathauses bezeichnen zwei Wandringe den Pranger.

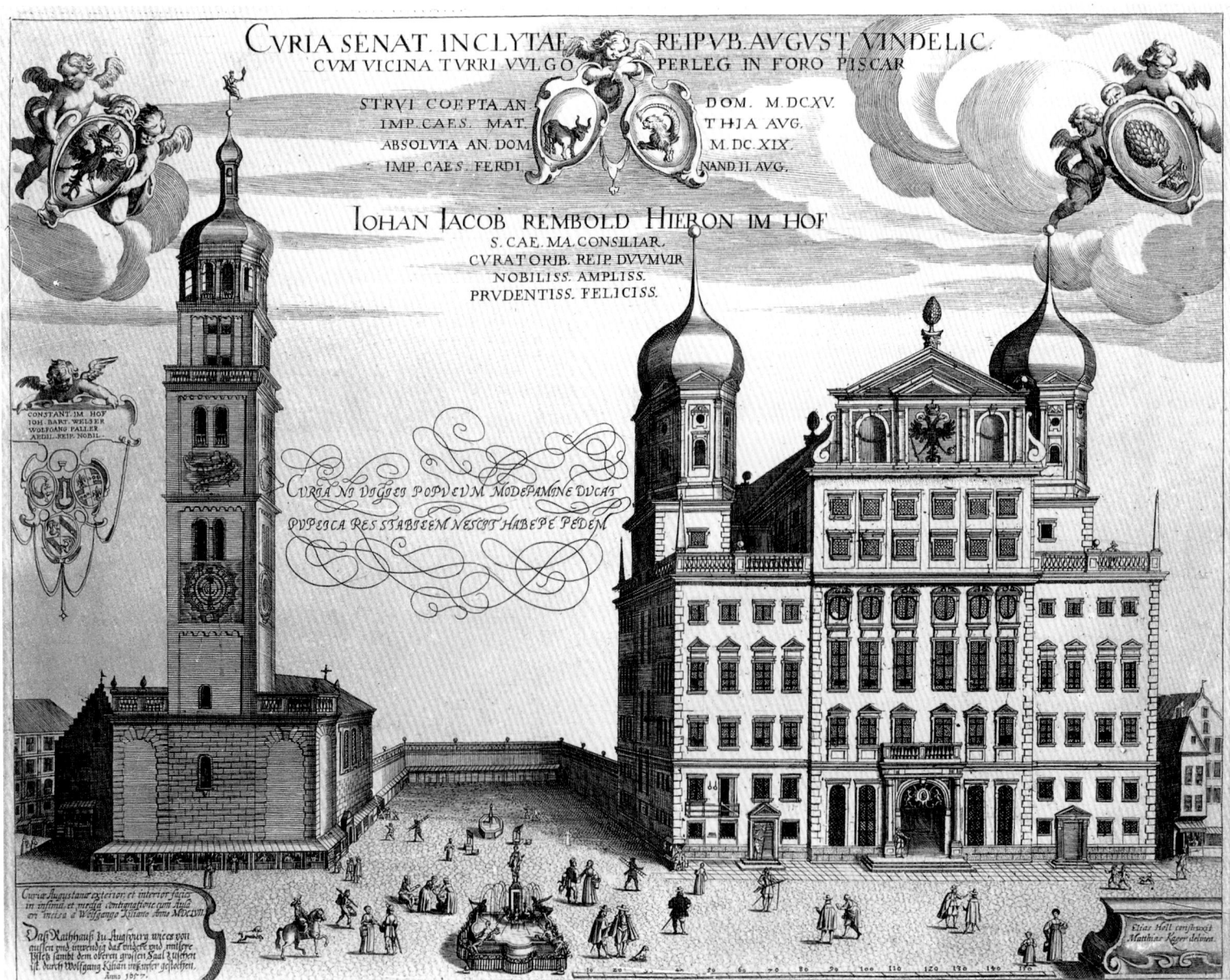

setzen des Bronzereliefs im Halbrund des Portals und dem Aufstellen der Pyramiden vollendet. Über einem rechteckigen Grundriss erhebt sich ein stattlicher Bau, dessen Raumdisposition durch ein eingeschriebenes griechisches Kreuz bestimmt wird und dessen Hauptfront zum Perlachplatz zeigt. Das große Gebäude in einer kleinteiligen Umgebung, dessen Türme an Nord- und Südseite und Giebel an Ost- und Westseite aus der Dachlandschaft herausragen, macht auf die Zeitgenossen einen überwältigenden Eindruck.

Das Rathaus sticht nicht nur mit seiner Größe von den umliegenden Bauten ab, seine Fassade strahlt in Weiß, in der Fensterrahmungen, Giebelvoluten, rustizierte Ecken und die Pilaster der Türme farbliche Akzente setzen. Golden glänzen Reichsadler, Stadtpyr, die Kugeln der Turmhauben und die Kugeln der silbergrauen Pyramiden auf den Altanen. Aber nicht nur Farbe und Größe wirken prächtig, auch die Kombination von Türmen und Giebeln. Sie ist ungewöhnlich und in der ursprünglichen Planung nicht vorhanden. Während der Bauarbeiten kommt Elias Holl auf den Gedanken, den geplanten unauffälligen Abschluss der Haupttreppen mit Zwerchhäusern und Satteldächern zu ändern und den Bauherren stattdessen die kostenaufwendigeren Türme schmackhaft zu machen. Plausibel wirkt sein Argument, dem Rathaus mit Türmen innerhalb und außerhalb der Stadt »ein heroischers ansehen«, »ein dapferes ansehen«[40] zu geben. Im Sprachgebrauch des 17. Jahrhunderts werden mit diesen Attributen Bedeutungen wie gewaltig, würdig, majestätisch auf einen Gegenstand appliziert oder in der Vorstellung hervorgerufen. Holl entlehnt das Doppelturmmotiv der Eichstätter Willibaldsburg, einer Fürstenburg. Das und die bauliche Dimension des Rathauses über das praktisch Gebotene hinaus, insbesondere in den Türmen, aber auch das ikonographische Programm des Baus

erhellen das Selbstverständnis der Auftraggeber. In der Innenausstattung durchzieht der Kaisergedanke das gesamte Gestaltungsprogramm des Rathauses, daneben wird in den Deckenbildern des Hauptraumes, des Goldenen Saals, ein »weniger auf das Imperium als auf das Commercium ausgerichteter, ›ordomerkantilistischer‹ Zug spürbar«[41]. Hier schlägt sich in der Ikonographie »zweifellos biederer schwäbischer Bürgersinn« nieder, aber auch die Tatsache, dass sich »in Augsburg keine universell angewandte Ikonographie der ›Augusta‹ herausgebildet hatte, der Augusta als *civitas*, so musste sozusagen als Gegenbild zum abgelehnten Begriff der ›Demokratie‹ die bildhafte Verkörperung des ›Gemeinwohles‹ herhalten.« Es galt »der Begriff des *bonum publicum* oder der ›Politik des Gemeinwohles‹, zusammen mit den als positiv empfundenen Begriffen der Monarchie und Aristokratie« als »das Gerüst der guten Staatsordnung«[42].

Augsburg, Perlachturm und Rathaus, Baumeister des Rathauses Elias Holl, 1615–20

An der klaren Hauptfassade am Perlachplatz ohne figürlichen oder ormanentalen Schmuck tritt der sechsachsige Mittelrisalit hervor, dessen Giebel der Front einen vertikalen Zug verleiht. Alle symbolischen und verbalen Aussagen über Stadt und Gebäude sind in der Mittelachse des Risalits vereint. Der doppelköpfige Reichsadler prangt im Giebel, darüber der Stadtpyr. In der strengen Ordnung der Fenster, nach Größe, Rahmungsaufwand und Anzahl von den Raumfunktionen bestimmt[43], fällt im Mittelrisalit eine hoch aufragende Fensterzone auf. Hinter dieser und den zwei darüber liegenden Fensterreihen liegt der Prunksaal, der Goldene Saal, mit seiner prächtigen, auf den Kaisergedanken abgestellten Gestaltung. Der Balkon über dem zentralen Eingang erinnert an den Erker des alten Vorgängerbaus und den Bezug zwischen Augustusbrunnen und Rathaus. »Die Gründergeste des Augustus richtete sich ursprünglich zum spät-

gotischen Rathaus, in dessen Erker sie den lebenden Kaiser zum Empfang der Huldigung begrüßen wollte.«[44] Die Funktion des Erkers wird vom zentral gelegenen Balkon übernommen, der Bezug vom Brunnen zum Rathaus allgemein. Die Erinnerung an die römische Vergangenheit der Stadt und ihren Stadtgründer, die identitätsstiftende Idee der Reichskontinuität und der Reichsbindung über den Kaiser verknüpft sich im Gebäudeinneren mit seinem Höhepunkt, dem Goldenen Saal, dessen Ausstattung und ikonographisches Programm auch diese Gedanken veranschaulicht.[45] Die Inschrift am Eingangsportal PUBLICO CONSILIO PUBLICAE SALUTI (auf öffentlichen Beschluss dem öffentlichen Wohl) propagiert den Rathausbau von der Entscheidung bis zum Nutzen als öffentliche Sache. Das Bronzerelief in der Arkade zeigt zwei von Ornamenten umgebene Greife, die das Stadtwappen, einen Pinienzapfen, halten, der auf einem Medusenhaupt steht. Die identitätsstiftenden Themen sind auf diese Weise in der zentralen Achse wechselseitig aufeinander bezogen.

Das Rathaus ist ein Baukörper von ungewohnt großer Dimension nicht nur in Augsburg selbst, sondern auch als Rathausbau im europäischen Vergleich. Der Abstand zu den Umgebungsbauten garantiert dem Rathaus in der historischen Situation seiner Entstehung Mehransichtigkeit. Größe und Höhe, Blockhaftigkeit und Dachkreuzgestaltung sowie die Stellung im Raum heben das Rathaus aus der Menge aneinander gereihter giebelständiger Bauten der Stadt bedeutungsvoll hervor. In der Ferne werden seine Giebel und Türme zum charakteristischen Teil der Silhouette Augsburgs und zum eindeutigen Zeichen für den Rathausbau. Am Ort formiert das Rathausgebäude einen der repräsentativsten Plätze an der Hauptachse der Stadt. Die besondere Lage – noch zur

Straßenfront zu gehören und schon Teil der Platzwand zu sein – und die Dreiecksform des Platzes bewirken, dass seine Hauptfassade im Wesentlichen immer aus einer Schrägsicht wahrgenommen wird, »wobei der Augustusbrunnen als plastischer Akzent die Großflächigkeit«[46] der Architektur betont.

Im Fazit dieser Beobachtungen ist der Machtausdruck des Rathauses mehrfach geschichtet. Der Repräsentationsgestus des Rathauses als bürgerlich-reichsstädtischer Profanbau, mit dem sich die Stadt wahrscheinlich auch erneut als Reichstagsstadt empfehlen wollte, wird überlagert durch den Repräsentationsgestus der aristokratischen Elite des Rates, der Auftraggeber. Die wichtigsten machtpolitischen Positionen in der Stadt lagen in den Händen des Patriziats. Ausschließlich dessen Vertreter stellten die Ratsherren im Geheimen Rat.[47] Der Wertekanon der Patrizier orientierte sich nicht mehr am bürgerlichen Wirtschaftsethos, sondern am Standesethos, in dem der »Prestigewert den reinen Gebrauchswert«[48] überdeckt. Ein Wandel des Selbstverständnisses in dieser Elite fand hier seinen Ausdruck. Die Verschiebung vom Wirtschaftsethos zum Standesethos in dieser Gruppe impliziert eine Orientierung an höfisch-feudalen Maßstäben, die ihre Grundlage darin hat, dass »diese Schicht bereits im Umland begütert ist und hier wie in ihren Stadtpalästen eigentlich einen kulturellen Status errungt, der dem des Adels entspricht, wenn nicht bereits Adelsdiplome erworben wurden«[49]. Diese Haltung wurde nicht nur in der Gestaltung der eigenen Paläste deutlich, sondern auch in der Gestaltung der Behausung der institutionalisierten Macht. Insofern war das Rathaus »nicht nur Gehäuse für Herrschaftsausübung, sondern zugleich Herrschaftsmittel in einem sehr umfassenden Sinn«[50]. Die sachlich-kühle Ausstrahlung der Fassade vermittelt eine Repräsentationshaltung, in der Würde und Prestige und gleichzeitig auch Abgrenzung zu den Beherrschten angelegt ist. Hier mag sich ein

Aspekt der sozialen und kulturellen Annäherung der Ratsoligarchie an höfisch-feudales Verhalten zeigen, in dem sich der eigene Rang über das »Dasein in der Distanzierung und im Glanze des Prestige«[51] ausdrückt.

Städtische Selbstdarstellung nach der deutschen Städtereform und im Kaiserreich

Innerhalb der Stein-Hardenbergschen Reformen in Preußen brachte die 1808 eingeführte Städteordnung[52] für die Städte hinsichtlich Verwaltungsstruktur und Aufgaben bedeutende Veränderungen. Zwei grundsätzlich gleichberechtigte Gremien der Selbstverwaltung werden geschaffen: die Stadtverordnetenversammlung und der Magistrat, dem ein Bürgermeister vorstand. Die Rechtsprechung wurde aus der Stadtverwaltung herausgenommen und in andere Institutionen verlagert.

Mit der Gewerbefreiheit entwickelten sich die produktiven Bereiche, viele Städte erlebten einen wirtschaftlichen Aufschwung und gleichzeitig ein Anwachsen der Bevölkerung. Der Verwaltungsaufwand stieg. Oftmals waren die vorhandenen Rathäuser für die sich differenzierende Verwaltungsarbeit zu klein geworden und das Nachdenken über Umbauten oder Neubauten setzte ein.[53] Die Industrialisierung hatte sich im Laufe des Jahrhunderts durchgesetzt, viele Städte waren aus ihrer ursprünglichen Dimension herausgewachsen, zu Mittel- oder Großstädten geworden.

Mit dem Kaiserreich änderten sich die rechtlichen Voraussetzungen, da die Regelung des Stadtrechts nunmehr den Einzelstaaten oblag. In Deutschland entstanden daraufhin mehr als 30 verschiedene Städteordnungen.[54]

Das 19. Jahrhundert ist gestalterisch ein Jahrhundert der Suche, und das in zweierlei Hinsicht: Parallel zu Industrialisierung und Urbanisierung entstehen nicht nur neue Bauaufgaben, auch schon bekannte müssen den gewandelten Bedingungen angepasst werden. Auswirkungen auf die innere Organisation von Arbeitsabläufen in den Gebäuden sind die Folge. Gleichzeitig steht die Frage nach der Gestaltung der Hülle, der aussagekräftigen und repräsentativen Fassade. Unter wechselnden Kräfteverhältnissen werden verschiedene Stile adaptiert, um zu einem gewünschten baulichen Ausdruck zu kommen.

*Verherrlichung bürgerlichen Lebens
im Zentrum der Stadt – das »Rote Rathaus«
in Berlin*
Zum Zeitpunkt der Städteverordnung verfügt Berlin über ein Rathaus an der Kreuzung Königsstraße/Spandauer Straße. Es stammt im Kern aus dem Mittelalter, hat bereits mehrere Umbauten hinter sich und seine Raumkapazität reicht für die Berliner Verwaltung nicht mehr aus. Der Zustand des Uhrturms auf dem Eckgebäude gibt 1814 Anlass, die Situation zu überdenken. Schinkel, Preußens Denkmalpfleger Nummer eins, legt einen Plan vor, der einen Teilabriss und entsprechenden Neubau vorsieht. Doch ein Blick in die Stadtkasse lässt erkennen, das Unterfangen ist zu teuer, so wandert der Plan in die Schublade. Ein weiterer Vorschlag von 1819 hält einen Turm bereit, der nach Schinkels Ansicht das Gebäude in der Stadt sichtbar machen, das Stadtbild betonen und das Recht eines Rathauses auf einen Turm manifestieren soll. Doch der König will sich an den berechneten Kosten nur mit einer knauserigen Summe beteiligen und die finanzielle Hauptlast auf die Einwohner

abladen, so scheitert auch dieser Plan. Der Turm ist nicht mehr zu halten, so dass 1819 der obere Teil mit der Uhr und 1840 schließlich auch der gesamte Unterbau abgetragen wird. Grundstücksankäufe und ein Gesamtumbau sollen die Raumsituation entspannen. Ein 1852 entworfener Plan von Carl Gustav Holtzmann bringt jedoch keine

Fassadenzeichnung vom Berliner Rathaus, Bereich Jüdenstraße, Architekt Hermann Friedrich Waesemann, 1861–69

Lösung, da der dringend benötigte Sitzungs-saal für die Abgeordneten auf diese Weise nicht zu erhalten ist.

Der Einsicht, ein Umbau führe offenbar nicht zum erwünschten Ergebnis, folgt die Änderung des Konzepts. Nach weiteren Grundstücksankäufen wird nunmehr auf einen Neubau gesetzt.[55] Magistrat und Stadtverordnetenversammlung tendieren nun eher dazu, »statt des mittelgroßen, gerade ausreichenden Rathauses ein monu-mentales Gebäude auch für künftige Genera-tionen zu errichten«[56], was wiederum zum Kauf von Grundstücken führt. Die neue Dimension der Aufgabe, den ersten städti-schen Monumentalbau zu entwerfen, sprengt den Kreis der angestammten, bisher mit den Umbauplänen betrauten Stadt-bauräte. Wie bei großen Projekten zu dieser Zeit üblich, werden Architekturkonkurren-zen ausgeschrieben. Das Rathaus soll inner-halb des Straßengevierts Königs-, Spandau-er, Jüden- und Nagelstraße errichtet werden. Die 1856/57 ausgeschriebene Schin-kelkonkurrenz und die 1857/58 folgende Magistratskonkurrenz[57] tragen den Charak-ter von Ideenwettbewerben, die den Blick für die Konzeption des Baus schärfen. Die Siegerentwürfe der Magistratskonkurrenz, in beinah allen historisierenden Stilarten ein-gereicht, kamen für ein Ausführungsprojekt nicht in Frage, dienten aber als Grundlage für den endgültigen Entwurf.[58] Im Anschluss an die Konkurrenz wird festge-legt, dass die Fassade ein Ziegelrohbau im ›neueren Style‹ sein und im geschlossenen Viereck innerhalb der vorgegebenen Straßen ausgeführt werden soll, mit der Hauptfront

zur Königsstraße, und dass an den drei anderen Fronten auf Zwischengeschosse ver-zichtet werden soll. Von sechs Baumeistern, die aufgefordert werden, sich um diese Auf-gabe zu bewerben, wird vom Magistrat Hermann Friedrich Waesemann ausgewählt, der sich nicht am Wettbewerb beteiligt, aber mit Arbeiten am Schloss ausgewiesen hatte, über genügend praktische Erfahrungen für solch ein Projekt verfügte und nicht zuletzt wohl auch die geringsten pekuniären Forde-rungen stellte.[59] Nach Vertragsabschluss im Mai 1859 legt Waesemann im November die ersten Bauzeichnungen vor.

Auf viereckigem Grundriss erhebt sich ein dreizoniger Ziegelrohbau, dessen Hauptseite durch Mittel- und Eckrisalite betont wird. Das zentrale Portal ist in eine über zwei Geschosse reichende Rundbogennische ein-gebunden, das Berliner Stadtwappen krönt den Mittelrisalit. Die schlanken Ecktürme sind als Uhrtürme ausgebildet. Unverkenn-bar stand hier mit seiner kubischen Gestalt und dem Hauptportal Schinkels Bauakade-mie Pate, aber auch ein Rathausentwurf für Hamburg von Wilhelm Stier scheint ver-wandt zu sein.[60] In seiner Erläuterung zum Entwurf gibt Waesemann zu bedenken, dass für die Frontlänge der Fassade die Breite der Königsstraße keine günstigen Sichtverhält-nisse biete und darum ein Vorplatz sowie das Zurücksetzen des Baus hinter die vorge-gebene Baufluchtlinie sinnvoll wäre. Grund-stücksankäufe in der Nagelstraße wären die Folge gewesen. Skeptisch fordert der Magis-trat ein Gipsmodell, der Vorstellungskraft soll dreidimensional auf die Sprünge gehol-fen werden.

Das Modell tut seine Wirkung, die Diskus-sion brodelt, Einsichten reifen. Um einen Vorplatz zu gewähren, werden die fraglichen Grundstücke der Nagelstraße angekauft, die Straßenkorrekturen vollzogen. Waesemann überarbeitet Grundriss und Fassadenentwür-fe. Die Baudeputation und andere hinzu-gezogene Architekten von Rang stimmen im Juli 1860 den neuen Plänen zu.

Waesemann schlägt nun einen viergeschos-sigen Bau aus Ziegeln und Terrakotta auf rechteckigem Grundriss von fast 100 Metern Seitenlänge vor. Zwischen 1860 und 1869 wird nach Abbruch der alten Gebäude das Rathaus errichtet, dessen Farbe ihm den Namen »Rotes Rathaus« einbrachte. Die Wir-kung des sich horizontal ausbreitenden Baus wird durch einen Außengang über dem unteren Geschoss in der Königsstraße und das umlaufende Hauptgesims verstärkt. Mit schmalen Eckrisaliten und breiten Mittelrisaliten werden die lang gezogenen Straßenfassaden gegliedert. Ecktürme, die die Gebäudehöhe einhalten, betonen zusätz-lich die Mittelrisalite der Hauptseiten (Norden, Osten, Westen). In den Fassaden aus roten Ziegelverblendern kontrastieren graue Gesimse aus Granit. Das Hauptgesims wird von einer Attika aus rosettenförmigen Formsteinen abgeschlossen. Die beiden Repräsentationsgeschosse bilden die durch rundbogige Fensternischen zusammengefas-ste Mittelzone der Fassaden. Ein quadrati-scher Turm von 74 Metern ragt nur wenig von der Hauptfassade zurückgesetzt in die Höhe. Das Rathaus wird als Stadtpalast vor-gestellt, bei dem Motive des Wehrbaus dezent anklingen. So erinnert das Hauptge-sims mit Konsolen und Arkadenfries zwar an einen Wehrgang, doch fehlt ein Zinnen-kranz.

Dass die Fassade in der Königsstraße die Hauptschauseite ist, ist nicht zu bezweifeln. Neben Wappen und Symbolen, die auf Berlin verweisen, sind an ihr die rathaustypischen Elemente Balkon und Turm zu finden. Der Balkon, eingebunden in die Rundbogenni-sche im Mittelrisalit, ist der Ort, von dem traditionell Reden an die Bürger gehalten wurden. Der Turm mit seiner Uhr, der über die Berliner Dachlandschaft ragt, deutet nicht nur auf das zentrale Gebäude der Kommune mit deren wichtigsten Institutionen hin, sondern kündet auch vom Selbstbewusstsein der Bürger in der Residenzstadt der Hohenzollern. Seine stadträumliche Position und die geringe Distanz zum Schloss führt dazu, dass der Rathausbau häufig unweigerlich mit der Schlosskuppel zusammen ins Blickfeld geriet und so schob sich ins Bild der baulichen Inszenierung der Monarchie das der bürgerlichen, städtischen Selbstverwaltung.

Auffällig ist am Bau der überreiche Ornament- und Figurenschmuck, mit dem auf die Bedeutung Berlins hingewiesen wird. Kaum ein Thema wird ausgelassen: Die Geschichte der Stadt und ihre Bedeutung als Gewerbestandort, als Ort des Handels, der Kunst und Wissenschaft werden allegorisch dargestellt und gleichzeitig der Stolz der Bürger auf die Stadt mitgeteilt. Die Darstellungen an den Fassaden sind jeweils einem anderen Aspekt gewidmet: An der Front zur Königsstraße prangt an der Balkonbrüstung das Berliner Stadtwappen der vereinigten Städte Berlin, Cölln, Friedrichswerder, Dorotheenstadt und Friedrichstadt. Reliefs zeigen die geschichtliche und gesellschaftliche Entwicklung der Stadt bis zu den Befreiungskriegen. In den Eckvorlagen des Turms tragen Terrakotta-Reliefs den preußischen Adler, ein Hinweis auf die Stellung Berlins als Hauptstadt Preußens. Zum Thema der Stadtgründung zieren Darstellungen an der Nagelgasse die Fassade. Das wissenschaftliche, wirtschaftliche, politische und kulturelle Leben Berlins im 19. Jahrhundert wird in Reliefs an der Spandauer Straße geschildert. In der Jüdenstraße sind neben Reliefs, die von Sitte und Kultur der Stadtbevölkerung im Mittelalter erzählen, allegorische Darstellungen von

Handel, Schifffahrt, Ackerbau und Schienenverkehr zu finden. Die vier Eckrisalite des Baus zieren Reliefs mit Knabenfiguren und Handwerkszeichen, was an die Bedeutung von Handwerk und Gewerbe »als Eckpfeiler der Berliner Wirtschaft und als wichtigste Steuerquelle«[61] erinnert. Ganz im Sinn von Waesemann ist dann auch der erst 1876–1879 angebrachte Reliefschmuck an den Balkonbrüstungen, die »Steinerne Chronik«, die die Geschichte Berlins von der Gründung bis zur preußisch-deutschen Metropole symbolisiert.[62]

Seit der Fertigstellung des Rathauses ist eine veränderte Haltung der Bauherren zum Gebäude zu bemerken. Die Ausstattung mit Bauschmuck und Skulpturen an der Fassade und mit Gemälden im Inneren trägt wesentlich dazu bei. Wird zur Zeit der Planung noch der praktische Zweck hervorgehoben, wird nach der Einweihung 1870 bürgerliches Selbstbewusstsein betont, der Symbolcharakter des Baus herausgestellt, die Ebenbürtigkeit mit Bauwerken und Denkmalen von Staat und Königtum erklärt. Obwohl seit 1876 auch zwei Herrschergestalten, die Statue Kaiser Wilhelms und Kurfürst Friedrich I., am Portal stehen, »lag die Betonung des Fassadenbildschmucks ... eindeutig auf der Verherrlichung bürgerlichen Lebens, Handelns und Kulturschaffens«[63].

Ziegel als Baumaterial zu verwenden, kam nicht von ungefähr. Es galt als stadtbürgerliches Baumaterial und brachte nicht nur die Nähe zu den mittelalterlichen Bauten Berlins[64], zu Schinkels Bauakademie und zu der nordeuropäischen Backsteinkunst der Hansestädte, es bot auch Abgrenzung zu den Bauten von Staat und Königshaus, die weitgehend aus Werkstein und als Putzbauten errichtet worden waren. Seit den Siebzigerjahren ist freilich der Rundbogenstil von Waesemanns Rathausbau bereits umstritten, ist die Neorenaissance im Vormarsch, die der national orientierten, letztlich deutschtümelnden Stimmung der Zeitgenossen besser Gestalt zu geben vermag.

Ein städtisches Parlamentsgebäude für die Kommune – das Neue Rathaus in Hannover
In den Achtzigerjahren reift in Hannover der Entschluss, ein neues Rathaus[65] zu bauen. Das alte Rathaus aus dem 15. Jahrhundert ist bis 1863 der Verwaltungsmittelpunkt der Stadt. Ein Anbau, bereits zur Jahrhundertmitte angefügt, lindert nur vorübergehend die Raumnot der Verwaltung, so dass ein Gebäudeankauf notwendig wird. Doch auch mit dem Palais Wangenheim, ›Neues Rathaus‹ genannt, reicht die Kapazität bald nicht mehr aus, die städtische Verwaltung braucht ein wirklich neues Haus, und sie gönnt sich einen Monumentalbau, dessen Repräsentationsprogramm ungewöhnlich ist.

Als Bauplatz des Rathauses wird ein zum Park umgestaltetes Areal in der Nähe des Palais Wangenheim gewählt, das dem geplanten Neubau damit schräg gegenüberliegt. Städtebaulich bietet dieser Ort auch andere Vorzüge: Er liegt zentral in der neu angelegten Südweststadt, hat damit zum Altstädter Rathaus im historischen Bereich der Stadt eine gleichwertige Position. Ein Straßendurchbruch ermöglicht, altes Rathaus und Neubau zu verbinden und damit sinnfällig die bürgerliche Herrschaft in Vergangenheit und Gegenwart darzustellen. Auch die Größe des Terrains steht dem Ensemblegedanken nicht im Weg. Die Planung sieht vor, einen städtischen Repräsentationsplatz zu gestalten, der nicht nur vom Rathaus und dem schon vorhandenen Kestner-Museum gebildet werden soll, sondern auch von dem neu zu bauenden Provinzialmuseum und einem anderen Gebäude, wobei eine Schule erwogen wird. Der Gedanke, einen Platz aus der Kombination von Rathaus und repräsentativen Bildungs- und Kulturbauten zu formen, korrespondiert mit

Lageplan des Neuen Rathauses am Maschpark
in Hannover, um 1900

Hannover, Neues Rathaus, Südfassade zum Maschsee,
Architekten Hermann Eggert 1898–1909,
Gustav Halmhuber 1910–13, Aufnahme 1912

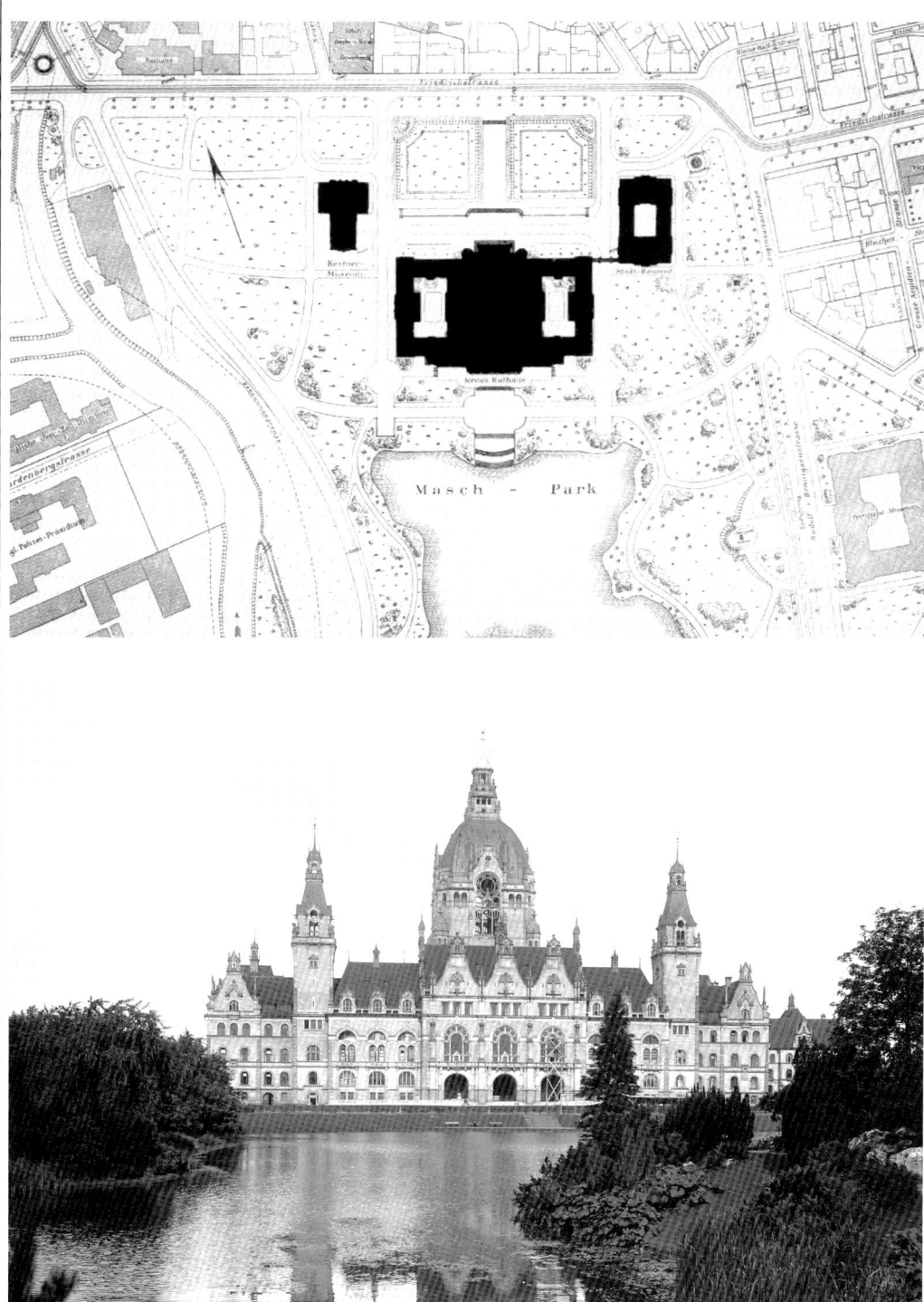

den Aufgaben der Kommune, die auch für die öffentliche Bildung zu sorgen hat. In einem solchen Ensemble konnte sich die Kommune als Macht darstellen, »die Kultur und Geschichte bewahrt, ein Anliegen, das die städtischen Plätze mit den großen fürstlichen und staatlichen Platzanlagen des gesamten 19. Jahrhundert verbindet«[66].

Nach einem Wettbewerb steht 1895 die Platzgestalt fest: Symmetrie heißt die Regel. Dem Rathaus gebührt die zentrale Position. In Richtung Straße wird es vom Kestner-Museum und einem kleineren Verwaltungsgebäude flankiert und im Park erhält es durch die Lage des Provinzialmuseums und des anderen Projekts seine Mittelposition. Auch die direkt auf das Rathaus führende Achse fehlt nicht – aus der Altstadt kommend, trifft sie auf den wichtigsten kommunalen Bau.

Aus dem ersten Rathauswettbewerb 1895 geht Hubert Stier mit einem Entwurf aus einem stilistischen Gemisch von gotischen und Renaissanceformen hervor. In seinem Vorschlag dominiert die Gebäudemitte, die von einem Turm bekrönt wird. Da nach Ansicht des Preisgerichts kein Entwurf dieser Konkurrenz für das Bauprojekt tauglich ist, wird 1896 erneut ein Wettbewerb mit genauer definiertem Raumprogramm ausgeschrieben. Dazu gehört die Auflage, die Ratsstube im ersten Obergeschoss in der Fassade durch eine Loggia oder einen Altan deutlich zu machen und den Bau mit einer Kuppel zu versehen.

Die Bürgerschaft hält den extrem ungewöhnlichen Wunsch nach einer Kuppel für keine gute Idee. Ein Rathaus mit einer Kuppel zu krönen, hieße nach tradierter Erfahrung, den Bau mit fremden Federn – der Kuppel als Zeichen eines Schlosses oder Parlaments – zu schmücken, so, als wolle man

ein Parlament mit dem Turm, dem Symbol
des Rathauses, versehen. Die Forderung ver-
stößt gegen alle Rathaustradition auf deut-
schem Gebiet und bringt den Protest der
Bürger hervor, die für den üblichen Turm
plädieren. Der Magistrat glättet die Wogen
mit dem funktionalen Argument der Licht-
führung im Gebäudeinneren und rechtfertigt
die Kuppel als Zeichen mit einem stadtpoli-
tischen: Das Rathaus soll die Stellung eines
städtischen Parlaments erhalten. Einer solchen Aufwertung kann baulich scheinbar
nur die Kuppel folgen.

Aus den Entwürfen wird der von Hermann
Eggert gekürt und zur Ausführung empfohlen. Eggert schlägt einen reich gegliederten
Bau vor, dessen zwei Hauptseiten unterschiedlich gestaltet sind. In der zur Straße
weisenden Nordfront ist der von Ecktürmen
begrenzte Mittelrisalit vor die Fassade gezogen, vor dem noch ein Portikus steht. Darüber macht eine Laube, die im ersten Obergeschoss befindliche Ratsstube nach außen
kenntlich. Eckrisalite schließen die Fassade
ab. Verzierte Giebel über allen drei Risaliten
vervollständigen das Bild. Nord- und Südseite ist eine Terrasse vorgelegt. Ein dreifach
gegiebelter Mittelrisalit birgt auch auf der
Südseite eine Eingangshalle. Die Festsäle im
ersten Obergeschoss werden durch große
Rundbogenfenster in der Fassade deutlich,
der Saaltrakt von zwei Türme begrenzt.
Übergiebelte Eckrisalite leiten zu den Sei-
tenfronten über. Über diesen groß dimensio-
nierten Bau ragt in der Mitte die Kuppel
auf. Gestalterisch ist sie Amalgam aus Turm
und Kuppel und fand den Beifall auch der
einstigen Kritiker.

Hannover, Neues Rathaus von Norden, Architekten Hermann Eggert 1898–1909, Gustav Halmhuber 1910-13, Aufnahme um 1913

Das von 1901 bis 1913 errichtete Gebäude weicht nur wenig vom Entwurf ab. Ein solcher breit lagernder Rathaus-Koloss in der Provinz im Ausmaß von 129 Metern Breite und 76 Metern Tiefe lässt die Annahme zu, hier wolle die Kommune schon mit dem schlichten Argument der Größe ihre Macht demonstrieren. Verstärkt wird der Eindruck durch die Höhe der Kuppel, die mit 97 Metern die bisherige Dominante der Stadt, den Turm der Marktkirche, überragt. Diesem Aufblähen des Gebäudes über das funktional Sinnvolle und Notwendige hinaus liegt offenbar das Trachten nach einem neuen Wahrzeichen der Stadt zugrunde. Die verwendeten Materialien signalisieren überdies die Repräsentationsabsicht: Kalk und Sandstein in den Fassaden, Kupfer für die Turmhelme, Gold für Kuppeldach und Glockendach der Laube. So viel Prunk und Größenrausch nur, um dem Stadtbild eine Sehenswürdigkeit hinzuzufügen? Wohl kaum. Konkurrenz ist mit im Spiel. König Georg V. hatte sich in den Fünfziger- und Sechzigerjahren des 19. Jahrhunderts an einem Schlossbau versucht, dessen Vollendung aber stecken geblieben war. Es ist anzunehmen, dass sich die Konkurrenz nicht nur zwischen fürstlichem Schloss und bürgerlichem Rathaus entspann, sondern auch eine persönliche Komponente zwischen Hofbaumeister und dem Bauherrn des Rathauses hatte, die Vater und Sohn waren.[67]

Zwei generelle Bezugsfelder lassen sich in dem Bau von Hannover entdecken: das auf die deutsche Rathaustradition und das auf die Schlossgestaltung. Das Anknüpfen an die traditionelle Rathausgestaltung liegt zunächst in der Raumordnung: das Verbinden von Eingangshalle und Ratsstube auf der Nordseite und von Halle und Festsaal auf der Südseite. In der Fassade wird der Bau durch typische Attribute als Rathaus markant: Die Nordseite hält Laube, Uhr und Giebel, die Südseite ebenfalls Uhr, Giebel und die großen, reich geformten Saalfenster bereit. Die zwitterhafte Turm-Kuppel verweist nicht eindeutig auf ein Rathaus, wirkt jedoch als Würdezeichen. Die Stilwahl, ein Mix, in dem deutsche Renaissanceformen gegenüber gotischen und barocken Formen dominieren, war ebenfalls gerichtet. Nicht nur, dass seit ihrer kunstgeschichtlichen Würdigung in den Siebzigerjahren des 19. Jahrhunderts die deutsche Renaissance als nationaler Stil begriffen wurde, auch der historische Bezug war ausschlaggebend. Erinnert werden sollte an die frühe Neuzeit, in der das Bürgertum mächtig und im Bündnis mit dem Kaiser ein starker Widerpart gegen Adel und Klerus war, eine Phase, in der die Freien Reichsstädte ihre hohe Zeit hatten und zur Blüte kamen. Das Bewusstsein vom Abbruch dieser Entwicklung beförderdt die Annäherung an das historische Erscheinungsbild mittels bildhafter Wiederaufnahme von stilistischen und bautypischen Elementen und schafft damit auch einen Zusammenhang mit der Geschichte sowie ein Stück Vergewisserung in ihr und Legitimation durch sie.

Die Schlosskomponente zeigt der Baukörper als Gesamterscheinung, das breite Lagern des Monumentalbaus, die vorgezogenen Mittelrisalite, die Kuppel. Auch die ursprünglich geplante Einbettung des Baus in eine durch ihn bestimmte Symmetrie von Seitengebäuden, die Ausformung eines Ehrenhofs, die Situation als point de vue aus der direkt auf das Gebäude zuführenden Straße und nicht zuletzt die symmetrisch gestaltete Parkanlage, die jedoch in veränderter Form als japanische Gartenanlage ausgeführt wurde, lassen den Schlossbezug anklingen. Die Fassaden der Hauptseiten, die Anordnung von Risaliten und Türmen hier, erinnern an einen Feudalbau, der durch eine ähnliche Fassadengestaltung charakterisiert ist, den Escorial, das Klosterschloss Philipps II. von Spanien. Die Wirkung der Kuppel, die beidseitig durch Türme gefasst wird, fällt als besonders ähnlich auf. Das herrschende und mit der Verwaltung der Stadt betraute Bürgertum verlässt das angestammte Terrain der eigenen, in der Geschichte entwickelten baulichen Inszenierungen und stöbert im Vorrat der feudalen Repräsentation, vertritt auf diese Weise seinen emanzipatorischen Anspruch. Es zeigt sich aber auch – typisch für das 19. Jahrhundert –, dass Formen von ihrem ursprünglichen Bedeutungskontext abgelöst, neu integriert und in einen neuen Sinnzusammenhang gebracht werden. Neben dieser konkreten Ähnlichkeit steckt möglicherweise auch der »Hinweis auf die Tradition der Stadt als fürstliche Residenzstadt..., die Kaiser Wilhelm II. kraft der Verleihung des Titels einer ›Königlichen Haupt- und Residenzstadt‹ im Jahre 1890 zumindest ideell fortleben zu lassen bestrebt war«[68].

Die zusätzliche Bedeutungsebene, die durch die Kuppel am klarsten präsentiert wird, liegt im Bezug zu Parlamentsbauten. Auch die Platzierung der Sitzungssäle der beiden städtische Gremien jeweils seitlich der Kuppelhalle folgt dem Parlamentsprinzip. Das Motiv des Parlamentsbaus als Kapitoltyp wird damit für den Repräsentationsbau der Stadt fruchtbar gemacht.

»Diese dreifache Allusion«, Rathaus, Schloss und Parlament, gab nach Meinung der Verfechter des Projekts »der historischen Situation, der Entwicklung der Stadt und ihrem gegenwärtigen Wesen Ausdruck. Möglicherweise manifestiert sich in der für ein deutsches Rathaus ungewöhnlichen Aufnahme von Architekturformen des Parlamentsbaus der Ehrgeiz des Stadtoberhauptes, ... dem Berliner Reichstag ein städtisches Parlamentsgebäude von ebenso ausgeprägter Eigenart gegenüberzustellen, das zugleich auf die enge Beziehung der Welfenstadt zu England, dem Mutterland der Demokratie, hinweisen könnte.«[69]

Anmerkungen

1 Zur Entstehung der Kommunalpaläste vgl. Paul, 1963, S. 35–40
2 Zur Geschichte der freien Kommunen in Italien vgl. ebd., S. 9–35
3 Braunfels, 1982, S. 15
4 Zum Bauprozess vgl. ebd., S. 199–201
5 Zur Entwicklung der Florentiner Stadtmauern vgl. Braunfels, 1987, S. 47–49
6 Paul, 1969, S. 91–92
7 Paul, 1963, S. 34
8 Moos, 1974, S. 28
9 Ebd., S. 26
10 Zwischen Auflagersystem und Zinnenkranz wurde eine tonnengewölbte Wehrgalerie eingezogen, die in der Fassade durch Rundbogenöffnungen sichtbar ist.
11 Paul, 1969, S. 70–71. Hier ist auch der Verständniswandel der Bauformen nachgezeichnet. Galten sie zur Zeit der Entstehung des Palazzo als Zeichen der Souveränität, begriff sie Alberti als Zeichen der Tyrannen und als reaktionär.
12 Braunfels, 1982, S. 198
13 Paul, 1969, S. 42. Mit dem Turm wurde an einen germanische Wachtturm aus der Völkerwanderungszeit erinnert, der das »älteste weltliche Sinnbild des Staates« bildete. Braunfels, 1982, S. 201
14 Die Via Calzaiuoli sollte als Staatsstraße ausgebaut werden. Es gab ein Reglement für ihre Bebauung. An ihr befanden sich Palazzo Vecchio, Loggia dei Lanzi, Or San Michele, San Carlo, Bigallo, Campanile, Dom. Zur Bedeutung und Entstehung dieser Straße vgl. Braunfels, 1987, S. 51–52
15 Ebd., S. 52
16 Ebd., S. 52
17 Zur Entstehungs- und Baugeschichte vgl. Paul, 1963, S. 265–271
18 Ebd., S. 94
19 Paul, 1969, S. 61
20 Braunfels, 1987, S. 59
21 Paul, 1963, S. 95 und vgl. auch Braunfels, 1982, S. 121/122. Ebd., auf S. 250, ist die entsprechende Bestimmung wiedergegeben

22 Zu nennen sind der Hansetag und Lübecks Rolle als Appellationsinstanz für alle nach Lübecker Recht regierten Städte.
23 Der Bischof »verfügte über keinerlei Rechte innerhalb der Stadt«. Braunfels, 1987, S. 90
24 Schon die romanische Marienkirche übertraf am Anfang des 13. Jahrhunderts in ihren Abmessungen den Dom am Südende der Stadt, wurde aber kurz nach ihrer Vollendung abgerissen, um durch den weit repräsentativeren gotischen Bau ersetzt zu werden. Vgl. Paatz, S. 5/6
25 Gruber, 1952, S. 104
26 Polizeiliche Ratsverordnung
27 Die heutige Ansicht der Schildwand ist eine Rekonstruktion des Jahres 1888, die aber im Wesentlichen den ursprünglichen Zustand zeigt.
28 Bereits ab 1286 besaß der Rat die Patronatsrechte. Er war damit in der Lage, den Pfarrklerus ein- bzw. abzusetzen.
29 Gruber, 1952, S. 104. Der Anbau wird später Kriegsstube genannt.
30 Um zusätzlichen Raum für Kanzleien zu schaffen, wurde nach 1482 noch ein Erweiterungsbau an der Breiten Straße hinter dem Chor der Marienkirche errichtet.
31 Die letzten Anbauten erfolgen: 1570/71 der Laubenvorbau aus Sandstein an der Marktseite, der Erker in der Breiten Straße, 1594 die Treppe zur Kriegsstube. Die Renaissanceformen kontrastieren deutlich zum gotischen Baukörper, schmälern seine monumentale Wirkung jedoch nicht.
32 Ausführlich zur politisch-ökonomischen Situation, zur Sozial- und Stadtgeschichte vgl. Roeck, 1989, 1991
33 Die Gebiete um den Perlachplatz, um St. Moritz und um das Siegelhaus
34 Auch die anderen beiden Areale erhalten ihren Auftakt zur Veränderung durch einen Brunnenbau: 1596/99 wurde der Merkurbrunnen nahe St. Moritz, 1597–1602 der Herkulesbrunnen im Bereich des Siegelhauses errichtet. Nachdem der jeweilige städtische Raum mit diesen Brunnen bedeutungsvoll besetzt war, erfolgte dessen architektonische Umgestaltung.
35 Zur politischen Struktur Augsburgs vgl. Roeck, 1989, S. 239 ff.
36 Aus dem Ratsbeschluss vom 5. Januar: »Mögen also die Herren Bawmeister [diesen Bau] mit Gelegenheit fürnemen vnd befördern und dan dahin bedacht sein, dass der Bawkosten, so vil sein kann, gemeiner armer burgerschafft vor anderen frembden, bey Jzigen teuren leuffen [=Zeitläuften] zu Guetem geraichen möge …«, zit. nach Roeck, 1985/Elias Holl, S. 183 und Inschrift der Grundsteinplatte: »Der Vaterstadt zum Schmuck und um der Not der Werkleute abzuhelfen«, »VRBIS VINDEL. PATRIAE ORNAMENTO ATQVE SVBLEVANDAE OPIFICUM PENVRIAE«, zit. nach Roeck, 1985/Elias Holl, S. 187
37 Roeck, 1989, S. 224
38 In der Planungsgeschichte folgen den Umbauentwürfen die Neubauprojekte, die in Zeichnungen und Holzmodellen überliefert sind.
39 Grundsteinlegung für den Nordflügel. Am 16. Mai 1616 erfolgte die Grundsteinlegung für den Südflügel. Vgl. Darstellung der Bauphasen in Elias Holl und das Augsburger Rathaus, S. 352 und Roeck, 1985/Elias Holl, S. 209
40 Zit. nach Roeck, 1985/Elias Holl, S. 211
41 Michalski, S. 79

42 Ebd., S. 79. Zum Verständnis der positiven Bewertung der Monarchie als bester Staatsform vgl. Roeck 1989, S. 232
43 Vgl. Sutthoff, S. 146
44 Lieb, S. 98
45 Vgl. Michalski, S. 77 ff. Vgl. Roeck, 1985/Elias Holl, S. 220 f., Roeck, 1989, S. 220 ff.
46 Braunfels, 1987, S. 111
47 Vgl. hierzu Roeck, 1991, S, 67 ff., bes. S. 74 ff.
48 Elias, S. 90
49 Roeck, 1989, S. 223. Vgl. auch Peter Steuer (P. S.): Die Auftraggeber des Augsburger Rathauses. In: Elias Holl und das Augsburger Rathaus, S. 303 f.
50 Roeck, 1989, S. 223.
51 Elias, S. 156
52 Auf Berlin bezogen vgl. Clausvitz
53 Zur Bauaufgabe Rathaus im 19. Jahrhundert vgl. Paul, 1982
54 Vgl. Kranz-Michaelis, 1976, S. 9
55 Als 1855 die Entscheidung für einen Neubau getroffen wird, ist die liberale Städteordnung von 1808 durch die von 1853 abgelöst, »welche die ›städtische Freiheit‹ wieder stärker dem bürokratischen ›Obrigkeitsstaat‹ unterordnete«. Schreiber, S. 91/92. Zu den daraus resultierenden Einschränkungen vgl. ebd., S. 92
56 Ebd., S. 95
57 Vgl. Bartmann-Kompa, S. 37–45
58 So wird in den prämierten Entwürfen ein Rathaus mit gotischem Gewand gezeigt, dessen allzu große Nähe zum Kirchenbau kritisiert wird, ein anderes ist mit den Stilformen der italienischen Renaissance verhüllt und gerät damit in eine zu große Ähnlichkeit mit dem Berliner Schloss.
59 Diese Art der Regelung brachte auch Missbehagen auf über den Umgang mit Wettbewerben. Vgl. Klinkott, S. 169
60 Zur Polemik gegen den Entwurf vgl. Schreiber, S. 99/100
61 Bartmann-Kompa, S. 55
62 Zur Ausstattung mit Skulpturen, Bauschmuck und Gemälden vgl. Schreiber S. 114–133
63 Schreiber, S. 121. Seit Mitte der Achtzigerjahre allerdings rückt die Darstellung von Reich und Kaisertum bei der Innenausstattung in den Vordergrund. Vgl. Anm. 62
64 Auf die ambivalente Haltung zur mittelalterlichen Geschichte Berlins und zu den Bauten aus dieser Zeit, so zur Gerichtslaube, vgl. Schreiber, S. 112–114
65 Ausführlich zum Rathausneubau in Hannover Kranz-Michaelis 1974, 1976, 1982
66 Kranz-Michaelis, 1974, S. 191
67 Heinrich Tramm war Stadtdirektor in Hannover und unter seiner Leitung überwachte ein einberufener Bauausschuss den Verlauf des Rathausbaus. Er nahm somit die Rolle des Bauherrn ein. Sein Vater Christian Heinrich Tramm hatte für den Welfenkönig Georg V. dessen Schloss als Hofbaumeister entworfen und weitgehend ausgeführt. Vgl. Kranz-Michaelis, 1976, S. 41
68 Kranz-Michaelis 1974, S. 202
69 Ebd., S. 202

Inszenierungen
der Kirche

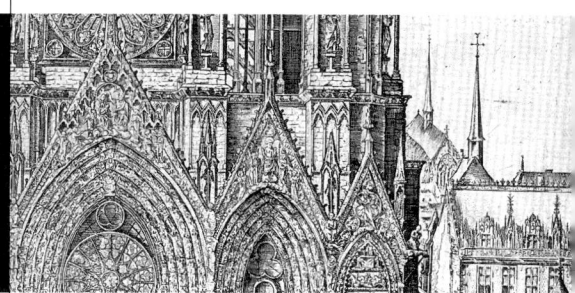

Mittels sakraler Gebäude repräsentiert
die Institution Kirche baulich ihre Macht.
Kathedralen mit der Funktion als Bischofs-
kirche kommt hierbei eine herausgehobene
Position zu. Ihre Gestaltung bedient nicht
nur allgemeine Repräsentationsansprüche,
sondern an der Fassade wird häufig auch
auf spezifische Funktionen der Kathedrale
verwiesen, auf konkrete Verhältnisse
reagiert oder mit dem Bau der Ehrgeiz der
Bauherrn befriedigt.

Umgebung der Kathedrale von Reims um die Mitte
des 17. Jahrhunderts. Diese Situation blieb im
Wesentlichen bis zur radikalen Umgestaltung
des Kathedral-Umfeldes im 18. Jahrhundert erhalten.
Ausschnitt aus dem unten abgebildeten Vogelschauplan
von Matthäus Merian

Kathedralen

Zur Zeit der Entstehung der Kathedralen von
Reims und Albi war der Sakralbau die vor-
nehmste Bauaufgabe. Kathedralen waren im
mittelalterlichen Stadtraum das religiöse
und kultische Zentrum. Vermittelt wurde
diese Bedeutung durch ihre Lage in der
Stadt, das Aufstreben der Türme und das
Ausmaß des Baukörpers – auch im Vergleich
zu den umgebenden Bürgerhäusern. In die
städtische Öffentlichkeit brachten die
Kathedralfassaden ein neues Moment hinein:

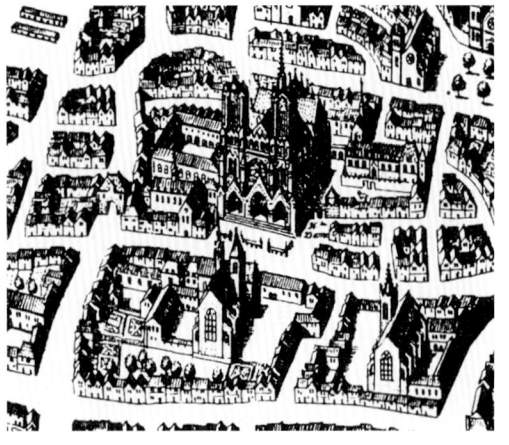

Sie wurden zu Trägern von Figurenensem-
bles, die bestimmten ikonographischen
Programmen folgten, und damit zu Darstel-
lungswänden kirchlicher Lehren. Statuen-
folgen von Heiligendarstellungen und Reliefs
mit religiösen Themen an Fassaden und
Portalen geben noch heute Auskunft über
das Welt- und Geschichtsbild der Zeit. Mit
der Herausbildung der Fassade als Schau-

Vogelschauplan von Reims,
Kupferstich von Matthäus Merian

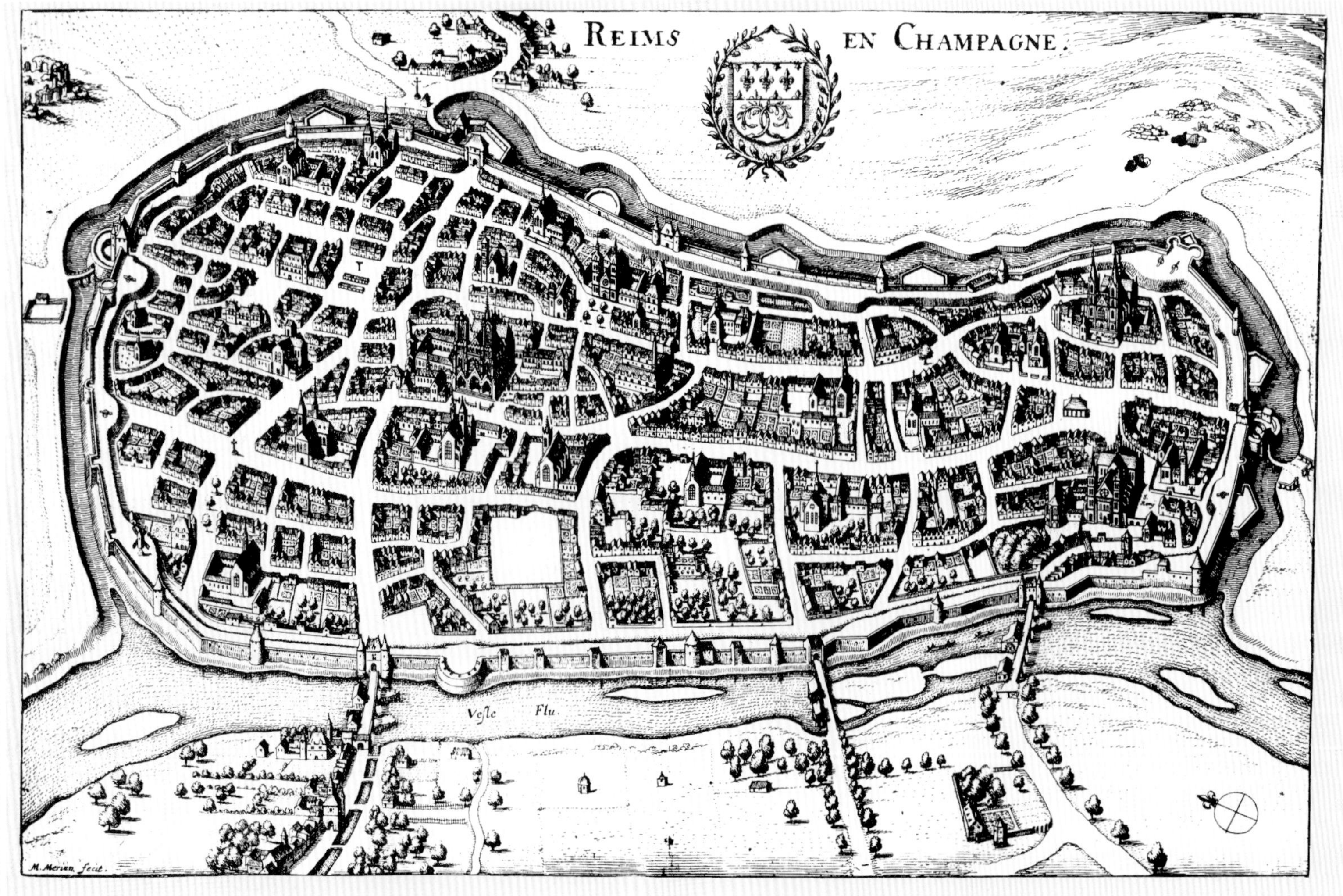

REIMS EN CHAMPAGNE.

Vesle Flu.

M. Merian fecit.

wand vollzog sich die Anerkennung des Betrachters. Galt die Kathedrale als Sinnbild des Himmlischen Jerusalem, stand die Westfassade unter »dem Leitgedanken der ›Porta coeli‹«[1] und deren Portale bildeten eine Synthese von Triumphbogenmotiv und Stadttor. Mit den Königsgalerien an den französischen Kathedralen wurden nichtchristliche Themen hinzugefügt, mit denen die politische und sakrale Tradition des Geschlechts der Kapetinger aufgezeigt wurde.[2] Königlicher Anspruch und Reichsidee wurden auf diese Weise mit der Kathedrale veranschaulicht.

Die Kathedrale von Reims, ab 1211 im Kronland erbaut, gehört wegen ihrer Gestalt und der politischen Funktion zu den bedeutendsten Sakralbauten Frankreichs in der Zeit zwischen 1180 und 1270. Im kunstgeschichtlichen Urteil wird diesem Bau unter den klassischen französischen Kathedralen »so viel baukünstlerische Vollkommenheit in der Abgewogenheit aller Formen zum Ganzen, in der Durcharbeitung der Aufrissgliederung, im Glanze ihrer Außenansichten, in der Bildung des Strebewerks, in der großartigen Konzeption ihrer Fassaden wie schließlich in ihrem skulpturalen Schmuck in den Portalen« beigemessen, »dass man ihr den Rang einer ›Königin‹«[3] zuerkannt hat. Ihre politische Bedeutung resultierte aus der Funktion als Krönungskirche. Dieses Privileg war jedoch nicht unangefochten. Es musste verteidigt werden. Ein wichtiges Instrument hierbei war die Legendenbildung und deren Verbildlichung am Bau. In der Konkurrenz zur Kathedrale von Sens diente in Reims bereits am Ende des 9. Jahrhunderts die Legendenbildung über den Heiligen Remigius dazu, den Status als Krönungskirche zu behaupten. Auch das Deponieren von Reliquien und deren Einbinden in einen

Kult waren ein nachdrückliches Mittel, um Vorrangstellungen zu befestigen oder infrage zu stellen. So geschehen in der Auseinandersetzung mit Saint Denis[4] bei Paris. In all diesen Auseinandersetzungen konnte sich Reims letztlich behaupten und blieb die Krönungskathedrale bis zur letzten französischen Königskrönung von Karl X. im Jahre 1825.[5]

Westfassade der Kathedrale von Reims, Kupferstich von Edme Moreau, 1625, nach einer Zeichnung Jacques Callots

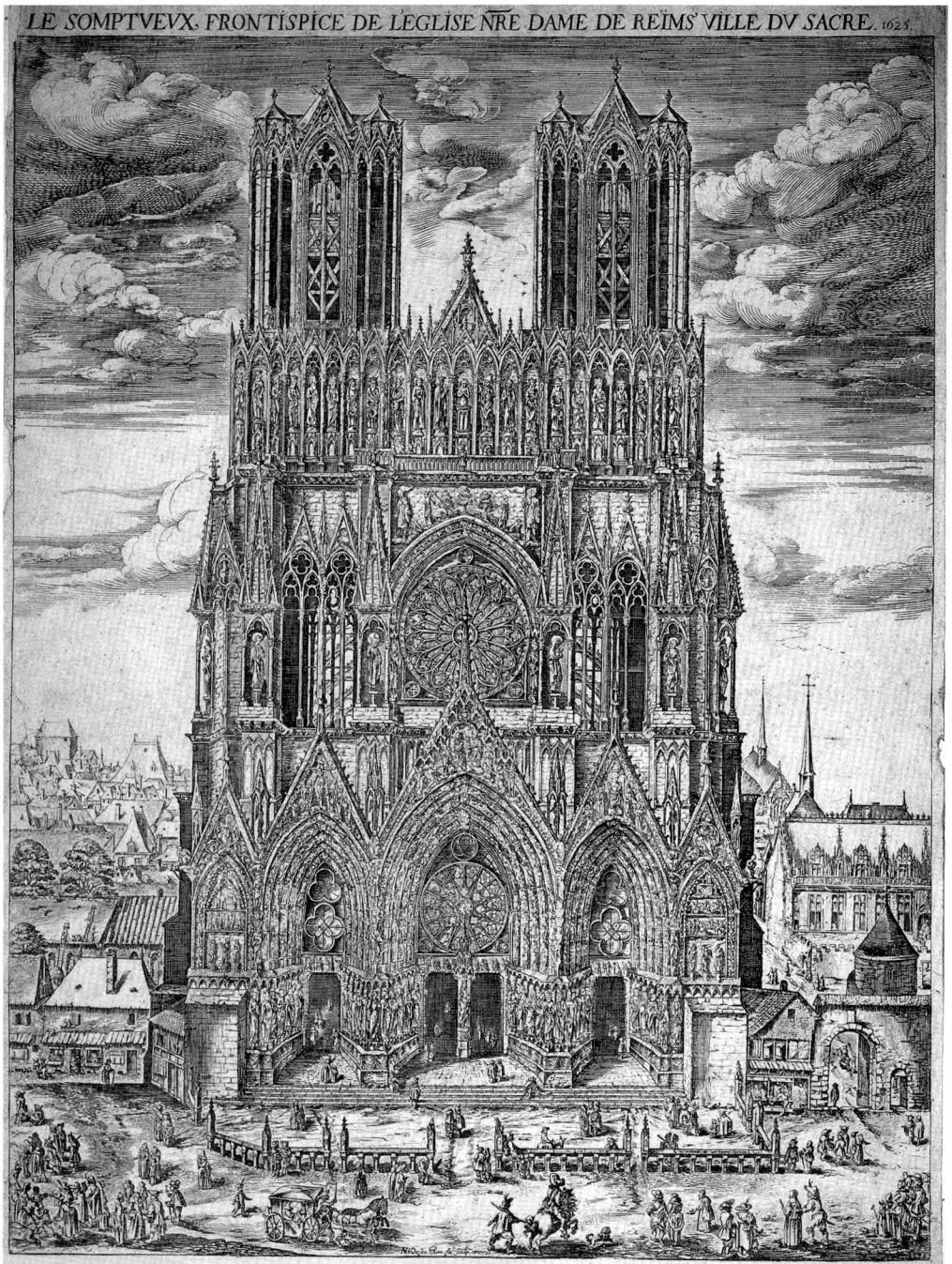

LE SOMPTVEVX. FRONTISPICE DE LEGLISE NRE DAME DE REIMS VILLE DV SACRE. 1625.

Reims, Kathedrale Notre Dame,
Westfassade mit dem mittleren Portal als Königseingang,
Baubeginn 1211

Beeinflusste die Konkurrenz um Privilegien und Vorzugspositionen zwischen den Kathedralen im Kronland das ikonographische Programm und die Baugestalt der Reimser Kathedrale[6], so wirkten sich die Kämpfe zwischen Inquisition und Katharern, wenn auch nur vermittelt, gestaltgebend auf die Kathedrale von Albi aus. Die Stadt Albi, im Languedoc gelegen, war Teil dieses südlichen, kulturell entwickelten Gebiets, das ursprünglich nicht zum Kronland gehörte und erst nach der Niederschlagung der Albigenserbewegung angeeignet wurde.

Der Kathedrale von Albi kann weder eine künstlerische Prachtentfaltung am Äußeren noch eine politische Funktion bescheinigt werden, die einen Vergleich mit der Kathedrale von Reims erlaubte. Erbaut ab 1282, nach der Niederschlagung der Häretiker-Bewegung, strahlt ihr bildloses Äußeres eine abgeschlossene Wehrhaftigkeit aus, die festungsartig abweisend wirkt. Ihre dennoch beeindruckende einzigartige äußere Gestalt und deren Ausdruck sind nicht von den religiös-sozialen Kämpfen im zeitlichen Umfeld ihrer Entstehung zu lösen und auch nicht ohne lokale Vorbilder zu erklären. Die Machtposition der Kirche als Institution verkörpert sich in Albi geradezu in einem Bollwerk, das im wörtlichen wie im übertragenen Sinn Uneinnehmbarkeit und Widerstand symbolisiert.

Über Jahrhunderte ist die Kirche St. Peter in Rom die unantastbare, heilige Stätte der Christenheit. Ab 326 wird die Basilika mit ihren gewaltigen Ausmaßen unter Kaiser Konstantin und Papst Silvester I. als Grabeskirche für den Apostel Petrus errichtet. Kein Gedanke gilt ihrer Veränderung, ihr Abbruch scheint ein Sakrileg zu sein. Der Kirche, die dauerhaften Bestand zu haben schien, widerfuhr jedoch ein Schicksal – vorangetrieben seit dem 15. Jahrhundert vom Repräsentationsehrgeiz der Päpste und ermöglicht durch die weit gespannten Pläne der Architekten –, das sie Schritt für Schritt dem Abbau preisgab und aus dem sich mit neuem Glanze die heutige St. Peterskirche erhob.

Krönungskathedrale der französischen Könige – Reims
Das Erlebnis der frei stehenden und uneingebauten Kathedrale, die dem heutigen Besucher einen Umgang entlang ihrer Mauern gewährt, bei dem ihm ihr Ausmaß bewusst wird, Strebewerk, Maßwerkfenster, Portale und Figurenprogramme auffallen, hat nichts mit der Präsentation und Wahrnehmung zur Zeit der Entstehung der Kathedrale zu tun. Ursprünglich war es nicht möglich, dem Bauwerk bis auf Tuchfühlung an drei von vier Seiten nahe zu kommen, denn die Kathedrale war eingebaut und der Eintritt durch die verschiedenen Portale streng geregelt und damit auch, wer was wahrnahm.

Für alle Betrachter gleichermaßen zeigte sich die Kathedrale der mittelalterlichen Stadt aus der Fernsicht als dominantes Gebäude, quasi als Stadtkrone. Im Gegensatz dazu waren große Teile der unteren Kathedralzone durch die dichte umgebende Bebauung bis zum 18. Jahrhundert der Sicht verborgen. Ähnlich wie an der noch heute durch die ehemaligen Gebäude des Erzbischofs[7] umstellten Südseite, lag an der Nordseite die umfangreiche Anlage der Chorherren, das Kapitel, an.[8] Dem Bischofs- und

Chorherrenbereich waren jeweils eigene Portale zugeordnet, die den Anliegern vorbehalten waren und ihnen erlaubten, ohne Umwege die Kirche zu betreten. Die westliche Portalzone der Kathedrale war durch Schranken abgetrennt, auf dem Kirchplatz davor wurde Markt abgehalten und hinter dem Kathedralchor schloss eine Mauer den erzbischöflichen Bezirk ab. Diese räumliche Figuration, die die Zugänglichkeit zur Kathedrale differenzierte, war bestimmend für deren Wahrnehmung.

In ihrer Funktion war die Reimser Kathedrale Krönungskirche der Kapetinger. So verwundert es auch nicht, wenn bereits am Außenbau alle Register gezogen werden, diesen Anspruch bildhaft deutlich zumachen. Den Portalen kommt hierbei als Vermittlungszone zwischen Außenraum und Kircheninnerem eine besondere Rolle zu. Sie bilden eine Schwelle, an der der Besucher auf den Eintritt in den Sakralraum vorbereitet wird. Dabei erinnert die bildhafte Gestaltung die Passierenden an die Personen und ihre Taten, auf die sich der Krönungsanspruch bezieht. Doch nicht allen Eintretenden wird dasselbe Bildprogramm vorgesetzt, sondern differenziert nach den Nutzern der Portale erfolgt die Szenenwahl. Gestaltung, Ausdruck und Lage der Portale deuten außerdem auf den räumlichen Funktionszusammenhang mit dem Kircheninneren hin. Für die hier verfolgte Thematik werden West- und Nordfassade relevant.

So prächtig wie die Westseite ist keine andere Seite ausgestattet. Ihre drei Portale bilden eine herausgehobene Eintrittszone. Die breite Treppe vor ihnen, die zur Mitte aufgestaffelten Giebel, der gleichartige Schmuck der Tympana mit Maßwerkfenstern lassen die Portale als zusammengehörig erkennen. Nicht ins Sockelgeschoss eingebunden, liegen die Portale vor dem Strebewerk und bilden somit einen eigenen räumlichen Verbund. Die beiden seitlichen Blendgiebel haben keine gemeinsame Flucht mit den dahinter liegenden Strebepfeilern. Aus dieser

Gestaltung heraus, die die Portale räumlich, optisch und ikonographisch zusammenfügt, »wird die Portalanlage als ein vor der Fassade stehender Triumphbogen interpretierbar«[9]. Sowohl Gestaltung als auch Funktion lassen die Westseite, insbesondere durch die Portale, zu der bedeutendsten der Kathedrale werden: Denn schritt der König zur Krönung, nahm er seinen Weg durch das mittlere Portal der Westseite.

In der Vertikalen gibt die Achse vom Mittelportal bis zur Königsgalerie über dem Rosenfenster ikonographisch die wichtigsten Verweise auf die Funktion als Krönungskirche. Das mittlere Portal, das zum Hauptaltar führte, wird zunächst durch seine Größe und die Marienfigur am Trumeau hervorgehoben. Im Gewände zur Linken der gekrönten Maria stehen die Verkündigungs- und die Heimsuchungsgruppe, rechts die Darbringung im Tempel. Flankiert werden diese Szenen an den Übergängen zu den Seitenportalen durch alttestamentliche Gestalten: Salomo und David, einen Propheten und die Königin von Saba. Der Türsturz trug ursprünglich ebenfalls Szenen aus dem Marienleben. In der Giebelspitze wird die Marienkrönung gezeigt. Über dem Rosenfenster zieht sich die Königsgalerie entlang mit der Taufe und Salbung Chlodwigs durch den Reimser Bischof Remigius in der Mitte. Die beiden Legenden[10] um Chlodwig und um Remigius, deren Inhalte von eminenter Wichtigkeit für die Position der Reimser Kathedrale waren, werden an exponierter Stelle präsentiert. In dieser Achse von christlichen und nichtchristlichen Motiven wird die geschichtliche

Legitimation der Kathedrale als Krönungsort und die besondere Stellung der Reimser Erzbischöfe bildlich dargestellt. Denn außer dem Erzbischof hatte nur der Papst das Recht, den König zu krönen. Hauptportal und Fassade stimmen auf die Krönungsprozedur ein, nehmen bildhaft ihre Schritte vorweg und bedeuten den historischen Rahmen. Wird mit den Szenen aus dem Marienleben der Adventus des Herrn bildlich dargestellt und mit den alttestamentlichen Figuren ein

typologischer Bezug zu Christus hergestellt, erfolgen die Verweise auf die jüngste Königstradition und den Krönungsort in der Königsgalerie. »Ankunft und Empfang am Portal, Salbung und Krönung am Hauptaltar, Eintreten in die alttestamentliche Königstradition: Das sind die Stichworte, die diese Auswahl und Zusammenstellung biblischer und nicht-biblischer Szenen und Gestalten im Hinblick auf die zeremonielle Veranstaltung bestimmen.«[11]

Im Gegensatz zu der prächtigen Portalzone im Westen weist die Südseite des Querhauses, die Bischofsseite, nur zwei äußerst schlichte, schmucklose Eingänge auf. Im Nordquerhaus jedoch sind die drei Zugänge

für die Kanoniker ungleich aufwendiger gestaltet. Der niedrigste und schmalste Eingang im westlichen Querschiff ragt über das Sockelgeschoss hinaus, sein Tympanon zeigt eine thronende Madonna mit Kind. Die beiden anderen Portale sind davon verschieden.

Reims, Kathedrale Notre Dame, Königsgalerie an der Westfassade mit Darstellung der Taufe des Frankenkönigs Chlodwig durch den Reimser Erzbischof Remigius in der Mitte

Sie schneiden höher und breiter in die Fassade ein, haben einen Teilungspfosten unter dem Türsturz, Gewände und Tympana tragen Skulpturen. Diese repräsentativen Portale sind thematisch ausgelegt. Das mittlere Portal zeigt Bischofslegenden, das östliche ist als Gerichtsportal gestaltet. Der Sinn der Anordnung der beiden Themenportale wird

Reims, Kathedrale Notre Dame, *Marienkrönung in der Giebelspitze des mittleren Westportals*

aus ihrer Lage zu den umgebenden Gebäuden[12] und zum Kircheninneren plausibel. Gerichtsportal und Bischofsportal stehen in einem typologischen Zusammenhang. Dies wird formal deutlich in der Anordnung der Figuren und deren Interpretation in typologischer Entsprechung. Beim Gerichtsportal stehen im Gewände Apostelstatuen, von denen Paulus und Petrus den Mittelpfosten mit der Christusfigur flankieren. Szenen des Weltgerichts sind am Türsturz und im Tympanon dargestellt. Im mittlerem Portal, dem Bischofsportal, ist am Trumeau ein Papst und ihm zur Seite im Gewände sind die Reimser Bischöfe Remigius und Nicasius figürlich gefasst. Im Tympanon und am Tür-

Nachfolgende Seiten
Reims, Kathedrale Notre Dame, Bischofsportal an der nördlichen Querhausfassade, historische Aufnahme

Reims, Kathedrale Notre Dame, Gerichtsportal an der nördlichen Querhausfassade, historische Aufnahme

sturz sind die Heiligenlegenden dargestellt. Die Anordnung der Figuren und Szenen entspricht auf diese Weise der im Gerichtsportal. Im mittelalterlichen typologischen Denken wurden die Reimser Bischöfe als Nachfahren der Apostel und ihrer Taten gedeutet, sie wurden »als Vollender des apostolischen Auftrags vorgestellt. Ihre Repräsentation vergegenwärtigte den Kapitelangehörigen den hohen Rang des Reimser

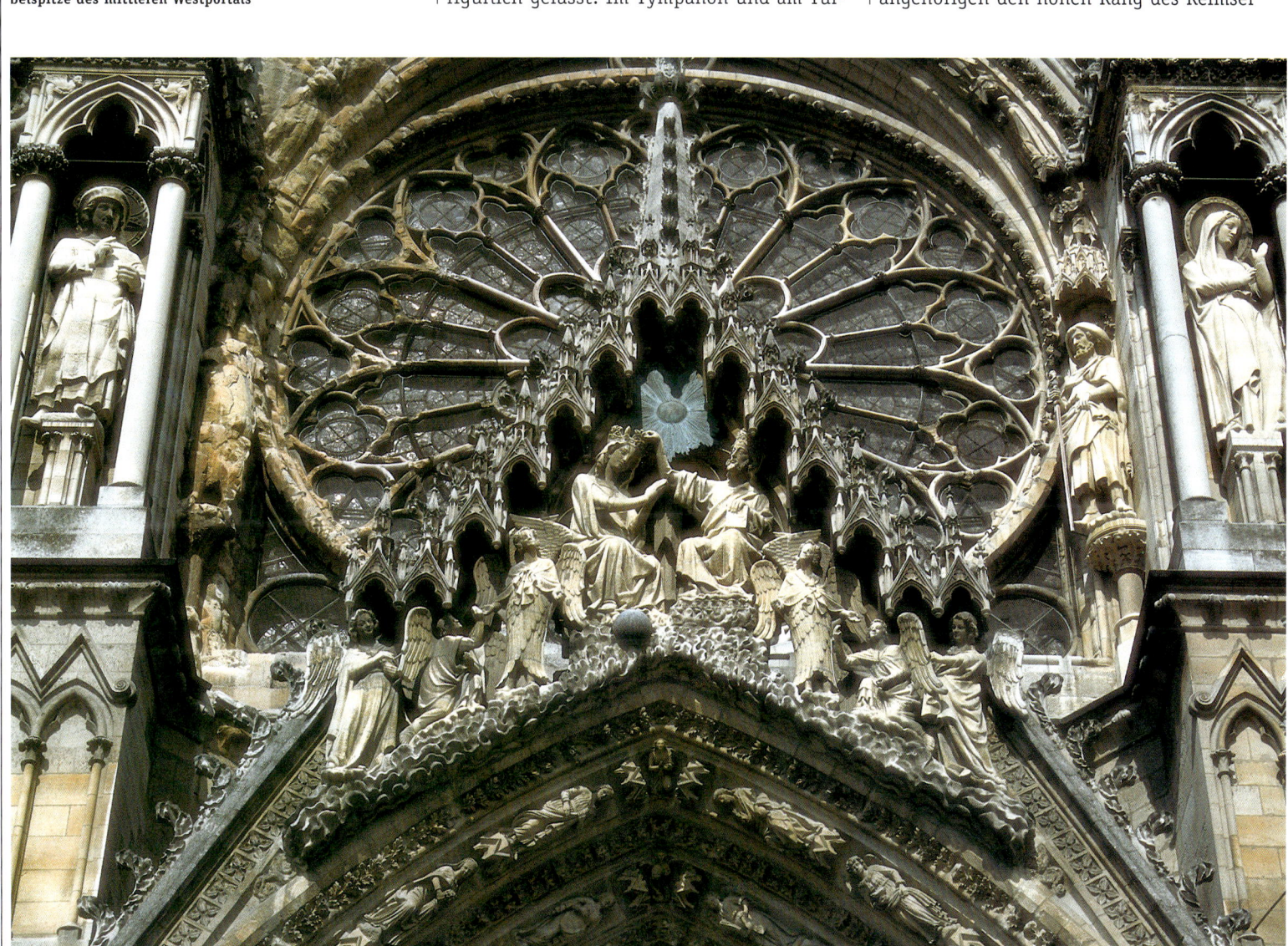

Bischofsamtes in doppelter Weise: in unmittelbarer Nähe zum Papsttum einerseits und zum urchristlichen Auftrag andererseits. Eine Aufgabe des Kapitels in diesem Zusammenhang bestand darin, bei Vakanz den Nachfolger auf dem Bischofstuhl zu bestimmen.«[13] Neben dieser Bedeutung hatten die beiden alten Bischöfe Remigius und Nicasius eine konkret für Reims noch viel substanziellere Wesentlichkeit. An ihre Taten[14] war die Legitimation von Reims als Krönungskirche geknüpft und die bildliche Darstellung hielt die Erinnerung daran wach. Die Darstellung eines Papstes am Stützpfosten kann zweifach interpretiert werden. Zum einen wird die Figur als Papst Calixtus gedeutet, dessen Gebeine in der Kathedrale lagen, zum anderen als "Sinnbild päpstlicher Autorität«[15], die in Reims mit dem Wirken mehrerer Päpste verbunden war. Hierzu zählt unter anderem die Vergabe des Rechts, die Königin zu krönen, durch Papst Urban II., der aus Reims kam.

Das Interesse der Bauherren – das sind der Erzbischof und das Kapitel –, den Status der Krönungskirche festzuhalten und unanfechtbar zu machen, zeigt sich an der Fassade in der Wahl der Bildprogramme. »Die steinernen Bildwerke interpretieren und verbürgen, was die auf Tradition beruhenden Zeremonien und Rechtsakte jeweils aktuell einlösen. Der Realitätsgrad der durch sie verbildlichten Inhalte wurde in einer auf Mündlichkeit und sinnliche Zeichen bauenden Kultur sicherlich höher veranschlagt als der schriftlicher Dokumente.«[16]

Bollwerk gegen Ketzer – Albi

Ein sich nach oben stufenförmig verjüngender roter Backsteinturm ragt mit wuchtiger Masse 110 Meter über den Fluss Tarn. Er scheint der Donjon einer Festung zu sein. Abwehrend stellt er sich in den Weg. Kein Portal gewährt Einlass in den quadratischen Turm. Kein Bildwerk, keine Statue zieht den Besucher an, fordert zum Dialog auf. Abwehr ist das Thema, das hier verkörpert ist. Auch der Gesamtbau schließt sich ab. Rote Ziegel umspannen ihn undurchlässig bis zur halben Höhe, ehe schmale Maßwerkfenster die Wand durchbrechen. Die Wand ist nicht nur gemauert, sie ist Mauer. Im Sockelbereich ist sie nach außen gestellt, gleich einem Wall. Jedoch verweigert sich hier keine Festung der Zudringlichkeit unliebsamer Besucher. Diesen »vorherrschend festungsmäßigen Charakter«[17] zeigt eine Kathedrale in ihrem Außenbau.

In einer Zeit immer noch schwelender Konflikte zwischen den Katharern und der offiziellen Kirche, der Anfechtung kirchlicher Lehren durch die Häretiker und deren grausamer Verfolgung durch die Inquisition, wurde auf Initiative des Bischofs von Albi 1247 damit begonnen, die Idee eines Kathedralneubaus auch hinsichtlich der finanziellen Seite sicherzustellen. Am Neubau wurde ab 1282 gearbeitet. Den Grundstein legte der Großinquisitor des Languedoc und Vizegeneralinquisitor von Frankreich, einer der bestgehassten Männer des Languedoc, der Bischof von Albi, Bernard de Castanet. Gleichzeitig mit dem Kathedralneubau und in dessen unmittelbarer Nähe begann der Bau des Bischofspalasts, eines Ensembles mit gleichem wehrhaften Ausdruck. Geweiht wurde die Kathedrale 1480, ihre Baugeschichte reicht allerdings bis ins 19. Jahrhundert[18]. Zu den wichtigsten Veränderungen am mittelalterlichen Außenbau, damit für die Gestaltwahrnehmung, zählen der Anbau des Baldachins vor dem Südeingang, geschaffen zwischen 1519 und 1535, und der Dachabschluss aus dem 19. Jahrhundert.[19]

Der wehrhafte Charakter der Kathedrale wird durch die Geschlossenheit des Baus und durch die gemauerte Ziegelfassade erweckt. Die Fassade assoziiert durch Material, Unzugänglichkeit, Kompaktheit und durch das Vorstehen im Sockelbereich die Vorstellung einer Mauer, die schützt und verbirgt. Der Wille zur Sicherheit bezieht auch die angreifbarste Stelle ein: das Portal. Konsequent ist es vom Bodenniveau abgehoben und erst nach dem Aufstieg von 51 Stufen zu erreichen. Direkt an der Südseite zieht sich diese Treppe entlang, die selbst wiederum durch ein Tor zu begehen ist. Auch hier kein sinnenfroher, einladender Empfang, dafür deutliche Zeichen der Wehrhaftigkeit. Das Tor lehnt sich mit einer Seite an die Kirche und wird auf der anderen durch einen Treppenturm flankiert. Der obere Abschluss, ein mit Zinnen bekrönter Wehrgang, versehen mit Maschikulis, ist nicht zu missdeuten.

Strebepfeiler, gewohntermaßen raumgreifende Bauglieder, spreizen sich nicht vom Baukörper ab. Im Gegenteil, sie entwickeln sich erst aufstrebend aus dem oberen Bereich des Sockels und sind in die Außenwand halbrund eingezogen. Zwischen den Strebepfeilern liegen die schmalen Maßwerkfenster. So wird die Wand zwar modelliert, bleibt aber flächig bei betonter Vertikalität. Der Verzicht auf Vielfalt und Detailreichtum bei den verwendeten Fassadenelementen brachte klare, monumentalisierte Formen hervor, die den Mauereindruck der Fassade, damit den wehrhaften Ausdruck unterstützten.

Das Motiv des Donjon wird zweimal assoziiert: im Westen durch den gewaltigen portallosen Turm, »der sich wie ein Bollwerk erhebt«[20] und dessen abgerundete Strebepfeiler seine Monumentalität verstärken, und im Osten durch das Äußere der Apsis, die, axial betrachtet, sich als polygonaler Donjon präsentiert. Mit dem aus der Burgenarchitektur stammenden Turmmotiv wird deutlich ein Wehrwille zum Ausdruck gebracht, der durch den Westturm weit über die Stadt hin sichtbar war, aber auch ins Stadtgebiet wirkte.

Albi, Kathedrale Sainte Cécile, Ansicht von Norden über dem Tarn, Grundsteinlegung am 15. August 1282 durch Bischof Bernard de Castanet. Links im Vordergrund die Mauer der Wallanlage, dahinter hochaufragend der kompakte Baukörper des Bischofspalais

Der Grund für die an der Kathedrale zu beobachtende Verschmelzung von Elementen der Wehrarchitektur mit denen der Sakralarchitektur ist nicht mehr aus konkreten Erfordernissen oder Ereignissen abzuleiten. Dennoch lässt der auf Verteidigung angelegte Zugang nicht nur auf die symbolische Interpretation der Kirche als Festung schließen, sondern einen praktischen Sinn annehmen. Der Hauptkonflikt zwischen Häretikern und Inquisition und die Erfahrungen mit der blutigen Realität dieser Auseinandersetzung[21] sprechen dafür, diese Verhältnisse als Matrix für die Kathedralgestalt aufzufassen. Die spezielle Funktion und das umstrittene Ansehen des Bauherrn sowie die Gestaltähnlichkeit des bischöflichen Palasts

mit der Kirche verdichten den Schluss, dass die wehrhafte Gestalt der Kathedrale nicht nur einen sicheren Ort symbolisieren, sondern dass sie tatsächlich ein solcher sein sollte. Mit der Kathedrale, insbesondere in ihrer äußeren Gestalt, wurde ein Monument gesetzt, das darüber hinaus die offizielle kirchliche Ordnung als sicher, wehrhaft und unantastbar symbolisiert. Gleichzeitig schwingt in der Gestalt wohl ein Bedürfnis nach Selbstbefestigung mit.

Albi, Kathedrale Sainte Cécile,
Fassadendetail an der Nordseite

Albi, Kathedrale Sainte Cécile,
Ansicht des Chors

Albi, Kathedrale Sainte Cécile,
der 78 Meter hohe Glockenturm

Albi, Kathedrale Sainte Cécile,
Fassadendetail am Übergang zum Chor

Albi, Kathedrale Sainte Cécile, Ansicht einer Seitenfassade auf Straßenniveau. Die Fenster beginnen erst in einer Höhe von 20 Metern

Albi, Kathedrale Sainte Cécile, Tor, errichtet von Dominique de Florence 1392–1410. Es wurde in die heute nicht mehr vorhandene Stadtmauer gebrochen wurde, von der noch der seitliche Turm stammt

Albi, Kathedrale Sainte Cécile, Fassadendetail von der Südseite

Albi, Kathedrale Sainte Cécile, Ansicht eines der vier Ecktürme des Glockenturmes auf Straßenniveau

Zentrum der Christenheit – St. Peter in Rom
Wer heute auf dem Petersplatz in Rom steht, umfangen vom Rund der Kolonnaden, den Blick auf Fassade und Kuppel von St. Peter gerichtet, wird dieses Raum- und Architekturgebilde als Einheit wahrnehmen. Kaum wird sich der Betrachter vergegenwärtigen, dass St. Peter, die bedeutendste Kirche der katholischen Christenheit, in ihrer gegenwärtigen Erscheinung das Ergebnis eines 174 Jahre währenden Prozesses des Auf-, Ab- und Umbaus ist hervorgegangen aus immer neuen Bündnissen des jeweils herrschenden Papstes mit seinem auserwählten Architekten, wobei kaum an konzeptionelle Vorgaben oder bereits errichtete Bauteile angeknüpft wurde.[22] Am Anfang der Veränderungen, die Alt-St. Peter erfahren sollte, steht Papst Nikolaus V. (Pontifikat 1447–55) mit seinem Bauprojekt und dem Ausspruch: »Hätten Wir Alles, Kirchen und andere Bauten, vollenden können, wahrlich Unsere Nachfolger würden mit größerer Verehrung aller Christenvölker angebetet werden und sicherer vor inneren und äußeren Feinden in Rom wohnen. Also nicht aus Ehrgeiz, aus Prachtliebe, aus leerer Ruhmsucht und Begier, Unseren Namen zu verewigen, haben Wir dieses große Ganze von Gebäuden angefangen, sondern zur Erhöhung des Ansehens des apostolischen Stuhles bei der ganzen Christenheit, und damit künftig die Päpste nicht mehr vertrieben, gefangen genommen, belagert und sonst bedrängt werden möchten.«[23] Ihr Ende finden die Baumaßnahmen mit der Platzgestaltung vor Neu-St. Peter unter Papst Alexander VII. (Pontifikat 1655–67). Nicht immer sind die Ambitionen der Päpste so auf die Ehre Gottes orientiert, wie es Nikolaus V.

formuliert. Häufig frönt die päpstliche Baulust auch pur dem eigenen Ruhm, versucht im Übertrumpfen die Vorgänger auszustechen, aus ästhetischen Argumenten Kapital für die persönliche bauliche Inszenierung zu schlagen.

Die äußeren Bauelemente, die den Betrachter heute beeindrucken, sind schon genannt: die Kuppel Michelangelos, die Fassade Madernos und die Kolonnaden Berninis auf dem Petersplatz. Die Kuppel, unter der das Petrusgrab liegt, beherrscht mit ihren 132 Metern Höhe die Silhouette der Stadt; aus der Ferne ist sie eindrucksvoller als unmittelbar vom Petersplatz aus wahrzunehmen. Sie erhebt sich über einem mächtigen Tambour, den paarweise korinthische Säulen umstehen. Außenrippen und Fenster untergliedern die spitzbogig zulaufende Kuppel, die durch ihre leicht aufstrebende Form dynamisch wirkt und mit einer Laterne abschließt. Dass es bei dieser Gestaltung um repräsentative Wirkung ging, ist noch heute zu spüren. So vermittelt sich im Bau die Tatsache, dass die Beauftragung Michelangelos 1547 für das St. Peter-Projekt in eine Zeit fällt, als sich keine geringere Frage stellte als die, »ob es dem Papsttum nach der

Katastrophe der Glaubensspaltung gelingen würde, das Bauwerk als Symbol seiner wieder erstarkten Rolle fertig zu stellen«[24]. Die Vollendung der Vierungskuppel über dem Zentralbau im Jahr 1590 unter Papst Sixtus V. hat jedoch auch eine persönliche Note. Sixtus V. (Pontifikat 1585–90) wollte sich einreihen »in den Prozess der INSTAVRACIO, mit der Sixtus IV. und Julius II. identifiziert worden waren«[25], und diesen vollenden. Noch existiert St. Peter damals als Hybridform aus dem Neubau von Michelangelo und dem restlichen Langhaus von Alt-St. Peter. 1605 fällt der Abbruchbeschluss für Alt-St. Peter mit der gleichzeitigen Option für einen neuen Langbau im Osten.[26] Als 1608 entschieden wird, nach einem zweiten Entwurf von Carlo

Alt-St. Peter in Rom, Rekonstruktion von H. W. Brewer, 1892

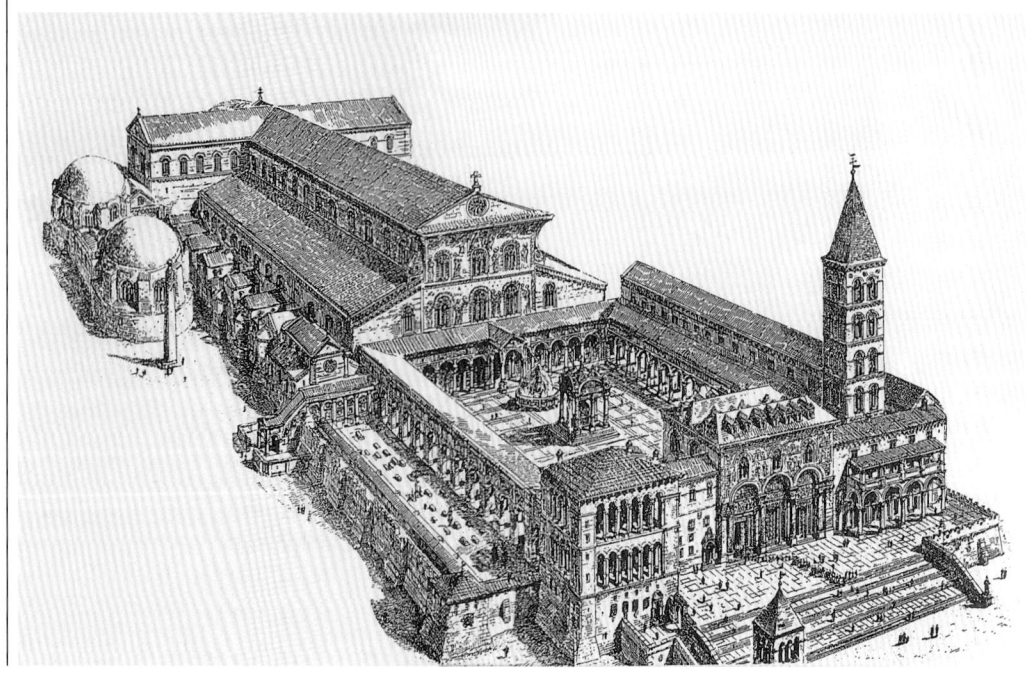

Maderno zu bauen, ist Michelangelos Zentralbaukonzept beiseite gelegt. Madernos Langhaus übertrifft in seinem Raumvolumen bisher alles, was die Päpste vor Paul V. (Pontifikat 1605–21)hatten bauen lassen. Doch nicht nur aus praktisch-liturgischen Gründen werden Langhaus und Fassade wichtig. Es geht Paul V. auch – ähnlich wie seinen Vorgängern – um sein Prestige als Bauherr: Er will sich einstellen in die Gruppe der bedeutendsten Bauförderer und hierbei Eigenständigkeit vorführen. In der nun entworfenen Fassade fasst eine Kolossalordnung Unter- und Obergeschoss zusammen, die sich im Wechsel von hohen rechteckigen Toren und kleinen Bögen zum Platz öffnet und in der Mitte von einem Dreiecksgiebel betont wird. Das Fenster in der mittleren Achse darunter gehört zur Benediktionsloggia, von der aus der Papst seinen Segen »urbi et orbi« verkündet. Über der durchfensterten Attika stehen die Statuen Christi und der Apostel. Um die Vorgänger nicht nur räumlich zu überbieten, sondern auch in der Fassade das Einzigartige zu veranschaulichen, hatte der Papst verfügt, an der Fassade zwei Ecktürme errichten zu lassen, deren Wirkung dem neuen Eingang die Kraft geben sollte, mit der zentralen Kuppel von Michelangelo zu konkurrieren. In diesem Konkurrenzverhalten liegt ein Stück gestalterischer Entmachtung des Vergangenen, ein Thema, das den gesamten Bauprozess von St. Peter begleitet. Damit auch jedem Betrachter klar wird, wem dieser ambitionierte Neubau zu verdanken ist, lässt der Papst seinen Namenszug auf der Fassade verewigen.

1629 wird Bernini unter Urban VIII. (Pontifikat 1623–44) leitender Architekt von St. Peter. Seine erste Aufgabe am Außenbau wird die Vollendung der Fassadentürme noch aus der Zeit Paul V. Nachdem der Südturm errichtet ist, sich jedoch als instabil erweist und sich schadhaft auf die Fassade auswirkt, kommen die Turmprojekte zum Erliegen, bevor sie unter Papst Innozenz X. (Pontifikat 1644–55) völlig aus dem Verkehr gezogen werden. Auch hier liegt im Umgang mit der Hinterlassenschaft der Vorgänger eindeutig eine Geste der Macht. Durch »Zerstörung von Bauten das Zeichen der eigenen Souveränität zu setzen«[27], zieht sich wie ein roter Faden durch die Baugeschichte von St. Peter. Zwischen 1656 und 1667 gestaltet Bernini im Auftrag Alexanders VII. (Pontifikat 1655–67) den Petersplatz. Er entwirft zwei miteinander verbundene Plätze, gibt dem einen die Form einer Ellipse, dem anderen die eines Trapezes und rahmt sie gemeinsam mit Kolonnaden aus je vier Säulenreihen. Mehrere Sinnschichten sind dieser Gestaltung eigen: Zum einen geht es um das Motiv des Umfangens, des Umgreifens. Hier wird mittels Architektur der Gedanke sinnlich erlebbar vorgeführt, dass die Kirche St. Peter gleichsam die Mutter der anderen ist, dass ihre Säulengänge wie Arme für die Katholiken ausgebreitet sind, aber auch, um Häretiker und Ungläubige der Kirche zuzuführen.[28] Ein anderer Aspekt bezieht sich auf den Umgang mit der Fassade von Maderno. Für Bernini und seine Zeitgenossen ist sie im Verhältnis von Höhe zu Breite ungünstig proportioniert: übermäßig in der Breite bei zu geringer Höhe. Bernini erreicht eine optische Korrektur durch das Anschließen der weiten Öffnung des trapezförmigen Platzes an die Fassade und bändigt so ihre

Dominanz am Bau. Der ovale Platz vermittelt zur Stadt. Seine Mitte besetzt ein bereits 1586 aufgestellter Obelisk[29], der als Ruhmes- und Sonnenzeichen auch im christlichen Kontext angeeignet wurde. Zwei Brunnen akzentuieren den Platz, und 140 Statuen von Heiligen, Päpsten und Ordensgründern stehen auf den Kolonnaden, dem Platzrund zugewandt. Ein dritter Flügel, der den östli-

Grundriss von Michelangelos St. Peter und dem angrenzenden Restbau von Alt-St. Peter in Rom, Rekonstruktion von L. Rice, 1997

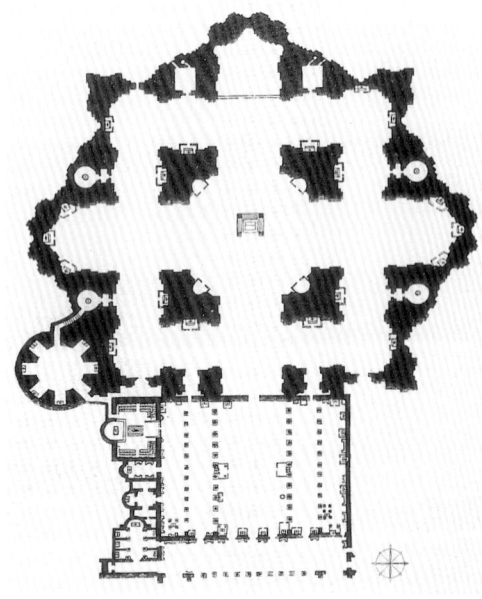

chen Abschluss des Platzes hätte formen sollen, wurde nicht gebaut. Von hier sollte ein Zugang über den nördlichen Borgo Nuovo vom Tiber aus zu St. Peter führen. Der Betrachter wäre in den Genuss einer Schrägansicht gekommen, die ihn die Abfolge von Platz, Fassade und Kuppel auf raffinierte Weise hätte wirkungsvoll erleben lassen. Auch ohne diesen dritten Flügel ist das Ensemble an die Stadt angebunden und den Pilgern ein definierter Ort ihres Zusammenkommens gegeben worden. Der freie Blick zur Benediktionsloggia und zur perspektivisch verkürzten Kuppel macht auch deutlich, wie in der Wahrnehmung vom Platz aus geschickt mit der Fassade die päpstliche Inszenierung an St. Peter vor die Symbolleistung der Kuppel geschoben wird. Aus

Holzmodell der Kuppel von St. Peter mit Tambour nach Michelangelo, Giacomo della Porta und Luigi Vanvitelli, Fabbrica di San Pietro, Vatikanstadt, 1558–61

»Pianta della Chiesa di San Pietro«, Kupferstich von Matthäus Greuter, 1613

Berninis Kolonaden vor St. Peter in Rom mit dem Projekt des »dritten Flügels«, Kupferstich von Giovanni Battista Falda, 1665

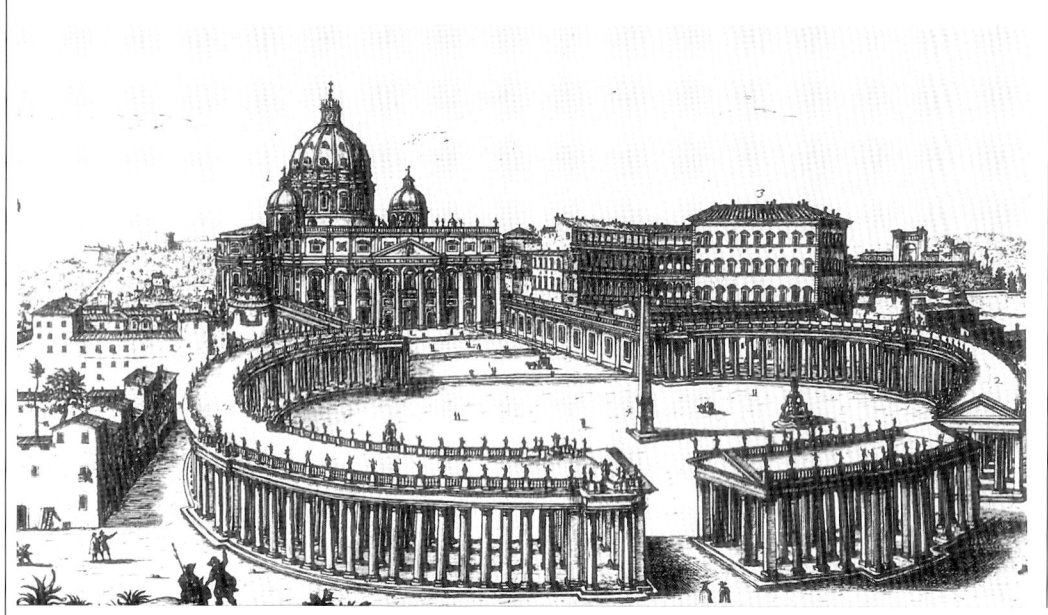

Abstand betrachtet, relativiert sich diese Sichtweise freilich wieder zugunsten der Gesamtanschauung und einer Symbolik, deren Inhalt sich stärker auf die Kirche als Zentrum der Christenheit bezieht. Die Chance, heute aus einiger Entfernung, direkt aus der Via della Conciliazione auf das Ensemble zu sehen, ist allerdings Ergebnis radikaler Abbrüche im Jahr 1939, als faschistischer

Rom, Blick auf St. Peter, den Vorplatz und die Via della Conciliazione, Aufnahme nach 1939

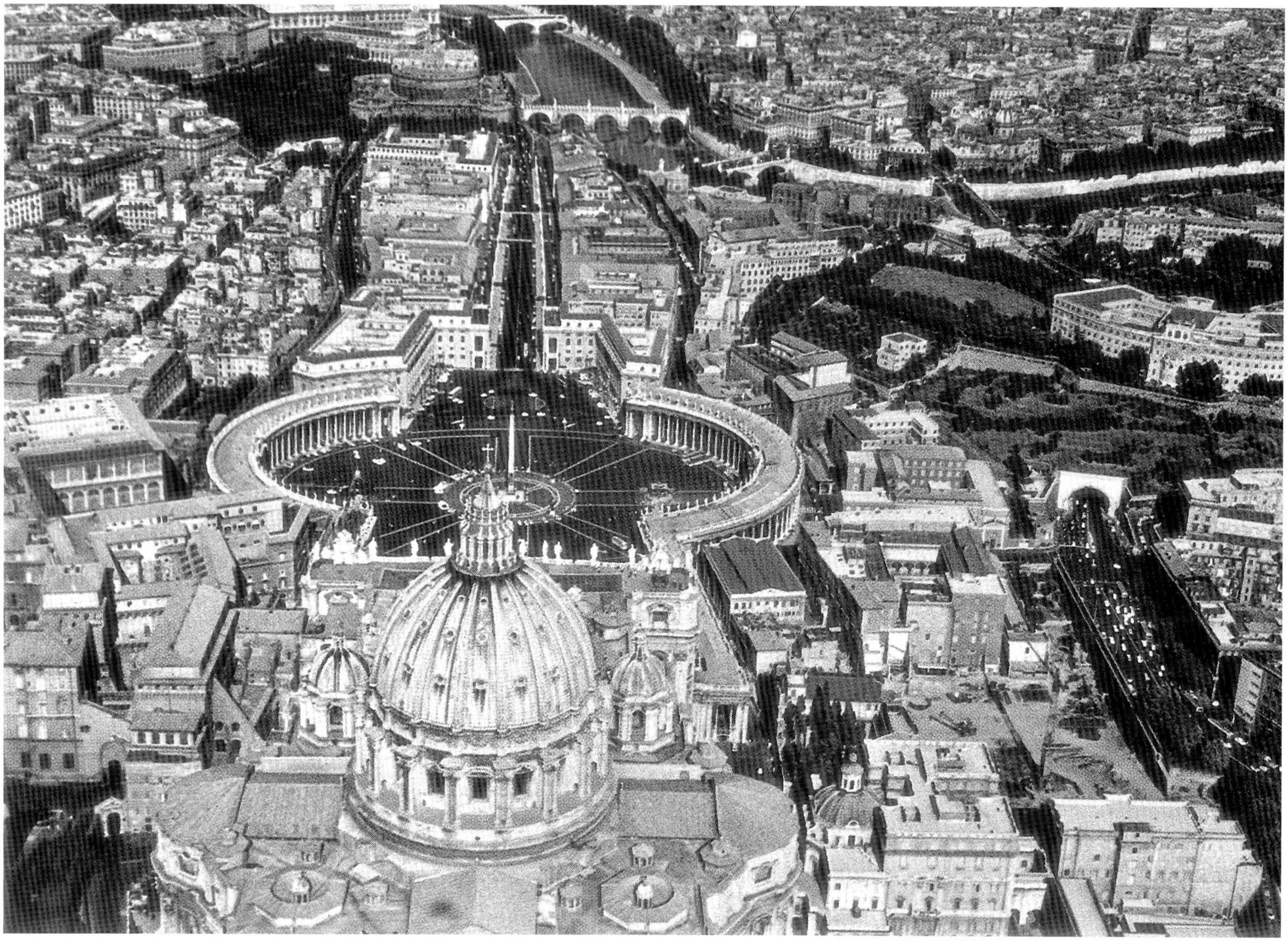

Staat und Kirche ihr Konkordat baulich in dieser zentralen Achse ausstellen.

Eingedenk dieser Bau- und Inszenierungsgeschichte wird verständlich, dass sich in die Interpretation »als Apotheose kirchlicher Herrschaft und als Instrumentarium kirchenpolitischer oder religiöser Propaganda« auch andere Ebenen wie persönliche Inszenierungsabsichten und Konkurrenzverhalten einschieben. Dennoch bleibt diese Interpretation richtig für den »Gebrauch, der von den Werken gemacht wurde, und zu einem großen Teil wohl auch für die Rezeption bei Zeitgenossen«[30].

Anmerkungen

1 Sedlmayr, 1993, S. 142. Zu den Portaltypen vgl. Jantzen, S. 109
2 Die Darstellung der Taufe Chlodwigs erfolgt in Reims an zentraler Stelle der Westfassade. Die Taufe des merowingischen Königs Chlodwig (508) ist in der Legende mit der Salbung zum König verschmolzen. Die erste Salbung erfuhr jedoch erst König Pippin der Kurze (Pippin III.) 751 bzw. 754. »Kein merowingischer König hat diese Art der Legitimation zum Herrschen nötig gehabt. Diesen Mythos … kehrt man anlässlich aller Königssalbungen wieder neu hervor. Die Assoziation Taufe/Salbung verleiht der Taufe Chlodwigs eine neue *aura* und erklärt, warum diese Zeremonie den Charakter eines richtigen Gründungsmythos der französischen Nation annehmen konnte.« Dierkens, S. 190
3 Jantzen, S. 11
4 In Saint Denis fand die Salbung von Pippin III. statt. Außerdem liegen die Gebeine von Dionysius, der als Bekehrer Galliens gilt und den Märtyrertod durch Enthauptung starb, in Saint Denis. Im 9. Jahrhundert wurde die Biographie von Dionysius durch Abt Hilduin im Auftrag Ludwigs des Frommen geschrieben. Darin wird Dionysius als durch den Apostel Paulus bekehrter Christ und als Verfasser des im Mittelalter bekannten »corpus areopagiticum« dargestellt. In der Biographie ist die historische Figur des ersten Bischofs von Athen, Dionys, der Areopagita genannt wurde, mit der ebenfalls historischen Person eines Theologen der Ostkirche aus dem 5./6. Jahrhundert, der den Namen des ersten Athener Bischofs übernommen hatte und dessen Werke auf diese Weise weitgehend anerkannt waren, zur Legende verschmolzen. Unter Abt Suger (1121–1151) wurde der Dionysiuskult forciert und Dionysius avancierte zum französischen Nationalheiligen. Die Bedeutung von Saint Denis erwuchs auch daraus, dass die Abtei das Hauskloster und die Kirche die Grablege der Könige war. Vgl. Kimpel/Suckale,
S. 76/77, Kunst/Schenkluhn, S. 28/29
5 Zur Geschichte von Reims als Krönungsstadt vgl. Brühl,
S. 3/4. Hier auch weiter gehende Literaturhinweise
6 Bauzitate gibt es verschiedene: Von Chartres, dem wichtigsten Marienheiligtum des Kronlandes, wurde das dreigeschossige Aufrisssystem und der kantonierte Pfeiler übernommen, von Sens, dem Konkurrenten um das Krönungs- und Salbungsprivileg, der mehrstufige Aufbau des Wandsockels an den Seitenschiffswänden und von St. Remi in Reims, dem Aufbewahrungsort der heiligen Ampulle mit dem Salböl der Könige, die Verbindung von Triforium und Obergaden im Chorhaupt. Vgl. Kimpel/Suckale,
S. 278, 286
7 Die Bauten dienen heute als Museum
8 Im Bereich des Nordquerhauses dehnte sich das so genannte »Kleine Kloster« aus, dessen drei Flügel einen Kreuzganghof umschlossen. Der Komplex schloss die Kanonikerkapelle St. Michael ein. Nördlich davon lag die Cour du Chapitre, auf der Tribunal gehalten wurde und in der sich das Gefängnis der Kapitelherren befand. Im Osten schloss sich das »Große Kloster« an, eine Hofanlage, um die die Wohngebäude der Kapitelherren gruppiert lagen. Im Westen befand sich das Kanonikerhospital, das dicht bis an den Nordturm der Kathedrale heranreichte und den Kirchenvorplatz einengte. Vgl. Kunst/Schenkluhn, S. 17/18
9 Ebd., S. 32
10 Die Remigiuslegende ist vom Reimser Erzbischof Hinkmar (845–882) festgehalten worden. In der von Hinkmar verfassten Vita des Remigius wird beschrieben, dass das Gedränge bei der Taufe Chlodwigs so groß war, dass der Metropolitanbischof von Reims, Remigius, nicht an das Salböl gelangte und daraufhin eine Taube herabschwebte und eine Ampulle, gefüllt mit himmlischem Salböl, gebracht habe. Mit dieser Legende wurde die Überzeugung begründet, »dass Chlodwig bei jener Taufe durch Remigius auch eine Königsweihe empfangen habe und die Reimser Erzbischöfe als Nachfolger des Remigius somit das alleinige Recht zur Salbung und Krönung des französischen Königs hatten«. Brühl, S. 8. Reims als Taufort von Chlodwig wurde seit dem 7. Jahrhundert genannt, vgl. ebd., S. 7, und wird auch von neuerer Forschung angegeben, vgl. Dierkens, S. 186. Brühl nennt als Taufjahr noch 496 und bezieht sich dabei auf Gregor von Tours. Neuere Forschung hingegen datiert die Taufe auf 508. Vgl. Dierkens, S. 187. Zur Chlodwiglegede vgl. auch Anm. 2
11 Kunst/Schenkluhn, S. 34. Zur Gestaltung der inneren Portalzone vgl. ebd., S. 37
12 Zur Umgebungsbebauung vgl. Anm. 8. In der mittelalterlichen Raumsituation waren die Portale vom Hof des Kleinen Klosters aus zu sehen. Das Gerichtsportal konnte man auch vom Tribunalshof erkennen. »Tribunal und Gerichtsdarstellung ergeben einen inhaltlich evidenten Zusammenhang. Darüber hinaus verband das Gerichtsportal auf kürzestem Wege Presbyterium und die … ›Salle du Revestiaire‹, in der die Priester ihre liturgischen Gewänder an- und ablegten. So war vermutlich das Gerichtsportal zugleich der Durchgang derjenigen, die die Gerichtsbarkeit innehatten. Appellhafte Mahnung und ›funktionsgemäße‹ Aufstellung fügen sich bei diesen Überlegungen zwanglos zusammen.« Ebd., S. 23/24
13 Ebd., S. 24–27
14 Zur Remigiuslegende vgl. Anm. 10, zur Nicasiuslegende vgl. Kunst/Schenkluhn, S. 24
15 Ebd., S. 30
16 Ebd., S. 30/31
17 Schürenberg, S. 98
18 Der Chor war um 1330 vollendet, ab 1365 war der Turm im Bau, im letzten Viertel des 14. Jahrhunderts wurden die Westjoche des Langhauses vollendet. Nach 1485 entstanden die Freigeschosse des Turms. Im 15. Jahrhundert wurden auch die unteren Fenster in die Apsis gebrochen. Zwischen 1515 und 1535 erfolgte der Baldachinanbau vor dem Südeingang und ab 1843 gab es Restaurierungsarbeiten.
19 Ursprünglich reichte das Dach bis an die Oberkante der Maßwerkfenster heran. Aufstockung und die sich überschneidenden Bögen stammen aus dem Restaurierungskonzept von Cesar Daly, der sich ab 1843 mit dem Bau beschäftigte. Mittelalterliches Mauerwerk und Bauergänzung heben sich jedoch deutlich voneinander ab.
20 Schürenberg, S. 98
21 Zur Geschichte der Katharer vgl. Madaule
22 Vgl. ausführlich Bredekamp, 2000. Hier auch umfangreiche Bibliographie zum Thema
23 Zit. nach Burckhadt, S. 11
24 Bredekamp, 2000, S. 68
25 Ebd., S. 92. Sixtus IV. Pontifikat 1471–84, Julius II. Pontifikat 1503–13
26 Zum permanent schwelenden Konflikt zwischen Befürwortern des Abbruchs von Alt-St. Peter und denen des Erhalts sowie zwischen Vertretern, die für einen Zentralbau und denen, die für ein Langhaus plädieren, vgl. Bredekamp, 2000
27 Ebd., S. 115
28 Vgl. Thoenes, 1963, und Bredekamp, 2000, S. 116/117
29 Es handelt sich um den Obelisken von 25,5 Metern Höhe aus rotem Granit, den Caligula aus Heliopolis nach Rom hatte transportieren lassen, um ihn im Zirkus des Nero aufzustellen
30 Huse, 1990, S. 211

Inszenierungen des Kapitals

In Chicago und New York wird Ende des 19. Jahrhunderts ein Bautyp hervorgebracht, der schlechthin zum Markenzeichen für Amerika wird: das Hochhaus, in seiner entwickelten Form der Wolkenkratzer. Der originäre Bautyp, gebunden an die konstruktiven und technischen Neuerungen von Stahlskelett und Fahrstuhl und gestalterisch an die Betonung der Vertikalität, wird zu einem Gehäuse, das zum Imageträger des Bauherrn, aber auch der Städte, in denen sie die Skyline bilden, avanciert.

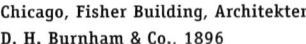

Chicago, Fisher Building, Architekten
D. H. Burnham & Co., 1896

Das Lösen von Konstruktionsproblemen, die Suche nach dem spezifischen Ausdruck der Hochhäuser brachte zunächst sowohl praktisch als auch theoretisch die Schule von Chicago in Gang. Bürohäuser für Geschäftsunternehmen und Versicherungen, die in den Achtziger- und Neunzigerjahren des 19. Jahrhunderts in der Loop errichtet wurden, sind nach heutigem Maßstab mit ihren durchschnittlich zehn bis fünfzehn Geschossen niedrig. Auf dem regelmäßigen Straßenraster Chicagos stehen sie in einer Flucht, formen gemeinsam Straßenwände, ohne sich Individualität zu versagen, wie heute beispielsweise noch zu sehen in der South Dearborn Street mit Fisher Building, Old Colony Building und Manhattan Building (vgl. S. 29). Diese Bauten sind in ihrer Grundform Scheiben, andere Blöcke. Die Fassadengliederung folgt mit Sockelzone, Mittelteil und Gesimsabschluss einem Palazzo der Renaissance. Generell schwingt in den Fassaden der Chicagoer Hochhäuser das wirtschaftliche Kalkül der Auftraggeber und ein Sinn für das Sichtbarmachen der Konstruktion mit, beides Momente, die diese Architektur unverwechselbar machen.

Zu Beginn des 20. Jahrhunderts geht die Führungsrolle auf New York über. Hier geht es exaltierter zu als in Chicago. In dem unregelmäßigen Quartier von Lower Manhattan stehen die Hochhäuser vereinzelt, sich gegenseitig Konkurrenz bietend. Das Höhenstreben gleich Türmen wird genauso zu einer Eigenart dieser Bauten wie ihre Anleihen im Vokabular der europäischen Baugeschichte oder ihr dekorativer Reichtum in der Gestaltungsweise des Beaux-Arts-Stils. Von hier aus erobern die Wolkenkratzer nicht nur Midtown in New York, sondern das

Interesse an ihnen erreicht bereits in den Zwanzigerjahren Europa und ab der Jahrhundertmitte Asien. Beherrschen Bauten im Art-Deco-Stil die Dreißigerjahre, unterbricht der Zweite Weltkrieg den Bauboom, so dass erst in den Fünfzigerjahren eine neue Entwicklung in der Hochhausarchitektur einsetzt. Das Sekretariatsgebäude der UNO mit seiner gläsernen Fassade (vgl. S. 178/179) gibt hier den Auftakt für eine Büro- und Verwaltungsarchitektur, die mit dem Gestaltungsbegriff »Internationaler Stil« gekoppelt ist. Schmucklose Kuben werden errichtet, deren Stahlskelettkonstruktionen von Glasfassaden überzogen sind und deren Fassadenraster für den Betrachter nur die nüchterne Stapelung und Reihung von Büros andeuten. Abstraktion heißt die Devise, die Ästhetik folgt einem rationalen konstruktiv-technologischen Credo. Die Wolkenkratzer gehen in den Alltag mit einer Architektursprache ein, die »Maße und Massen und Dichten, die nicht mehr menschlich sind und doch unausweichlich zum Leben und zur Architektur heute dazugehören, in einer angemessenen und sparsamen Schlichtheit« ausdrückt.[1] Als diese Gestaltungsphase ausgereizt ist und die Bauten mit einer nur noch gefälligen, sich prinzipiell wiederholenden Ästhetik aufwarten, vollzieht sich in den Siebzigerjahren erneut eine Wende. Die Kuben werden verformt. Aus ihrer Rechteckgestalt werden Elemente herausgeschnitten, Kanten gezogen, Formsprünge gewagt, Abtreppungen erzielt, Winkel geformt, Kontraste zwischen einer gleich behandelten Oberfläche zu gebrochenen Körperformen ausgespielt. Die Bauten werden skulptural, werden in einer Lichtregie präsentiert, die aus der Wirkung ihrer Spiegelglasfassaden herrührt oder durch die nächtliche Beleuchtung der Bürogeschosse entsteht. Die Bahn ist frei für die

Gestaltideen der Postmoderne, die all das aktiviert, »was die Moderne abgelegt hatte – Vergangenheit, Zeichenhaftigkeit, Imagination, Metapher«[2] – und die dies mit einem Schuss Ironie würzt.

Wolkenkratzer bilden symbolisch und im Wortsinn den herausragenden Bautyp für Konzerne, Banken, Versicherungen oder Developer, die im Wettlauf um Höhe und Gestaltung als Zeichen eigener Potenz zu immer neuen Rekorden aufbrechen. Umso signifikanter die Inszenierung ausfällt, umso sicherer ist die öffentlich wahrzunehmende Identifikation von Bauherrn und Gebäude, umso einprägsamer erscheinen die Bauten als Logos oder Embleme.[3] Die Bauherren, die sich in den imposanten Gebäuden baulich inszenieren, unterscheiden sich jedoch in der Art der Nutzung des Baus: Die einen geben ihrem Unternehmen mit dem Wolkenkratzer ein bauliches Gesicht, nutzen es für ihre Firmenrepräsentation; Bauherr und Nutzer sind identisch. Die anderen, zum Beispiel Terraingesellschaften, vermieten die Flächen an Unternehmen, ohne selbst präsent zu sein.

Die gebauten und Projekt gebliebenen Wolkenkratzer sind mit ihrer über hundertjährigen Geschichte, ihrem eigenen konstruktiven und ästhetischen Wandel als Bautyp und ihrer Position in der Architekturgeschichte, den mit ihnen verbundenen Phantasien und ihrem Einfluss auf die Städte vielfach Gegenstand von Publikationen gewesen, so dass hier nur einige wenige Beispiele herangezogen werden, um die Präsentation im Sinne einer Fassade der Macht zu verdeutlichen.

Firmenimage

Die Wolkenkratzer in New York, die im Sinn eines Firmenimages errichtet worden sind, zeigen ein vielfältiges Bild der Gestaltung. Es reicht vom 1909 fertig gestellten Metropolitan Life Insurance Tower, kurz Metlife Tower, der den Campanile in Venedig in ungleich größerem Maßverhältnis kopiert,

über das American Radiator Building einer New Yorker Ofenfirma von 1924, das Barcley-Vesey-Building der New York Telephone Company von 1926, das Helmsley Building der New York Central Railroad von 1929, das Daily News Building 1930, das Universal Pictures Building 1947, das Lever House von 1952, die Chase Manhattan Plaza von 1961, das Citycorp von 1978 bis zum AT&T Building 1984 und dem Bertelsmann Building 1990. Außerhalb von Amerika stehen imponierende Bauten von Banken und Unternehmen beispielsweise in China, so die Hong Kong & Shanghai Bank, in Malaysia die Bank of China, in Kuala Lumpur der Menara Telekom Tower, in Singapore die Overseas Chinese Bank. Die Aufzählung ließe sich sowohl mit Blick in die Historie als auch mit Sicht auf die Gegenwart vervollständigen und erweitern und kann die Fülle des Materials nur andeuten.

Woolworth Building in New York
Der Groschenkönig des Einzelhandels, Frank Woolworth, setzt sein Unternehmen mit einem Wolkenkratzer 1913 in New York Downtown in Szene. Beim Woolworth Building, das mit dekorativem Eifer präsentiert wird und ein zu den Billigläden der Firma gegensätzliches Image propagiert, geht es zunächst um die pure Höhe. Mit 260 Metern sollte es das höchste Gebäude der Welt werden und eine der erfolgreichsten Einzelhandelsfirmen symbolisieren, wobei Höhe zum Synonym für ökonomische Potenz des Konzerns wird. In der Höhe lag der Triumph über die bisherige Dominante der Stadt, den 214 Meter messenden Metropolitan Life

Tower, das bauliche Zeichen einer Versicherungsgesellschaft. Zwölf Jahre lang kann die Spitzenposition gehalten werden, dann wird das Gebäude selbst vom Repräsentationsbau einer mächtigen Firma, vom Chrysler Building, überragt. Wie fest der Bau im Firmenimage verankert ist, zeigt, dass das Woolworth-Imperium noch heute in diesem Gebäude residiert.

Cass Gilbert, der Architekt, treibt den Bau nicht nur physisch in die Höhe, sondern vom gotischen Stil inspiriert führt er das Anwachsen auch ästhetisch vor Augen. Vom Sockelgeschoss steigen die vertikalen Linien bis zum Turm auf, der die Hauptfront aus dem mächtigen, 29-geschossigen Grundkörper fortsetzt, bis zu seiner Spitze zweimal zurückspringt und in einer dekorierten Krone endet. Details am Bau wie Wasserspeier, umlaufende Ornamentfriese und Fialen verstärken den gotisierenden Eindruck. Alle vier Seiten des als frei stehend konzipierten Gebäudes sind gleichermaßen architektonisch gestaltet. Die nach Osten weisende Hauptfassade mit Eingangsportal und Turm, die Silhouette des Baukörpers, die durchlaufenden Vertikalen, der Bauschmuck und die Anleihen beim gotischen Stil assoziieren beim Annähern das Bild einer gewaltigen Kirche. Stadträumlich bestens positioniert, fällt das Gebäude sowohl dem von Brooklyn als auch dem von Süden Kommenden eindrucksvoll ins Auge. Die aufstrebenden Linien des Baus führen die Blicke nach oben und hier vollzieht sich 1913 der Vergleich: Kein Bauwerk ist höher. Auf Straßenniveau zeigt das Eingangsportal den Weg in die Lobby: Im goldschimmernden Inneren erwarten einen die Götter des Handels, sind Ereignisse der Firmengeschichte dargestellt.

Die Gesamterscheinung des mächtigen Gebäudes aus Turm und Basis ist so kompo-niert, dass sie für den Betrachter in der Stadt sowohl als Turm als auch als Block erlebbar wird. Auf diese Weise nimmt es zwei Spielarten der Hochhausentwicklung in sich auf, verschmilzt sie wirksam in einem Gebilde. Mit den Anleihen im Stil wird nicht nur ein Bogen zur europäischen Geschichte geschlagen, sondern mit der Wahl des gotischen Stils das Aufstreben als Ausdrucksmittel adaptiert und mit der Gebäudeform an Kirchenbauten des Mittelalters erinnert. Der Gestalt des Baus ist eine suggestive Kraft eigen, die aus der ungekannten Höhe, diesem vertikalen Zug, der Anlehnung an den historischen Stil und die Gestalt von Kirchenbauten entspringt und dem Hochhaus recht schnell zu einer sprachlichen Metapher verhilft. Das aus Fassade und Gestalt gewonnene und mit dem Wissen um die Firma Woolworth unterlegte Sprachbild »Kathedrale des Kommerzes« wird zum Titel für das Gebäude, mit dem auch das Unternehmen, das sich einen solchen Bau leistet, ideell aufgewertet wird. Es vollzieht sich der Vorgang der Transformation einer codierten Gestalt und eines Begriffs aus dem sakralen Bereich in den profanen des Kapitals.

Begeistert von dieser Bezeichnung wählt Woolworth 1917 den Slogan als Titel einer Werbebroschüre für den Bau. Dessen visuelle Wirkung und Einzigartigkeit feiert Pfarrer S. Parkes Cadmann, von dem das Schlagwort stammt, genauso wie die Bedeutung des Kommerzes im Vorwort der Broschüre: »Wenn das Woolworth Building bei Anbruch der Nacht erblickt wird, sobald es in elektrisches Licht getaucht ist, oder aber im klaren Schein des Sommermorgens, wie es spitz in den Raum ragt, gleich den Zinnen in Gottes Paradies, dann erweckt es Gefühle, die gar zu Tränen rühren. Der Schreiber dieser Zeilen blickte darauf und rief sofort aus: ›Die Kathedrale des Handels‹ – die erwählte Behausung jenes menschlichen Unternehmungsgeistes, der, durch den Wechsel und Tausch, fremde Menschen in Einheit und Frieden verbindet.«[4] »Ebenso wie die Reli-

Woolworth Building in New York, Architekt Cass Gilbert, 1913, Aquarell

gion die Kunst und die Architektur in der Epoche des Mittelalters monopolisierte, beherrscht der Kommerz die Vereinigten Staaten ... Hier auf der Insel Manhattan und auf ihren südlichen Anschlüssen steht eine Reihe von Gebäuden ohne Vorläufer oder ebenbürtige Bauten ... Unter diesen ist das Woolworth Building die Königin, als oberste anerkannt von allen Liebhabern aus der Stadt und dem Land, von Kritikern aus nah und fern, von allen denen, die nach Vollkommenheit streben, und jenen, die, um sie zu erreichen, sichtbare Dinge benutzen.«[5] Spätestens nach diesen Sätzen des Geistlichen sollte Zweiflern klar sein: Der Wolkenkratzer ist rund um die Uhr großartig und Kommerz eine edle, Kultur stiftende Kraft. Doch die Werbebroschüre wird nur nachgereicht, flankiert die bauliche Inszenierung mit Informationen, vertieft die gewünschte Lesart des Gebäudes.

Als der Wolkenkratzer eröffnet wird, gerät die Inszenierung zur visuellen Perfektion. Es ist ein Spektakel, als 80 000 Glühbirnen aufleuchten und das Gebäude im Glanz einer künstlichen Aureole, die ihresgleichen sucht, erstrahlen lassen. Für den Stellenwert der Aktion spricht, dass kein geringerer als Präsident Woodrow Wilson im Weißen Haus das Zeichen dafür gibt. Das Kapital lässt sich von der Politik für die Inszenierung bedienen.

Zur Gebäudehöhe als Imagefaktor tritt das künstliche Licht, mit dem die Nacht als Zeit der Inszenierung erobert wird. Das in der Dunkelheit künstlich strahlende Gebäude hat einen Vorsprung im Wettbewerb um die eindrucksvollste stadträumliche Präsenz. Es bringt somit eine Non-Stop-Darstellung auf der städtischen Bühne dar, die als Allgegenwärtigkeit des Unternehmens im täglichen Leben interpretiert werden kann: Woolworth, die Billigkette für alle Lebenslagen. So besteht das werbewirksame Image, das der Bau verkörpert, nicht nur darin, das höchste Gebäude zu sein und aufgrund seiner äußeren Gestalt mit dem Titel Kathedrale apostrophiert zu werden und sich im Unternehmenssitz vom Billigimage der Einzelläden abzuheben, sondern auch in seiner permanenten Präsenz.

Chrysler Building in New York
In den Zwanzigerjahren herrscht ein regelrechter Bauboom in New York, so dass sich eine Skyline ausbildet. Wer einen Platz im Wettlauf der Unternehmensinszenierungen erringen will, baut hoch. Die Hochhauskompositionen werden in ihrer Massenverteilung und der Behandlung der Details ausgewogener. Gleichsam wie eine Formel auf den Punkt bringt Adolf Loos die Zonen der Hochhausgestaltung im Wettbewerb zum Chicago Tribune Tower 1922 mit seinem Entwurf, der einer Säule gleicht: Basis, Schaft und Kapitel. Damit sind die Elemente, die für die Inszenierung eine besondere Rolle spielen, definiert: auf Straßenniveau der Gebäudesockel mit dem Eingangsbereich, in der Höhe der Gebäudeabschluss, der als markantes Zeichen den Wolkenkratzer individualisiert. Doch bei allem Höhenstreben bleibt das Woolworth Building lange in seiner Dominanz unangetastet. Erst als Midtown als neues Quartier der Wolkenkratzerbebauung erreicht wird, wird es überragt. Die Entwicklung, die mit dem Chanin Building anklingt, wird mit dem Chrysler Building Realität.

Das Chrysler Building bricht alle Rekorde. Angesichts seiner 319 Meter Höhe wird nicht nur das Woolworth Building klein, auch der Eiffelturm ist übertrumpft. Eine neue Qualität im Höhenwettbewerb ist damit erreicht: der internationale Vergleich. Die Höhe ist offenbar ein so wichtiger Teil der Inszenierung, dass selbst taktische Winkelzüge ersonnen werden, den Konkurrenten auszustechen. Doch nicht nur die Konzerne rivalisieren miteinander, auch die Architekten. 1929/30 lässt der Automobil-magnat Walter Percy Chrysler seinen Wolkenkratzer von William Van Alen errichten. Zur gleichen Zeit will die Bank of the Manhattan Company ihre Hauptverwaltung in einem Hochhaus unterbringen. Der Architekt des Bankgebäudes H. Craig Severance ist kurze Zeit vorher noch Büropartner von Van Alen gewesen. Beide verkünden, das höchste Gebäude der Welt zu errichten. Chrysler, vom Kampf um die Dominante erst nicht überzeugt, treibt, als er während des Bauprozesses den »potenziellen Publizitätswert der schieren Höhe erkannte«[6], seinerseits den Architekten an, den Bau aufzustocken. Als sich abzeichnet, dass das Bankgebäude das Chrysler Building überragen wird, trickst Van Alen den Gegner aus. Im Turm, der selbst Produkt der Rivalität ist und nicht zum ursprünglichen Entwurf gehört, wird vor allen feindlichen Blicken verborgen die stählerne Spitze montiert. Erst als das andere Gebäude in trügerischer Sicherheit, den Höhenrekord zu stellen, fertig gestellt ist, wird die glänzende Nadel hervorgezaubert und in neunzig Minuten in Position geschoben. Van Alen und Chrysler haben die Nase vorn, doch nur solange, bis das Empire State Building zu seiner enormen Höhe aufgeschossen ist.

Die Gestalt des Chrysler Buildings ist einzigartig geblieben, Turm und Eingang sind von besonderem Reiz. Die Anspielung auf die vom Konzern vertretene Produktgruppe ist allgegenwärtig: Die Eingangsportale, mit schwarzem Marmor umrandet, erinnern an eine Kühlerhaube. Ein Backsteinfries aus Radkappen und Trittbrettern, an den Ecken geflügelte Kühler, die wie Wasserspeier vorkragen, zieht sich an der Basis des Turms, in der 30. Etage entlang. »Der Helm des Merkur als Emblem der frühen Chrysler-Automobile ist dabei eine direkte Anspie-

lung auf den Besitzer des Gebäudes beziehungsweise die von ihm vertretene ›car culture‹.«[7] Wasserspeier ragen aus der 61. Etage hervor, Adler aus Chrom, »monströs überdimensionierte Ausgaben der Kühlerfiguren sämtlicher Chryslerautomobile«[8]. Bis ins Gebäudeinnere zieht sich die Thematik Automobil und Verkehr und wird dem Besucher in einem Deckengemälde in der Eingangshalle präsentiert. Dass mit einem Wolkenkratzer auf die Produkte des Unternehmens hingedeutet wird, ist keine Erfindung von Van Alen und bleibt kein Einzelfall.[9] Am Chrysler Building wird dieses Moment der Inszenierung jedoch eindeutig wie selten vorgeführt. Innerhalb einer Entwicklung, die durch die Ausdehnung der Städte, den Ausbau der Verkehrstrassen und einen Autoboom gekennzeichnet ist, gelingt es dem Chrysler-Konzern nicht nur über seine Produkte, sondern auch mit dem imagebildenden Wolkenkratzer im öffentlichen Bewusstsein präsent zu sein und Assoziationen hervorzurufen, die mit luxuriösem und elegantem Industriedesign genauso verknüpft sind wie mit den Vorstellungen über Erfolg und Macht eines Konzerns.

Die auffällige Gestaltung der Eingangszone und des Turmkopfes zeigt, wie wichtig die Wahrnehmbarkeit der Fassaden im Straßennetz geworden ist, welche Zonen im Stadtraum sichtbar sind und daraufhin besonders behandelt werden. Die ins Auge fallenden Eingänge des Chrysler Buildings sollen die Passanten ansaugen, denn im Inneren erwartet sie ein opulent dekorierter Ausstellungsbereich, in dem Chrysler-Wagen präsentiert werden. Mit dem Turm aus Nirostastahl wird gegenüber anderen, traditionellen Materialien wie Kupfer, Eleganz und Moder-

New York, Chrysler Building, Turm mit Adlern
als Wasserspeier, Architekt William Van Alen, 1930

nität als Firmengeist verkündet und der Kreis zur Eingangszone mit den ausgestellten Fahrzeugen in der Lobby geschlossen.

Im öffentlichen Bewusstsein werden Eingänge und Turmköpfe zu den eigentlichen Markenzeichen der Bauten, aber auch der Firmen, dazwischen rauscht das Gebäude in die Höhe. Die bevorzugte Gestaltung dieser Bereiche deutet aber auch an, dass die Bauten als Ganze kaum noch wahrnehmbar sind, die Sichtbarkeit im Stadtraum beschränkt ist. Für die detaillierte Betrachtung aus der Nähe sind sie zu hoch, Straßenabstände und Bebauungsdichte erlauben keine angemesse-

New York, Chrysler Building, Blick auf Backsteinfries an der Fassade, gestaltet als Band aus Radkappen und Kotflügeln, und auf Wasserspeier in Form eines geflügelten Kühlers, dessen Gestalt auf den Helm des Merkur anspielt

ne Distanz, und aus der Fernsicht verschwinden die unteren Geschosse, werden durch andere Bauten verstellt.

Zur Unverwechselbarkeit bei Tag und Nacht trägt der Turmaufsatz in beträchtlichem Maße bei. Wie eine Krone wirken die Bögen aus Nirostastahl, und raffiniert wird es, wenn ihre dreieckigen Fenster, nachts von innen angestrahlt, sich in weißlich leuchtende Zacken verwandeln. Die strahlende Spitze gibt einem Leuchtturm gleich das Signal der Präsenz von Gebäude und Unternehmen in der Stadt an die Stadt weiter. Der

Turm ist es auch, der diesem Wolkenkratzer, noch nachdem die Hochhäuser zusammengerückt sind, geradezu einen Hochhauschor bilden, seine Einzelbedeutung erhält.

Eine solche Unternehmensinszenierung wie beim Chrysler-Wolkenkratzer ist einmalig geblieben, nicht nur wegen der evidenten Zuordnung von Gebäude, Unternehmen und Produkt, nicht nur weil es einem Unternehmen gelang, den Höhenrekord an sich zu reißen, sondern auch wegen der Akzeptanz, die dieser Bau erfuhr. Das Chrysler Building ist zum Symbol für New York geworden. Es ist ein Gebäude, das über die kalkulierte Werbeintensität hinaus die bro-

New York, Chrysler Building, Blick über einen Wasserspeier in Form eines geflügelten Kühlers auf die benachbarten Wolkenkratzer

New York, Chrysler Building, Turmspitze, Architekt William Van Alen, 1930

New York, AT&T Building in Midtown, Manhattan, seit 1993 an Sony Konzern verpachtet, Architekt Philip Johnson, fertig gestellt 1984, Aufnahme 1983

AT&T Building New York, Modell, Architekt Philip Johnson

delnde Stimmung an der Wende zum vierten Jahrzehnt ausdrückt, Emotionen anspricht. In seinem Art-Deco-Gewand den Zeitgeschmack treffend und ihn formulierend, wird es Teil des kulturellen Furor, der New York zu dieser Zeit erfüllt.

AT&T Building in New York
Ein Chippendalegiebel in knapp 200 Meter Höhe, auf Straßenniveau ein großer runder Eingangsbogen zwischen Kolonnaden, dazwischen ein aufstrebendes, sich gleichförmig nach oben ziehendes Fassadenraster, das die sehr eigenständigen Zonen verbindet. Wiederum ein Fall von einprägsamer, typischer Wolkenkratzergestaltung mit den für die Sicht herausgehobenen Zonen, um sich im Kreis der Gebäuderiesen zu behaupten. Eine bisher nicht geschilderte Facette in der Thematik »Fassaden der Macht« lässt sich am AT&T Gebäude beobachten.

Das Gebäude der AT&T-Zentrale, nach dem Entwurf von Philip Johnson 1984 fertig gestellt, ob seiner eigenwilligen postmodernen Gestaltung gelobt und getadelt, verbindet sich nach wie vor mit dem Namen der auftraggebenden Gesellschaft American Telephone and Telegraph Company, obwohl es seit 1993 längst an die Sony Corporation verpachtet ist. Langzeitige Verpachtung oder ein Besitzerwechsel von Gebäuden ist nichts Besonderes. Dass der Name des Besitzers und ursprünglichen Nutzers noch immer an diesem Gebäude haftet, hängt ganz sicher mit dem Überraschungseffekt der baulichen Inszenierung zusammen, mit dem durch seine Gestaltung ausgelösten

New York, AT&T Building, Straßenwahrnehmung, Architekt Philip Johnson, fertig gestellt 1984

postmodernen Schock, mit der die Moderne sichtbar abgelöst, die Ästhetik von Glas und Stahl der dreißig Jahre während en Wolkenkratzergestaltung verlassen wird. Offenbar ist es Johnson gelungen, »ein symbolisch besetztes Firmendenkmal zu errichten«[10]. Doch wird an diesem Beispiel auch klar, wie wenig Fassade und Gestalt – es werden keine unmittelbaren Assoziationsangebote zur auftraggebenden Firma gemacht wie beim Chrysler Building – mit dem Unternehmen zu tun haben, wie sie als künstlich geschaffene Symbole fungieren, dass sie lediglich Vehikel des Imponiergehabes der Wirtschaftsgiganten sind. Die Bauten selbst werden zu Logos, in die sich die Unternehmen einschreiben. Im Inszenierungsakt, der Errichtung des jeweiligen Baus, erfährt die Identifikation zwischen Unternehmen und Gebäude ihre Konkretheit. Umso signifikanter die Bauten, umso bleibender ist die Verknüpfung zwischen ursprünglichem Bauherrn und Gebäude, umso nachhaltiger die Werbebotschaft mit dem Bau. Im Fall eines Besitzerwechsels werden die Gebäude in ihrer signifikanten Gestalt zu Trophäen, deren Bezeichnung noch auf den Ursprung ihrer Geschichte verweist, mit denen sich jedoch jedes andere Unternehmen ebenfalls schmücken kann. Reicht der Akt der Übernahme für den neuen Besitzer und dessen Repräsentationsabsicht nicht aus, wird der Firmenschriftzug dem Bau zur Verdeutlichung der neuen Situation aufgesetzt, wie beispielsweise am Pan Am Building demonstriert, wo die Pan-Am-Signatur gegen den Schriftzug Met Live ausgetauscht wurde.

Petronas Twin Towers in Kuala Lumpur
Die wohl gigantischste Inszenierung eines Unternehmens gelingt in Asien der staatlichen Ölgesellschaft Malaysias in Kuala Lumpur mit den Petronas Twin Towers. Diese Zwillingstürme streben Ende des 20. Jahrhunderts als höchste Türme der Welt 452 Meter in die Höhe. Ihre sich nach oben teleskopartig verjüngende Gestalt lässt viele Assoziationen zu: Raketenstufen, monströse Termitenhügel, ein säulenförmig sich entfaltendes Gewächs oder ins Absolute getriebene Kirchtürme. Welche Assoziation auch immer hervorgerufen wird, der Ausgangspunkt ist ein anderer: Mit diesen von Cesar Pelli entworfenen Giganten soll nicht nur Kuala Lumpur aufgewertet, sondern das internationale Interesse auf Malaysia gerichtet werden. Das bessere Bekanntsein des Landes soll Malaysia helfen, akzeptiert zu werden und Investitionen anzuziehen, die erforderlich sind, das Land weiterhin zu entwickeln. Diese Hoffnung verbindet jedenfalls der Premierminister mit den Türmen.[11]

Im Entwurf des Grundrisses erfüllt der Architekt die Anforderung des Auftraggebers, dem Bau eine malaiische Note zu geben. Er überlagert zwei Quadrate, so dass ihre Spitzen hervorstehen, und füllt die Seitenkanten mit Halbkreisen auf, respektiert somit die Tradition islamischer Geometrie, »deren komplexe Figuren eine Methapher für die Unbegreiflichkeit Gottes sind.«[12] In der Ansicht ergibt sich eine säulenförmige Gestalt. Spitzen und Rundungen lösen sich als aufstrebende Bahnen ab. Die Stockwerke sind deutlich übereinander geschichtet, die Fenster laufen als horizontale Bänder mit vorkragenden Sonnenblenden um den jeweiligen Turm. Beiden Turmgiganten ist je ein nur 40-stöckiger Zylinder vorgestellt. Diese korrespondieren in ihrer Höhe mit der Brücke, die im 42. Stockwerk die Giganten verbindet. Das trotz der extremen Höhe filigran wirkende Gebilde weist im eigentlichen Sinn keine Schauseite auf, die säulenförmige Gestalt bietet nicht die eine besondere

Seite an, soll aber räumliche Orientierung geben. Obwohl weit über die durchschnittliche Bebauungshöhe der Stadt ragend, wird der Ort im Stadtraum, das Kuala Lumpur City Center, ein Freizeitpark, der mit den Türmen neu entstand, »im Inneren der Stadt infolge der Überschneidungen mit den vielen anderen Hochhäusern jedoch nur sehr eingeschränkt wahrgenommen«[13]. Die Gestaltung der Türme mit vorgesetzten Zylindern und Brücke formuliert eine Raumsituation, die Torcharakter hat, und tatsächlich haben sie die Qualität einer Eingangszone zum Center. In diesem Center, einer Stadt in der Stadt, wird ein kultureller Mix angeboten von Arbeiten, Erholen, Wohnen, Shoppen, Unterhaltung und Tourismus. Konzeptionell wird höchster technischer Standard mit der Präsentation kultureller Eigenheiten und natürlichen Reichtums verbunden. Real mutieren kulturelle und natürliche Besonderheiten zu verbal verfochtenen, aber kaum wahrnehmbaren Randaspekten im ehrgeizigen Center. Da die Türme zwar das Hauptquartier der nationalen Ölgesellschaft sind, darüber hinaus jedoch eine Mischnutzung anbieten, sind sie nicht nur real Tor und Bestandteil dieses Prestigekomplexes in Malaysia, sondern auch im übertragenen Sinn ein Tor zu Malaysias Entwicklung im internationalen Wettbewerb, letztlich eine staatliche Botschaft an die Welt, durch das Tor zu treten und Malaysia einzubeziehen in die globalen Prozesse.

New York, Rockefeller Center, Blick auf das ehemalige
RCA-Building, heute GE-Building. Deutlich erkennbar ist
die Abstufung des Gebäudes, Architekten Hood & Fouilhoux;
Reinhard & Hofmeister; Corbett, Harrison & MacMurray,
1932–40

New York, Rockefeller Center, Architekten Hood & Fouilhoux; Reinhard & Hofmeister; Corbett, Harrison & MacMurray, 1932–40

Developer-Projekte

Die hier vorgestellten, von Developern
errichteten Center sind keine Solitäre, sondern Komplexe mehrerer Bauten. Unternehmen, die diese Büroetagen oder Bauten voll-
ständig mieten, sind mit dem Problem
konfrontiert, ihre Fassade nicht selbstständig imageprägend ausbilden zu können,
sondern in eine Fassade schlüpfen zu müssen, die vorgegeben ist. Im Gegensatz zu
den Firmenrepräsentationen mittels des
eigenen Gebäudes, integrieren sie sich in
ein übergeordnetes bauliches Ausdrucks-
system. Der Spielraum, der in dem Verhältnis von übergeordnetem Superzeichen des
Komplexes und der Chance zur Ausbildung
einer firmensignifikanten, baulich bildhaften
Präsenz existiert, wird für die Fassaden-
thematik interessant.

Rockefeller Center in New York
Das Rockefeller Center in New York, ein
Ensemble von 14 Gebäuden, zwischen 1933
und 1940 errichtet und später erweitert,
dehnt sich über drei Straßenblocks von der
Fifth zur Sixth Avenue und zwischen der
48. und 51. Straße aus. Raymond Hood, der
schon vielfach Erfahrungen mit Wolkenkratzern gesammelt hatte, war der kreative Kopf
einer Architektengruppe, die das Projekt
ausführte. Ursprünglich als städtebaulicher
Komplex für die Metropolitan Opera Company geplant, wurde das Ensemble als städtebauliches, privat finanziertes Projekt
durch John D. Rockefeller jr. vollendet und
für eine Mischnutzung angeboten. Weltwirt-
schaftskrise und Schwierigkeiten im Unternehmen bewirkten diesen Wechsel, eine
Konzeptänderung folgte. Da nicht mehr die

Oper diesen Komplex attraktiv machen würde, wird ein Pakt mit der Kommunikations-
industrie geschlossen, um das Gelände zum
Besuchermagneten zu machen, und auf diese Weise werden die Radio Corporation of
America, NBC und RKO als Bauherren mit ins
Boot genommen. Die Bezeichnung des Komplexes »Radio City« kennzeichnet dann auch
die Tatsache, dass eine Stadt in der Stadt
einstanden ist und Varieté- und Filmvor-
führungen in der Radio City Music Hall und
im Center Theater hauptsächlich die Öffentlichkeit anziehen.

Die Zusammengehörigkeit der Hochhaus-
gruppe in diesem Ausschnitt des schach-
brettartigen Stadtgrundrisses wird durch das
einheitliche Material der Fassaden, Kalk-
stein, vorgeführt und durch die Gestalt der
einzelnen Gebäude, die als schlanke Scheiben mit dünnen Rücksprüngen modelliert
sind. Gleichzeitig grenzt sich der Komplex
durch diese Merkmale von der Umgebung
ab. Wie ein Echo in einer Gebirgslandschaft
verteilt sich die gleichartige Fassadengestaltung auf die verschiedenen Gebäude, die in
ihren Dimensionen variieren. Im Zentrum
des Komplexes erhebt sich das Radio Corporation of America Building (RCA Building)
mit 259 Metern.[14] Von Norden oder Süden
betrachtet scheint sich über die breiten
Flächen eine Textur mit Schuss- und Kettfä-
den zu spannen, in die die Fenster einge-
webt sind. Da die Senkrechten in der Fläche
den Eindruck bestimmen, ist dem RCA Building ein imposanter Höhenzug eigen; das
Gebäude wirkt aufgestellt, balancierend auf

New York, Rockefeller Center, ehemaliges RCA-Building,
heute GE-Building, Architekten Hood & Fouilhoux;
Reinhard & Hofmeister; Corbett, Harrison & MacMurray,
1932–40

Grundriss und Zeichnung Rockefeller Center New York

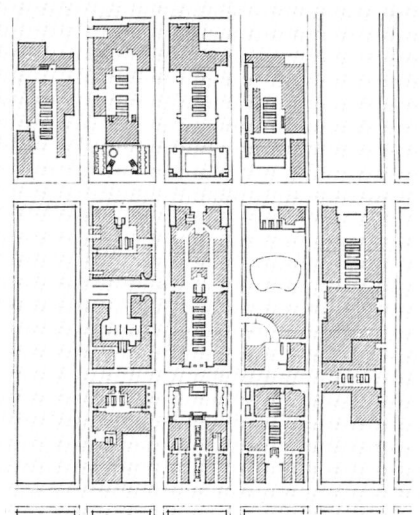

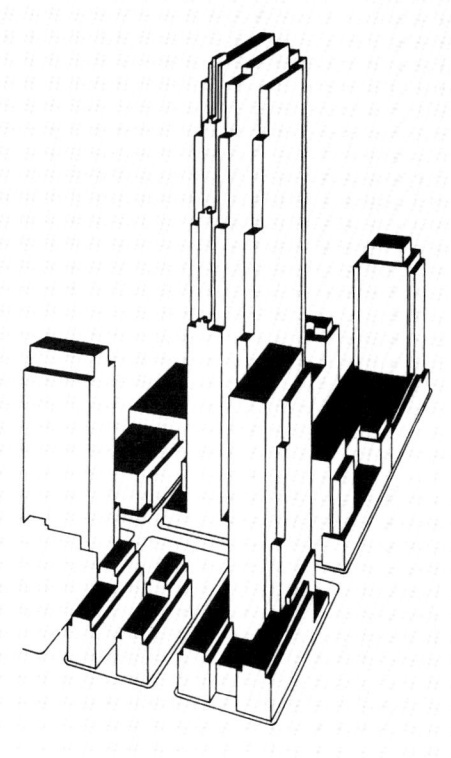

Entwurfstadien des Rockefeller Center
in New York

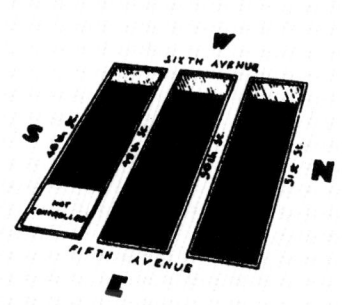

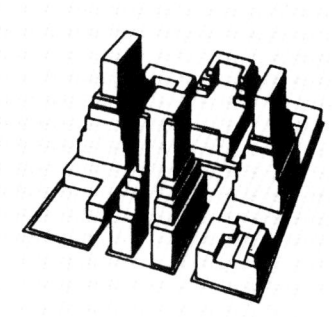

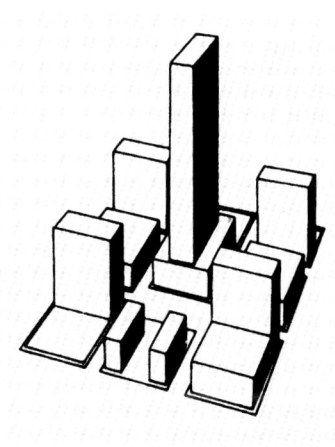

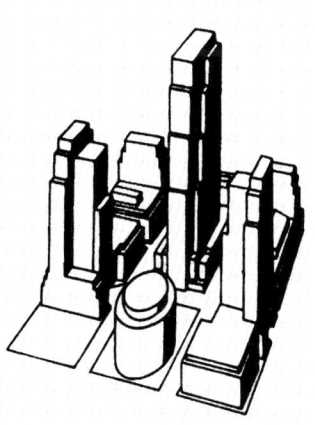

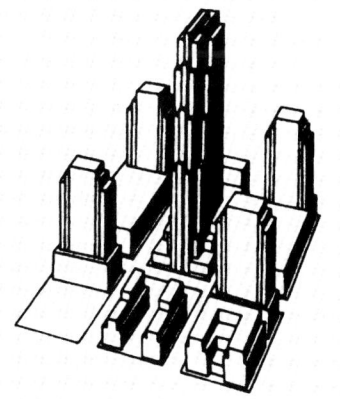

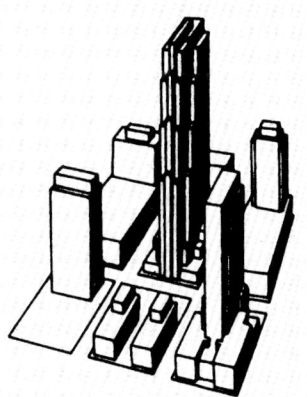

der geringsten Grundfläche wie ein Rechteck. Im Gegensatz zu den enormen Flächen überrascht die Schmalheit des Baus auf der West-, noch mehr auf der Ostseite. Wie an den Breitseiten werden an der Ostseite Rücksprünge und Abtreppungen sichtbar, die dem Bau nach oben Masse nehmen und ihn zusätzlich schmal machen. Dieser Wolkenkratzer erweckt den Eindruck als seien riesige schmale Platten zu einer Scheibe zusammengefügt worden. Durch diesen gestalterischen Trick bekommt der gigantische scheibenförmige Bau Perspektive und entgeht der Tristesse eines reinen Rechtecks. Die am RCA Building angedeutete additive Komposition von gleichartigen Elementen verweist auch auf den Gesamtkomplex, dessen Einzelbauten nach einheitlichem Prinzip gestaltet wurden.

Präsentieren sich die Einzelgebäude mittels Fassaden und Gestalt als zum Ensemble gehörig, so werden sie durch ihnen zugeordnete Kunstwerke individualisiert.[15] Diese Attribute sind allerdings nur von der Fußgängerperspektive aus wahrnehmbar, stören den Bezug zum Ganzen nicht. Für das Ensemble ist charakteristisch, dass es nicht auf einen Blick wahrzunehmen ist. Anordnung und Beziehung der Einzelbauten im Raum sind nicht von einem einzigen Standpunkt aus zu erfahren, erst ein Durchschreiten des Ensembles mit wechselnden Richtungen und Standpunkten im Raum, ein montierter Blick, erschließt den Komplex. Höhensprünge, Tiefenstaffelung, enge Raumschneisen, geweitete Flächen, Bildanschnitte können so entdeckt werden. Es gibt nicht *die eine* Ansicht, was exempla

risch ein Blick von der Rockefeller Plaza auf die drei größten umstehenden Bauten mit verschiedener Höhe und Ausrichtung beweist. »Sie können weder von einem einzelnen Platz aus verstanden, noch mit einem einzigen Blick erfasst werden.«[16] In der Bewegung und der Kombination des jeweils ausschnitthaft Gesehenen liegt die Chance, das Rockefeller Center in seiner Komplexität zu erfassen. Dass die höchsten um das RCA Building geordneten Scheiben wie Windmühlenflügel zum Mittelpunkt stehen, kann allerdings am besten aus der Vogelperspektive gesehen werden[17]; auch hier der Aspekt der Bewegung.

Das Überwältigende am Rockefeller Center ist seine Symbiose aus Bekanntem und Überraschendem: Die Klassizismen in der Gestaltung sind nicht gefroren, sondern heiter; Art-Deco-Ornamentik trifft auf die schmucklose Klarheit der Moderne; Symmetrie und Axialität werden irritiert; Ordnung enthält Überraschung; die Vielfalt der Bauten ist in der Ensembleeinheit gebunden; der Einzelbau ist Teil eines geplanten Ganzen, einer Gruppe.

Ein solches Angebot, das Rockefeller auf Privatinitiative – privat finanziert und mit privatem Risiko – der Öffentlichkeit mit diesem Center macht, hat es vorher nicht gegeben. Die gemischte Nutzung beruht auf einem kommerziellen Konzept und dieses befördert das urbane Pulsieren. Dafür leistet das Ensemble mit seiner räumlichen Struktur einen ordnenden und zugleich unterstützenden Beitrag. Da es nicht auf Einansichtigkeit hin organisiert ist und im Durchlaufen erlebt werden muss, nivellieren sich die einzelnen Orte im Ensemble potenziell. Im Ensemble werden die Nutzer von der übrigen Stadt hervorgehoben ohne gettoisiert zu sein, im RCA Building haben sie ihr gemeinsames Höhenzeichen. Das Center als Ganzes wird imageprägend für den einzelnen Nutzer; es hebt die baulich repräsentative Konkurrenzsituation der Einzelnen in seinem Bereich auf und beantwortet sie im

städtischen Maßstab für alle Center-Nutzer mit dem RCA Building. Das Center übt damit eine Stellvertreterfunktion hinsichtlich der Repräsentation aus. Der Name des Centers allerdings wirbt für den privaten Investor, der mit dem Ensemble soziales Gewissen demonstriert, jenseits der elitären Arroganz der Solitäre ohne Angebote an die städtische Gemeinschaft. Ein Unternehmer legt sich auf diese Weise das Image zu, an der Wohlfahrt aller interessiert zu sein und aktiv einen Betrag zu leisten.

Rockefeller hat mit diesem Komplex in der Zeit der Depression ein Terrain städtischer Vitalität entstehen lassen, das zum Zeichen seiner wirtschaftlichen Potenz schlechthin geworden ist. Dass sich Rockefeller aber nicht nur in der Rolle des Stadtteilentwicklers sieht, sondern auch in der eines Mäzens in Sachen bildender Kunst, beweisen die zahlreichen in Auftrag gegebenen Fresken und Plastiken, die auch die Interpretation des Centers in die richtige Bahn lenken sollen. Im Vordergrund steht hierbei ganz sicher: »Es ist eine Stadt in der Stadt, die symbolisch die Welt umfasst; diese Geste findet ihren Ausdruck in der Atlasstatue vor dem International Building, dem Aufgebot von Nationalflaggen sowie der Maison Française und dem British Empire Building.«[18] Das Thema, das sich generell durch die bildkünstlerische Gestaltung zieht, feiert die Kraft der Menschen, mit Wissen, Kunst, Technik und Kapital die Welt nach ihrem Maßstab zu gestalten.

World Trade Center in New York
Anfang der Siebzigerjahre erheischt in New York ein vom Architekten Yamasaki entworfenes Bauwerk die Aufmerksamkeit: das World Trade Center mit seinen Doppeltürmen, die zwischen 1972 und 1974 mit 415 und 417 Metern die höchsten Gebäude der Welt sind. Die Port Authority of New York and New Jersey als Bauträger vermietet in diesen gigantischen Türmen Büros für den internationalen Import und Export. An der Südspitze Manhattans besetzen diese aufragenden silbernen Kästen die westliche Uferseite, ein öffentlicher Platz wird gebildet. Aus der Sicht vom Wasser dominieren sie die Skyline. Ihre simple Gestalt, diese reinen, in

New York, World Trade Center,
Architekt Minuro Yamasaki, 1973

ihrer Grundform belassenen Kuben, ignoriert formal-gestalterische Differenzierungen, wie sie sich in New York in den Siebzigerjahren vollzogen. Mit dieser doppelten, ungestörten Elementarfigur setzen sie sich jedoch wirkungsvoll von den übrigen Wolkenkratzern ab: Nicht nur dass sie als Blickfang den traditionellen Ort der seeseitigen Ankunft besetzen, sie stehen hier als höchstes Höhenzeichen der Stadt. Mit ihrer gigantische Höhe scheren sie jedoch aus der Höhenkonkurrenz der andern Bauten in Manhattan aus: Sie schaffen einen neuen, eigenen Maßstab, der sich nicht mehr auf den Wettbewerb Turm gegen Turm bezieht, sondern der mit seinem extremen Höhenmaß die Skyline befriedet, gewissermaßen einen vorläufigen Schlusspunkt setzt und die anderen Bauten mit in die Höhe zieht. Die anderen Bauten liegen in der seeseitigen Blickachse real im Hintergrund, werden aber durch das extrem unterschiedliche Höhenniveau noch zusätzlich in den Hintergrund gedrängt, zum Teil wird die Aussicht auf die Stadt verstellt. Die inszenatorische Absicht liegt auf der Hand: Das World Trade Center empfiehlt sich als erstes Haus am Ort, nach Lage, Höhe, Gestalt und Fassade. Der Standort ermöglicht ursprünglich die Ansicht der Gesamtgestalt der silbernen Doppeltürme von der Wasserseite aus, erst in den Achtzigerjahren schiebt sich großformatig das World Financial Center davor. Die alte Gliederung der Hochhaustürme in Basis, Schaft und Kopf scheint aufgelöst, nur rudimentär tritt sie noch an den gewohnten Stellen auf: Das nach außen verlegte Tragwerk zieht sich in eng beieinander liegenden Streben ununterbrochen nach oben, wobei die schmalen, aluminiumverkleideten Rippen an der Basis und am Ende der Türme in Bogenformen gebündelt werden. Die silbernen Kuben weisen keine raffinierte Fassadengestaltung vor, kein Eingriff verlebendigt die strenge Form, keine Applikation stört die Einfachheit der Präsentation. Die Höhe als solche, die Reinheit der Form, die

Makellosigkeit der silbern schimmernden Fassade werden vorgeführt. In dieser edel vorgezeigten Reduktion liegt die Kraft: Das Klare, das Simple, das Elementare wird als Wert ausgestellt, unverfälscht von anderen zusätzlichen Botschaften. Mit dieser Fassade hebt sich das World Trade Center von den übrigen Fassaden ab – von den historisierenden, denen im Art-Deco-Stil, den modernen Glaswänden. Doch dem Auge bietet die Fassade keinen Halt, keinen interessanten Punkt, es gibt nichts im Detail zu entdecken, nur große gleichförmige Flächen. Das Edle läuft Gefahr banal zu wirken. Die Präsentation im Doppelpack hebt diese Tendenz jedoch auf.

New York, Blick auf einen Turm des World Trade Centers durch den Wintergarten des World Financial Centers, Architekten Minuro Yamasaki, 1973, Cesar Pelli 1985

Im Vergleich zu den anderen Wolkenkratzern von Manhattan schwingt in der baulichen Präsentation des World Trade Centers ein archaisches Ausdrucksmoment mit. Kubische Gestalt, gigantische Höhe, die durch die enge Strebenführung suggerierte geschlossene Fassade, in der die Geschosse bei Tageslicht kaum auszumachen sind, und vor allem die Präsentation als Zwillingstürme inspirierten zum Vergleich mit italienischen Geschlechtertürmen[19], den mittelalterlichen städtischen Riesen, in denen die Adelsfamilien ihren Machtanspruch radikal durch Höhe und ihre Unangreifbarkeit durch die geschlossene Fassade ausstellten. Diese Verdoppelung der Turmgestalt beim World Trade Center fungiert als wesentliches Moment, um die bauliche Inszenierung der Banalität zu entreißen und die Architektur zum Wahrzeichen werden zu lassen.[20]

Institutionen und Organisationen des Welthandels, die in diesem Bau residieren, bilden keine eigene Gestaltrepräsentanz aus, sie sind im Gegenteil unter dem Superzeichen der Zwillingstürme subsummiert. Die minimalistische und monolithhafte bauliche Erscheinung der Doppeltürme lässt keine Differenzierung der einzelnen Parteien zu. Die Zwillingstürme werden zum Zeichen für das Zentrum des Welthandels, bezeichnen den Ort und verweisen auf die Zugehörigkeit New Yorks zum Netz der bedeutenden Städte weltweiter Handelsstrukturen. Die eingemieteten Unternehmen beziehen die Kraft des Zeichens imageprägend auf sich, nutzen es für ihre Reputation. Gebäudezeichen und behauste Tätigkeiten verhalten sich umgekehrt zueinander: In der klaren, auf eine Elementarform reduzierten baulichen Gestalt wird ein komplexer Vorgang von unterschiedlichen Akteuren betrieben. Im Unterschied zum Rockefeller Center wird nicht der Name des Developers zum Synonym für den Ort, sondern die Funktion definiert Ort und Gebäude: Welthandelszentrum.

World Financial Center

Westlich vor dem World Trade Center liegt auf einem aufgeschütteten Gebiet, Battery Park City, der Komplex des World Financial Centers. Nach dem Entwurf von Cesar Pelli ist ein städtebaulicher, multifunktionaler öffentlicher Komplex 1985 fertig gestellt worden, in dem vier Haupttürme das Areal beherrschen, die jedoch mit bis zu 225 Metern Höhe wesentlich niedriger sind als die Zwillingstürme des World Trade Centers. Der gesamte Komplex, bei dem die Terraingesellschaft Olympia & York als Developer auftrat, ist in seiner Gestaltung als zusammengehörig erkennbar. In einen der Türme haben sich der Finanzinformationsdienst Dow Jones, die private Investionsbank Oppenheimer und die Battery Park City Authority eingemietet, in zwei Türmen hat American Express seinen Sitz und den vierten mietet Merrill Lynch.

Die vier Bürotürme des World Financial Centers sind unterschiedlich hoch, ihre Gestaltung folgt jedoch gleichen Prinzipien. Diese Türme steigen von einer granitverkleideten Basis auf, deren Glasanteil sehr gering ist. Mit zunehmender Höhe ändert sich das Verhältnis von Granit und Glas: Mit dem Aufstreben weicht in den Fassaden der Stein dem Glas, das Glas wird spiegelnder, die Wände lösen sich mehr und mehr auf, schließlich beherrscht das Glas die Fassaden. Die Abschlüsse der Wolkenkratzer sind wie Kappen unterschiedlicher Form jedem Turm aufgesetzt. Der Wechsel im Verhältnis von Stein zu Glas an der Fassade verändert die Wirkung der Bauten: Aus steinern geschlossener Kompaktheit wird gläserne Leichtigkeit, ohne dass die Bauten ihren gediegenen Grundzug einbüßen.
Nicht nur der Umgang mit dem Material und die Wirkung der Fassaden, auch die Komposition der Figur ist den Türmen gemeinsam. Die Türme scheinen sich aus einem Kern emporzuschieben, verjüngen sich nach oben. Der teleskopartige Eindruck wird dadurch erzielt, dass einem Rumpf scheinbar Scheiben vorgelegt sind, wobei sich die Höhe der Scheiben von innen nach außen verringert. Der Betrachter wird in ein Spiel mit Zitat und Erinnerung einbezogen: Die vorgelegten Scheiben erinnern an die frühe Zeit der Wolkenkratzer, als das Equitable Life Building 1915 die Anlieger mit seiner lichtfressenden Existenz schockierte und darauf mit dem Zonierungsgesetz von 1916 geantwortet wird, das die Architekten zwingt, zugunsten von Licht und Luft in den engen Straßenschluchten die Hochhäuser mit Rücksprüngen zu gestalten, so genannten Setbacks. Zum andern kommen die Gebäude des Rockefeller Centers in den Sinn, insbesondere das dominierende RCA Building, das einen ähnlichen Eindruck von einer aufragenden Grundgestalt mit vorgelegten Platten assoziiert. Der Bogen zur Architektur- und Städtebaugeschichte ist damit geschlagen, das World Financial Center integriert sich mit seinen Turmgestalten und dessen Fassaden in den Kontext der Stadt New York. Auch ein anderer Gesichtspunkt zeigt diese kontextuelle Haltung: Sichtachsen auf die Hochhäuser vom Wasser aus und von den anderen Wolkenkratzern in Richtung Wasser werden nicht versperrt.

Im Gegensatz zu den Zwillingstürmen des World Trade Centers, die nur durch einen geringen Höhenunterschied, in ihrer Gestaltung jedoch nicht voneinander abweichen, zeigen die vier Türme des World Financial Centers Differenzierungen. Ihre Baukörper und Fassaden folgen zwar gleichen Prinzipien, sind jedoch nicht identisch. Das Interesse, einen ganzheitlichen, homogenen und dennoch in der Einheit vielgestaltigen Komplex zu schaffen, wird der Tatsache der ganzheit-

New York, World Financial Center,
Architekt Cesar Pelli, 1985

New York, World Financial Center, Dächer, Architekt Cesar
Pelli, 1985

lichen Verfügung des Bauträgers gerecht,
der imageprägend für das Center wird. Dennoch bietet die Gestaltung Spielraum zur
Identifikation der eingemieteten Unternehmen mit dem jeweils bezogenen Turm und
dies hauptsächlich über den Dachabschluss.
Mit den Dachkappen, die als Pyramide, Pyra-
midenstumpf, Kuppel und Zikkurat geformt

New York, World Financial Center mit öffentlicher Freizeit-
zone am Hudson River, Architekt Cesar Pelli, 1985

sind, bekommen die Türme eine Eigenheit. In
der Einheit des Ganzen werden sie somit als
selbstständiger Teil ausgewiesen und die eingemieteten Firmen repräsentieren sich auf
zweifache Weise bildhaft: in der Gemeinschaft
als Gesamtkomplex World Financial Center,
damit als Superzeichen, und als eigenständi-
ger Bestandteil des Komplexes. Sie werden
also nicht vom Superzeichen verschlungen
wie die Firmen im World Trade Center, sondern können über die Gestalt identifiziert
werden. Die Zone am Turm, wo diese separie-
rende Imagebildung erfolgt, knüpft wiederum
an die Tradition der Wolkenkratzerarchitektur
an. Es ist der Turmkopf, der signifikant ausgebildet wird, doch auch hier herrscht ein
einheitliches Gestaltungsprinzip vor: Elemen-
tarformen werden verwendet. Dass auch hier,
wie beim World Trade Center, die Funktion
den Namen für den Ort gibt, deutet nicht nur
auf Verdichtungsprozesse in diesem Wirt-
schaftsbereich hin, sondern auch darauf, dass
in ihnen eine neue Imagepotenz liegt.

Kulturimage

Burgberg für Kunst und Wissenschaft –
Getty Center in Los Angeles

Seit der Ölmilliardär Getty sich mit dem
Nachbau der römischen Villa dei Papiri aus
Herkulaneum in Malibu und dem dort ein-
quartierten J. Paul Getty Museum als Kunst-
mäzen einen Namen gemacht hat, waren gut
zwanzig Jahre vergangen. Im Dezember
1997 wird ein neues Gettyprojekt eröffnet,
ein Komplex, nicht vergleichbar mit dem
ersten. Seit Anfang der Achtzigerjahre gibt
es Überlegungen und Vorbereitungen für das
neue Getty Center. Die fallen in einen Zeitraum, in dem in den USA ein politisches
Klima herrscht, in dem private Interessen
nicht nur vor sozialen Zielen rangieren,
sondern von Washington auch vorrangig bedient werden. Von Institutionen der Bildung,
Kultur und Kunst wird erwartet, sich hauptsächlich aus privaten Quellen zu speisen
und sich nicht auf staatliche Unterstützung,
weder inhaltlich noch finanziell, zu verlassen. Die Abhängigkeit der Institutionen von
Zielen und Wünschen der Geldgeber – oft
abseits öffentlicher Interessen – liegt auf
der Hand. In dieser Situation sind die Planungen für das Getty Center angesiedelt.
Der Schieflage im kulturellen Bereich versucht der Getty Trust entgegenzuwirken und
mit dem Projekt des Getty Centers als privater Institution, die öffentlichen Interessen
zu bedienen. Mit dieser Zielstellung reiht
sich der Getty Trust in die Tradition des
amerikanischen Philantropismus ein.[21] Die
Aufgabenstellung, die mit dem neuen Projekt verbunden ist, hat zwei Kernpunkte:
die konzeptionelle Suche nach dem Platz in
der internationalen Museumskultur und die
Frage nach Ort und Behausung des Projekts.

Los Angeles, Getty Center, Eingangsbereich,
Architekt Richard Meier, 1997

Los Angeles, Getty Center, Gesamtanlage,
Architekt Richard Meier, 1997

Los Angeles, Getty Center,
Eingang zur Permanent Collection,
Architekt Richard Meier, 1997

Die vielschichtigen Aktivitäten, die das
Getty Center beherbergen soll, von der
Museumssammlung über Restaurationslabors
bis zu wissenschaftlichen Forschungs-
instituten, mit dem Anspruch zu den führenden in der Welt zu gehören, sollen entsprechend baulich repräsentiert werden.[22]
Als Ort wählt man eine Hügelkette in Los
Angeles, für den Entwurf des Gebäudekom-
plexes Richard Meier.

Das Getty Center in Los Angeles, oberhalb
der Kreuzung von Sunset Boulevard und San
Diego Freeway, auf den Hängen von Brent-
wood Hill, dehnt sich im Wechsel von Gebäuden, Plätzen und Gärten vor dem Besucher
aus, der den Anstieg mit einer elektrischen
Tram bewältigt. Bereits bei der Anfahrt auf
dem San Diego Freeway ist auf der Hügelkette ein Ensemble von Bauten zu erkennen.

Ein Klosterkomplex, eine Bergstadt oder eine
Festung, die Assoziationen sind weit
gefächert. Oben angekommen, beeindruckt
zunächst die extraordinäre Lage, abgehoben
von der Großstadt, eingebettet in die Landschaft. Der beigefarbene Ton der Gebäudefassaden aus hellem Travertinstein gibt der
vielgliedrigen Architektur eine einladende
Heiterkeit und hebt sie als Gegensatz zur
umgebenden Natur hervor. Zwei große räumliche Orientierungen hält der Komplex für
den Besucher bereit: die zum Museumsareal
und die zum Wissenschaftszentrum. Der
Museumskomplex, ein Bereich aus mehreren
Pavillons, wird durch eine offene Rotunde
erschlossen. Sie fungiert als transitorischer
Raum, wobei durch die großzügige Verwendung von Glas dieser Charakter verstärkt

wird. Entlang der anschließenden mittleren Achse sind die Pavillons beidseitig gruppiert, ohne jedoch zu dieser symmetrisch gestellt zu sein. Vor- und Rücksprünge, der Wechsel in den Fassaden von Travertin- zu Glaszonen, räumliche Aufweitungen und Nischen sorgen für Überraschungsmomente. Ganz im Gegensatz dazu steht das ebenfalls als Rotunde ausgebildete Wissenschaftszentrum. Sein kreisförmiger Hof ist als zentraler Raum auf sich orientiert, ist abgeschirmt von äußeren Einflüssen. Kontrastierende Verhaltensmuster und Abläufe werden in beiden Teilbereichen baulich inszeniert: die Entdeckungsreise durch die Welt des Museums und die Konzentration wissenschaftlicher Arbeit. Diese hier entfalteten und sich ergänzenden Motive werden im gesamten Komplex des Centers variiert ausgespielt, so dass sich das Ganze als kontrastreiches Ensemble darstellt, offen für verschiedenste Aktivitäten. Die Vielfalt der räumlichen und optischen Angebote in dem in sich homogenen Ensemble deutet ein Gewordensein, ein Verdichtetsein an, das jedoch nicht auf einem zeitlich versetzten Entstehungsprozess der Baugruppen basiert, sondern dem Plan des Architekten entspringt. Die eine, alle Blicke auf sich ziehende Fassade gibt es nicht. Im Gegenteil: Die Wahrnehmung des Betrachters wird herausgefordert, die Vielfalt in der Einheit und ebenso das Kontinuum mit seinen Details zu entdecken.

Wird nach gestalterischen Anleihen für den Komplex gesucht, kommt sofort der Typus des amerikanischen Universitätscampus ins Bild, aber auch das Projekt des Black Mountain College von Walter Gropius und Marcel Breuer. Noch prägnanter ist wohl der Bezug zum Entwurfskonzept von Luis I. Kahn für das SALK-Institut. Ein Komplex, unterteilt in Laboratorien-, Wohn- und öffentliche Versammlungsbereiche, wird eingespannt in eine Landschaft zwischen Meer und Hügel. Die Gemeinsamkeit von Meiers Gettyprojekt mit dem von Kahn für SALK liegt darin, ein Konzept zu erstellen, das darauf abzielt,

hochspezialisierten Zwecken sowohl in ihren Unterschieden wie auch in ihrer Korrespondenz zu dienen und ihre Unterschiede in der räumlichen Anordnung der komplexen Gebäude und Räume zu erzählen.[23]

Von den Assoziationen, die das Ensemble hervorruft, ist sicherlich die einer Zitadelle die treffendste.[24] Nicht nur die Abgelegenheit des Getty Centers von der Stadt, auch die Lage hoch auf einem Berg rufen den Eindruck hervor. Als in sich abgeschlossener, besonderer und bedeutender Ort, bietet sich das Center dar. In seinem wichtigsten Bestandteil, dem Museumskomplex, verwahrt es Kunstschätze. So fungiert das Museum als Behältnis, es wird zum ›Schatzhaus‹. Dem entspricht die bauliche Gestalt des Centers, die eine Symbiose aus Sichern, Abschirmen und Bewahren vermittelt, so dass gefolgert werden kann: »*Zitadelle* und *Schatztruhe* verkörpern Macht und die Notwendigkeit nach Schutz in gleichem Maße.«[25]

Diese Kombination aus ›Macht‹ und ›Schutz‹ kennzeichnet aber nicht nur die Architektur des Getty Centers. Der Getty Trust setzt sich mit dem Ensemble selbst ein Zeichen, präsentiert sich mit seiner Kultur-Zitadelle als Mäzen öffentlicher Angelegenheiten. Bislang unangefochten die Reihe privater Kultur- und Wissenschaftsinstitutionen anführend, stellt er mit dem Center seinen Führungsanspruch in dieser gesellschaftlichen Sphäre baulich dar: Der Trust ist mächtig genug, den Gütern der Kultur großzügig Schutz zu geben, für ihre Erhaltung zu sorgen, sie wissenschaftlich aufbereiten zu lassen und der Öffentlichkeit zu präsentieren. Somit wird nicht nur dem zu Bewahrenden ein Gehäuse geschaffen und der Öffentlichkeit ein Ort ihrer Teilhabe am kulturellen Schatz geboten, sondern auch der Bewahrer selbst inszeniert sich baulich zeichenhaft als Hüter der Kultur. Durch die Wahl von Lage und Ort – abseits der pulsierenden Großstadt und den Niederungen des Alltags entrückt, eingefügt in unberührte Natur – und das räumlich-architektonische Konzept des

Ensembles, basierend auf der inhaltlichen Zielstellung des Projekts, kann das Thema der repräsentativen Fassade ausgeweitet und auf eine Hauptfront verzichtet werden. So steht nicht eine Schauwand stellvertretend für das Ganze und heischt nach dem Blick des Betrachters, sondern das gesamte Ensemble fordert die Wahrnehmung heraus.

Anmerkungen

1 Huxtable, 1986, S. 65
2 Ebd., S. 76
3 Vgl. Schmidt, 1991, S. 57
4 Zit. nach Schmidt, 1991, S. 77
5 Zit. nach Goldberger, 1984, S. 52
6 Stern, S. 32
7 Schmidt, 1991, S. 199
8 Stern, S. 32
9 Beispielsweise deutete das Radiator Building von 1924 mit seinem schwarzen Ziegelturm auf einem Sockel aus schwarzem Granit und der goldenen Krone auf die Verwandlung von Kohle in Energie hin. Der Turmabschluss des General Electric Building von 1931 sollte Radiowellen assoziieren.
10 Stern, S. 40
11 Vgl. Interview with Tan Sri Datuk Seri Azizan Zainul Abidin. In: Sculpting the sky, S. 9
12 Dupré, S. 115
13 Flierl, 2000, S. 215
14 Das RCA Building ist heute das GE-Building, das General Electric Building
15 Kunstwerke wurden bereits bei der Planung der Bauten in die Gestaltung einbezogen. Zu den bekanntesten Werken gehören die Bronzeplastik »Prometheus« von Paul Manship auf der Lower Plaza und die Bronzestatue »Atlas« von Lee Lawries vor dem International Building.
16 Giedion, 1989, S. 503
17 Vgl. ebd.
18 Stern, S. 34
19 Vgl. Huxtable, 1976, S. 122
20 Vgl. ebd.
21 Vgl. Forster, S. 8
22 Sechs Hauptgebäude umfasst das Getty Center: das J. Paul Getty Museum/ das Getty Center for the History of Art and the Humanities/ ein Gebäude für das Getty Conservations Institute, das Getty Center for Education in the Arts und das Getty Grant Program/ ein Gebäude für das Getty Art History Information Program und das Trust administrative office/ ein Auditorium und ein Restaurant.
23 Vgl. Forster, S. 8. Für das SALK Institut of Biological Studies, La Jolla, Kalifornien entwarf Kahn den Komplex zwischen 1959 und 1965. Ein ursprünglich vorgesehener Gemeinschaftskomplex ist nicht verwirklicht worden. Das Black Mountain College wird bereits 1933 als Liberal Arts College gegründet. Gropius und Breuer entwerfen 1939 ein Ensemble, dessen Gebäude entlang am gekurvten Ufer des Lake Eden, North Carolina, errichtet werden sollten. Geschwungene Balkone kontrastieren zu den Gebäudekuben. Der Entwurf ist Projekt geblieben.
24 Vgl. ebd., S. 10/12, hier auch der Vergleich mit der Alhambra
25 Vgl. ebd., S. 12 (Übersetzung B. Kündiger)

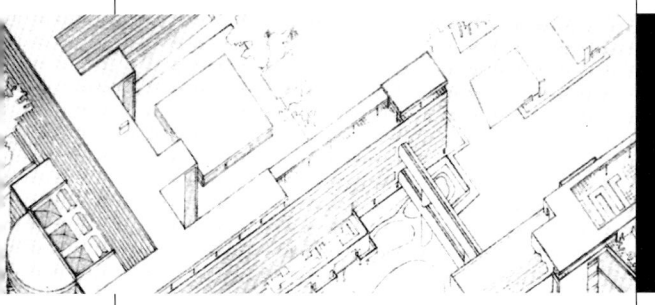

Multinationale Bauaufgaben des 20. Jahrhunderts

Nachdem sich im 19. Jahrhundert ein Wandel der Bauaufgaben vollzogen hatte, Schloss, Palast und Kirche abgelöst wurden zu Gunsten von Bauten für Kultur, Bildung, Verkehr, Bürokratie und nicht zuletzt von Bauten der nationalen Repräsentation, entwickelt sich zu Beginn des 20. Jahrhunderts eine neue Aufgabe. Mit der Gründung von übernationalen Organisationen steht die Frage nach deren praktischer Behausung, aber auch die nach deren baulicher Darstellung. Welche gestalterischen Mittel taugen für eine repräsentative Hülle, wie ist der Anspruch nach Monumentalität angemessen zu erfüllen? Liegt das Heil im Bekannten, in Säulenordnungen, Pfeilern und Skulpturen an monumentalen Baukörpern, oder können Vertreter der Moderne mit ihrem Gestaltungsrepertoire eine solche Aufgabe leisten? Diese Fragen stehen auf der Tagesordnung als es um den Völkerbundpalast in Genf geht. Beim zweiten Anlauf, eine Weltorganisation zu behausen, als für die UNO Quartier gemacht und nach ihrer baulichen Darstellung gesucht wird, ist der Streit zwischen Vertretern konservativer architektonischer Auffassungen und denen der Moderne beigelegt. Auch hier stand das Thema der baulichen Repräsentation an vorderster Stelle und ist, wie das Ergebnis zeigt, nicht ganz unproblematisch.

Ensembles für globale internationale Organisationen

Nach den verheerenden Weltkriegen im 20. Jahrhundert entstehen jeweils multinationale staatliche Organisationen mit dem Ziel, den Ausbruch neuer Weltbrände zu verhindern. Als Hauptweg gilt die internationale Zusammenarbeit; die Steuerung dieses Zusammenwirkens soll über eine Organisationszentrale erfolgen, für die jeweils eine repräsentative Behausung zu schaffen ist. So entsteht in Genf der Völkerbundpalast und in New York der Gebäudekomplex für die UNO. Es gilt in beiden Fällen sowohl die Arbeit der Generalversammlung und deren Ausschüsse als auch die Tätigkeiten des Generalsekretariats architektonisch-räumlich zu organisieren und zu umhüllen.

»Brauchbares Arbeitsinstrument«
oder »architektonische Mumie«[1]? –
der Völkerbundpalast in Genf
Mit dem Entschluss des Völkerbundes, sich in einem Neubau räumlich einzurichten und dies nicht nur als organisatorischen Schritt zu begreifen, sondern auch als Akt der Repräsentation zu verstehen, wird eine bislang vorbildlose Bauaufgabe geboren. Was das Ordnen und Strukturieren von Abläufen und Tätigkeiten betrifft, ist die Aufgabe bekannt, Verwaltungsgebäude und Plenarsaal sind zu schaffen. Das, was die Aufgabe darüber erhebt, ist die Tatsache, dass erstmals eine multinationale Organisation, mit dem Anspruch, Frieden zu wahren, konkret Ort und Gehäuse ihrer Repräsentation sucht. Repräsentativ monumentale Bauten nach dem Strickmuster traditioneller Würdeformen gab es in jedem Staat zuhauf. Jetzt war es geboten, eine repräsentative Gestaltung zu finden, die der Internationalität der

Organisation gerecht wird und ihren zeitgemäßen Charakter ausdrückt. Die Chance, dies jenseits bisher genutzter Zeichen und Symbole zu tun, lag greifbar nahe. Für Architekten unterschiedlicher Couleur eine interessante Herausforderung, insbesondere für Vertreter der Moderne, die glaubten, dafür einen Beitrag liefern und ihre Gestaltungsprinzipien an solch einem prominenten Projekt mit hohem ideellen Anspruch verwirklichen zu können und auf Umsetzung hofften. Doch die Geschichte der Inszenierung nahm einen anderen Lauf.

Ein hoher Anspruch   Nach der Gründung der internationalen Organisation 1919 in Paris befindet sich ihr erster provisorischer Sitz in London, danach residiert sie im Genfer Hotel National. Die Institution dauerhaft ansässig zu machen, ist heftiger Wunsch der Stadt und so legen die Genfer Behörden 1923 mit einem Grundstücksangebot für den Bau zusätzlicher Gebäude dem Völkerbund einen Köder für dessen ständige Niederlassung am Ort. Das Angebot überzeugt und an einen Wettbewerb wird gedacht. Doch nicht wie ursprünglich erwogen, wird das Projekt eines einfachen Plenarsaals Inhalt des Wettbewerbs, sondern nach längerer Verhandlungszeit das Bauprogramm für einen Völkerbundpalast. Eine international besetzte Jury mit Architekten von Rang initiiert die Projektänderung, mit der die Suche nach einem anderen geeigneten Terrain einhergeht.
In ihrem Vorschlag liegt eine Korrektur von Anspruch und Konzept. Nicht das schlichte Ergänzen eines vorhandenen Gebäudes, sondern das Planen eines komplexen Baus, der den Gedanken des Völkerbundes versinnbildlichen kann, heißt die Devise. 1926 finden die Überlegungen zum symbolischen Gehalt eines solchen Gebäudes eine erste verbale Formulierung. Ausgehend vom Grundgedanken des Völkerbundes, »den Weltfrieden zu sichern und die Zusammenarbeit unter den Nationen zu fördern«, soll diese ideale Zielsetzung architektonisch

umgesetzt und der Völkerbundpalast »zum Sinnbild dieses weltumspannenden Gedankens der Einigkeit werden«[2]. Nachdem ein Bauplatz unmittelbar am Genfer See mit Blick zum Mont Blanc, abseits des städtischen Trubels gefunden ist, die Konditionen für den Wettbewerb geklärt sind, wird das definitive Wettbewerbsprogramm im April gleichen Jahres formuliert. Die pathetische Wendung, mit der auf das hehre Ziel des Bauwerks abgehoben wird, lässt keinen Zweifel am hoch gesteckten Anspruch von Auftraggebern und Jury. Nicht nur praktischen Erfordernissen der Arbeit soll das Gebäude auf »neuzeitliche« Weise bestens gerecht werden, sondern es komme darauf an, »ein Bauwerk zu schaffen, das schon durch die Reinheit seines Charakters und die Harmonie seiner Formen berufen erscheint, die friedlichen Ideale des 20. Jahrhunderts zu symbolisieren«[3]. Das ist ein klares Bekenntnis zur Inszenierungsabsicht und die Vorgabe des gewünschten zeichenhaften Inhalts.

Von der Schwierigkeit klarer Entscheidungen oder: aus eins mach neun   So grundsätzlich der völkerverbindende Gedanke ist, so konträr sind die Auffassungen innerhalb der Jury[4], deren Mitglieder nicht nur verschiedenen Nationen, sondern auch unterschiedlichen Lagern der Architekturströmungen zwischen Tradition und Moderne angehören. Vertretern der »Ecole des Beaux-Arts« stehen Architekten mit moderner Gestaltauffassung gegenüber. Dies macht eine Entscheidung schwierig, da Auffassungen über Funktion und Repräsentation, über die

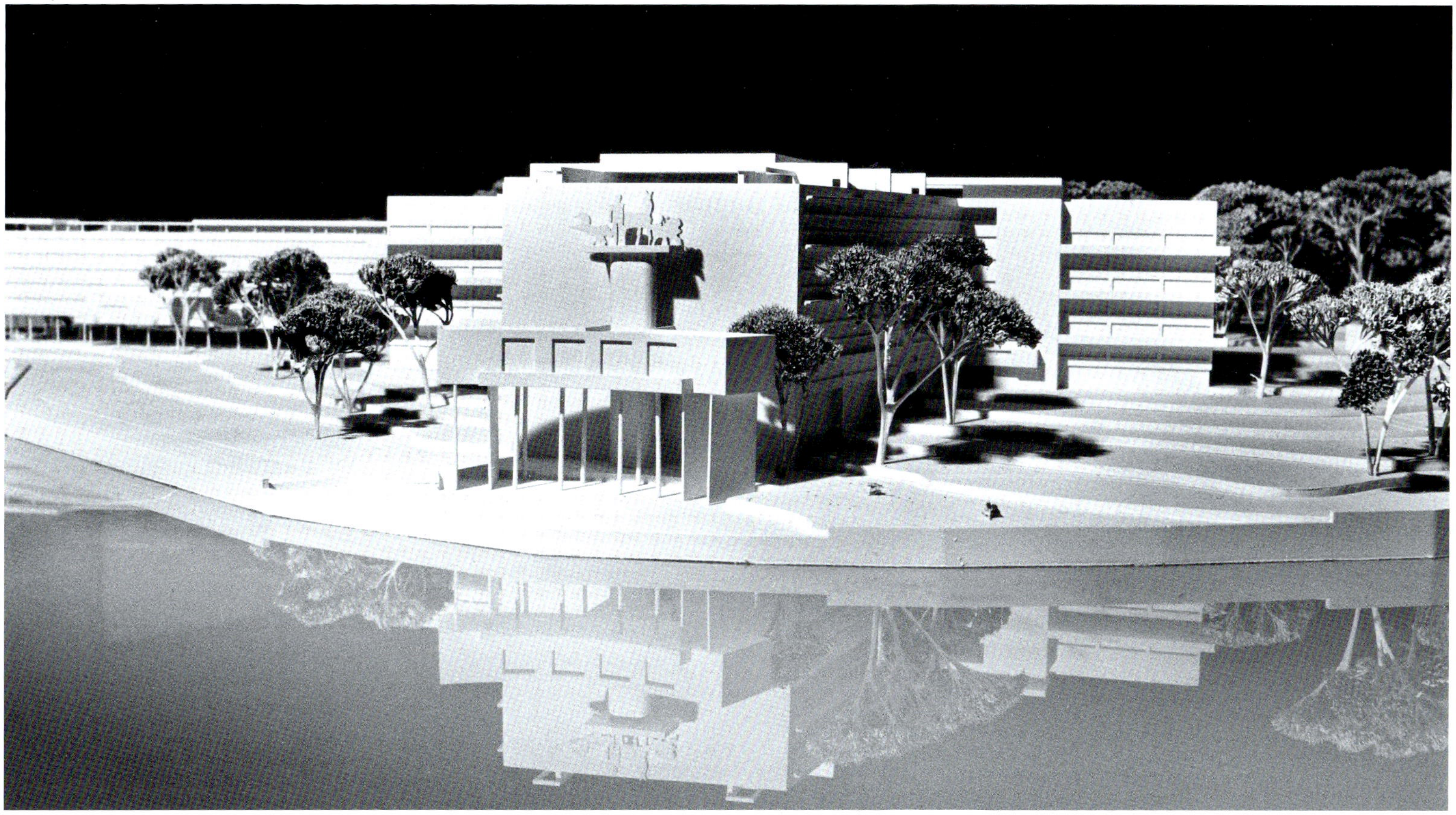

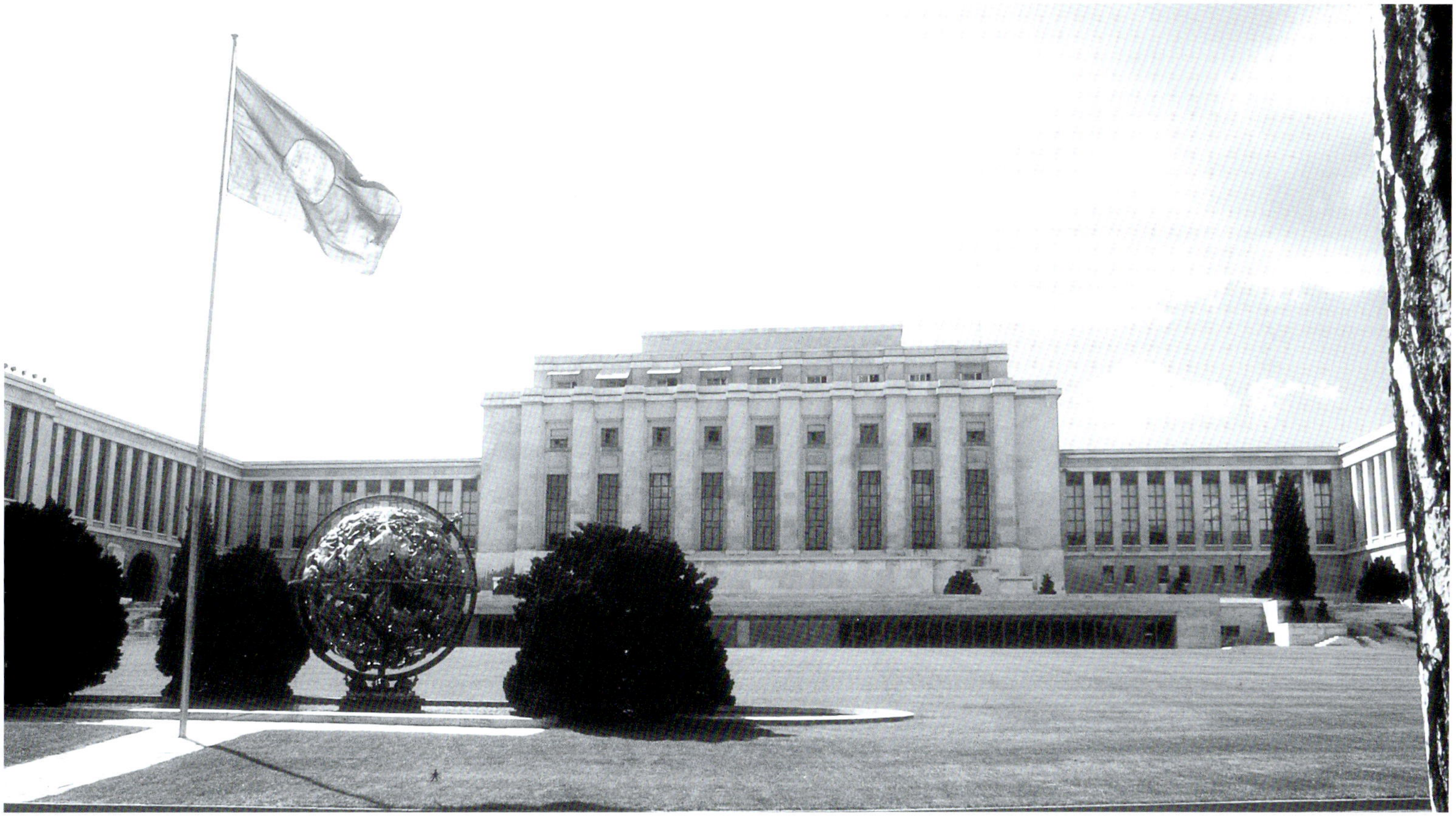

Projekt für den Völkerbundpalast Genf, Ausschnitt aus
Zeichnung S. d. N. 14, Le Corbusier, 1927

Projekt für den Völkerbundpalast Genf, Ausschnitt aus
Zeichnung S. d. N. 12, Le Corbusier, 1927

Sprache der Architektur, die ja bedeutend
für die Fassade eines solchen Gebäudes wird,
divergieren, gar konträr sind. Verzwickt
wird die Situation nach Eingang der 377
Entwürfe jedoch noch zusätzlich durch Fragen zur Interpretation der Wettbewerbsre-
geln. Als im Mai 1927 das Preisgericht entscheidet, ist die Verwunderung, auch die
Entrüstung bei Architekten, in der Öffentlichkeit und nicht zuletzt beim Völkerbund
groß: Neun erste Preise mit unterschied-
lichem Charakter werden ad aequo zuerkannt[5]. Das ist ein Paukenschlag der Un-
schlüssigkeit, zumal der Hinweis auf die
Umbruchsituation der Architektur gegeben
wird. Der Völkerbund als auftraggebende
Institution sieht sich lächerlich gemacht
angesichts der großen Sprüche zur repräsentativen Geste des Baus im Vorfeld und dem
kläglichen Ergebnis. Eine Institution, die
ihre Aufgabe in der Völkerverbindung und
im Sichern des Weltfriedens sieht, die aber
nicht mal in eigenen Belangen, beim Bau
des »Palais des Nations«, klar entscheiden
kann, was soll der zugetraut werden? Die
Situation ist übel, fünf Diplomaten sollen
die verkorkste Sache retten. Als in Architek-
turdingen ahnungslose Engel schweben sie,
fachlich inkompetent, über den Wettbewerbs-
ergebnissen, holen sich jedoch Rat bei
Architekten und lassen die ersten neun
Arbeiten auf ihre Realisierung prüfen. Im
Ergebnis ist kein Projekt geeignet. Aber
ganz Meister ihres Fachs, fädeln die Diplomaten im Dezember 1927 einen Kompromiss
ein, den nicht nur sie einhellig tragen können, sondern dem auch der Völkerbund
1928 zustimmt. Umarbeiten ist angesagt,

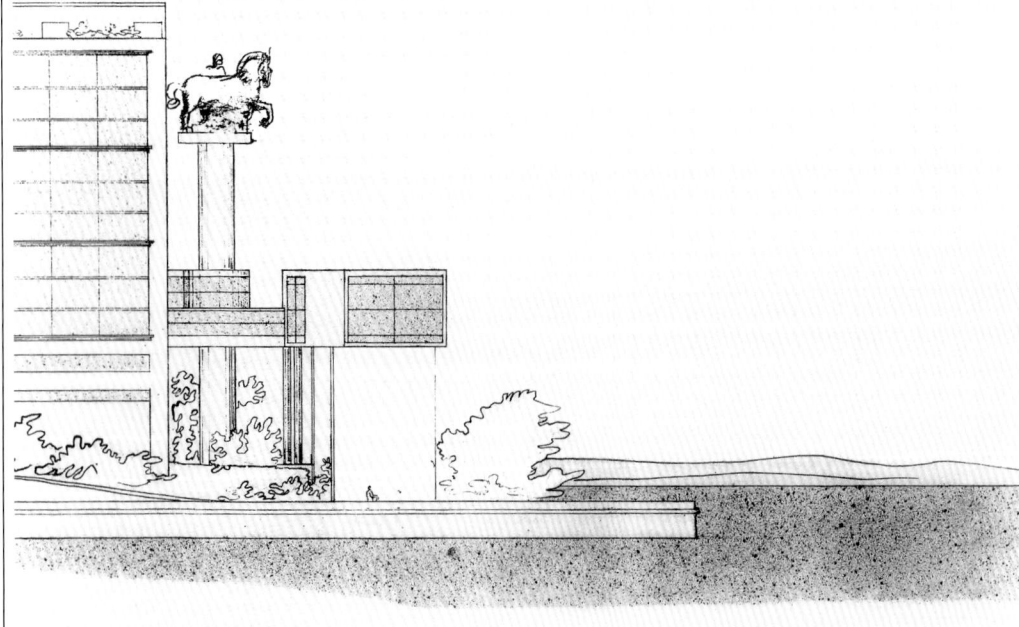

doch nur für fünf Architekten[6] mit garantiert akademischer Handschrift. Diese, aus der Gruppe der vormals Preisgekrönten, werden aufgerufen, einen gemeinsamen Vorschlag zu unterbreiten. Vertreter der Moderne, insbesondere Le Corbusier und P. Jeanneret, deren Entwurf die Chance hatte, mit dem ersten Preis gekürt zu werden, aber kleinlich herausgedrängt wurde, bleiben außen vor, letztlich auf der Strecke.[7]

Sieg der Konvention   Die Chance, dass sich eine Organisation, deren Anliegen politisch auf der Höhe der Zeit ist, für eine Architektur entscheidet, die gestalterisch gleiches Niveau zeigt, wird vertan. Stattdessen wird auf einen Bau in klassizierenden Formen gesetzt, dessen einzig sinnbildliche multinationale Komponente darin besteht, ein monumentaler Allerweltsbau zu sein. Der

Projekt für den Völkerbundpalast Genf, Auffahrt zum großen Sitzungssaal, Zeichnung von Le Corbusier, 1927

Entwurf von Le Corbusier und P. Jeanneret, der nicht nur im Kostenlimit der Vorgabe lag, sondern dessen Gebäudevorschlag auch die Qualität hatte, funktional und repräsentativ zu einem Symbol der Institution werden zu können, wurde aus formalen, letztlich pedantischen Gründen ausjuriert.[8] Die Akademiker tragen die Trophäe davon und der Völkerbund bekommt einen Sitz, der als steinerner Dinosaurier ohne Esprit ist und immer das Stigma des sauren Kompromisses trägt, den die Architekturkritik links liegen lässt, es sei denn, um im Vergleich zu ihm die Vorzüge von Le Corbusiers Entwurf zu würdigen.

Vergeblich ist die Suche am realisierten Bau[9] nach modernen Gestaltungselementen, gar nach einer konsequent modernen Gestaltung. Der Völkerbund hat sich zwar einen ungemein teuren Monumentalbau gegönnt, doch die Fassade, mit der er sich baulich umgibt, ist rein konventionell. Eine Reaktion auf zeitgemäße architektonische Problemstellungen trifft man nur im Gebäudeinneren, an der Fassade haben die Entwerfer sie absichtsvoll vermieden und dafür gesorgt, dass nichts ihre klassizierende Erscheinung trübt. Gerade weil im Inne-

ren »viele der funktionellen und distributiven Vorschläge von Le Corbusier« aufgenommen werden, »der endgültige Grundriss eine unleugbare Ähnlichkeit mit Le Corbusiers zweitem Entwurf, mit der Ausnahme der umgekehrten Orientierung«[10] hat, wird der Widerspruch um so krasser: Rational organisierte Arbeitsabläufe werden mit klassizierenden Formen umhüllt. Die Akademiker selektieren: Die funktionellen Vorzüge aus dem Entwurf von Le Corbusier werden adaptiert, die damit zusammenhängende moderne Formensprache jedoch abgelehnt, ihr kein repräsentatives Potenzial zugetraut, auf den alten Formen beharrt. Hinter geschichtlich erprobten und legitimierten, aber verschlissenen Ausdrucksformen wie Pfeilern, Portikus, Ehrenhof verschanzen sie eine rationalisierte Arbeitsorganisation.

Papier geblieben   Le Corbusier hingegen verknüpft in seinem Entwurf Reflexionen moderner Anforderungen und die Suche nach deren adäquatem formalen Ausdruck mit dem Umschmelzen historischer Vorlagen entsprechend den neuen Bedingungen. Zur Gretchenfrage im Wettbewerb wird gewissermaßen die nach der angemessenen Monumentalität des Völkerbundpalastes und deren Bewältigung durch die moderne Architektur. Über verschiedene Grundrissstudien[11], die unter anderem den Palasttypus variieren, kommt Le Corbusier für die beiden im Wettbewerb geforderten Gebäudeeinheiten, Vollversammlung und Sekretariat, zu L-förmigen Grundformen und verlässt die traditionellen Muster symmetrischer Blöcke in Turm- oder Kuppelanlagen. Dennoch verweben sich traditionelle und moderne Elemente: Die Front des Gebäudes der Vollversammlung liegt hinter einer offenen Zone, die deutlich eine Ehrenhofsituation vermit-

telt und präsentiert sich dem Kommenden »wie ein barockes Schloss: als axial-symmetrisch gegliederte Fassade. Während aber in den Routineprojekten der ›Ecole des Beaux-Arts‹ die Front zumeist in einer Kolonnade zusammengefasst wird, benutzt Le Corbusier zur Instrumentierung seines im Grunde barocken oder klassizistischen Schemas das Vokabular der modernen Ingenieurkunst. An die Stelle der Eingangskolonnade ordnet er eine Art Perrondach an. Die Delegierten, die mit dem Taxi herangeführt werden, betreten das Parlamentsgebäude wie über einen Bahnsteig.«[12] Die moderne Großstadt mit ihrem Thema Verkehr lässt grüßen, und eine »längst bekannte Metapher«, »die Verkehrsunterführung«[13], wird hier durch das Verwenden von Pilotis gestalterisch formuliert und bindet den Bau in seiner äußeren Erscheinung in die Gegenwart ein. Doch nicht nur die Pilotis, die Stützen, die die Gebäudeflügel von der Erde heben, gehören zum modernen Vokabular, auch freier Grundriss, Fensterband und freie Fassade.[14] Das Fensterband wird für die beiden Riegel des Sekretariatskomplexes zum Charakteristikum: Die jeweils zur Landschaft, See und Jura, orientierten Büros liegen hinter den Langfenstern, die nicht nur die Gleichartigkeit der Räume anzeigen, sondern auch die Fassade zu einem monumentalen Komplex zusammenbinden. Im seeseitigen Riegel bekommt die Fassade noch eine zusätzliche Komponente. Hier liegt das Büro des Generalsekretärs, das in der Gebäudemitte durch einen Balkon hervorgehoben wird. Die Fassade wird damit in »ihrer Gesamterscheinung doch von einer ausgesprochenen Symmetrie beherrscht, nur der vor dem Büro des

Generalsekretärs auskragende Baukörper, der das ›Gehirn‹ des Gebäudes symbolisiert, gibt diesem ein gestalterisches Gepräge, indem er sich von der gleichförmigen Ordnung des ›Standardbüros‹ absetzt.«[15]

Die Gebäudeteile des Völkerbundpalasts sind von Le Corbusier gestaffelt angeordnet und ihre Bedeutung ist aus der Lage im Terrain erkennbar. Seiner Funktion entsprechend bevorzugt ist der Plenarsaal am weitesten zum See vorgeschoben. Vor seiner Stirnwand erhält der Präsidentenpavillon seinen Platz, eine »konkav eingeschwungene Schachtel«[16], die auf Pilotis schwebt und hinter der sich eine Säule in die Höhe streckt. In der Säule steckt eine Treppe, auf ihr steht eine Figurengruppe, deren Löwe Symbol der Macht ist, zu der der Genfer Adler gehört, und ein Mann mit Pferd, »eine deutliche Anspielung auf Gedenkstätten und historische Monumente«[17]. Vor die kahle Stirnwand des Plenarsaals, damit von der Architektur abgelöst, hat Le Corbusier seine symbolische Figurengruppe platziert und auf diese Weise ein Angebot zur bildhaften Repräsentation des Völkerbundes gemacht, ohne die Architektur zu beeinflussen.

Als Fazit kann beschieden werden: Zum ersten Mal hatte sich die moderne Architektur auf einem von Akademikern als Domäne besetzten Gebiet vehement zu Wort gemeldet und bewiesen, dass sie in der Lage ist, einen eigenständigen Beitrag zum Entwurf von »monumental-repräsentativen Regierungsbauten«[18] zu leisten. Le Corbusiers Entwurf war zwar für das akademische Lager unannehmbar, wirklich provokant war er mit seinen klassischen Anleihen eher nicht.[19] »In beiden besonders delikaten Fragen, der Bewältigung eines monumentalen Bauvolumens und der Gewährleistung einer repräsentativen Erscheinung, gelingt es ihm, ebenso neuartige wie überzeugende architektonische Antworten zu liefen. Damit ist die ›esthétique‹, die die Möglichkeit der modernen Architektur integriert, erreicht.«[20]

Ein Bürohochhaus wird zum Symbol – das UNO-Gebäude in New York
Ein zweiter Versuch, die Völker friedlich in einer weltweiten multinationalen Organisation zu vereinen, startet mit der Gründung der UNO 1945. Fest steht von Beginn an, die UNO wird ihr Hauptquartier in den USA haben. Die ursprünglichen Vorstellungen sind gigantisch: Eine Weltkapitale soll es werden. Doch als der Plan sich als maßlos erweist, wird ein praktikables Projekt ins Auge gefasst. Ein Gelände in Manhattan am East River, zwischen 42. und 48. Straße, bietet sich an und die Kommission, die zuvor noch auszog, um das Gebiet für eine riesige Gartenstadt mit UN-Generalsekretariat, Wohnstadt für die Angestellten, Weltbibliothek und andere Welt-Einrichtungen zu finden – von immerhin 20 bis 40 Quadratmeilen – übt sich plötzlich in Bescheidenheit.[21] Die Wahl des Ortes bedingt den Anspruch an das Gebäude: Es soll städtische Qualitäten besitzen und modern, das heißt im Internationalen Stil, gestaltet sein. Die Erfahrungen mit dem Völkerbundwettbewerb sind noch nicht vergessen und so wird diesmal, um zu einem Entwurf zu gelangen, von vornherein auf einen internationalen Wettbewerb verzichtet, stattdessen eine zehnköpfige Kommission aus renommierten und weniger bekannten Architekten[22] eingesetzt. Unter ihnen herrscht Einigkeit über grundlegende Entwurfspositionen: Für das Sekretariat soll ein scheibenartiger hoher Bau errichtet werden, die Generalversammlung soll ein niedriges und in der Form freies Gebäude erhalten und die Sitzungssäle sollen einen dritten, ebenfalls niedrigen Bau bekommen, der die beiden anderen miteinander verbindet. In der Kommission werden Vorschläge entwickelt und diskutiert, wobei Le Corbusier unstrittig die substanziellen Vorgaben für das Ausführungsprojekt einbringt.[23]

Wallace K. Harrison, der den Auftrag bekommt, das Projekt auszuführen, scheint der rechte Mann zu sein, hat er sich doch schon am Rockefeller Center bewiesen.[24] Als der Gesamtkomplex mit der Fertigstellung des Vollversammlungsgebäudes 1952 vollendet wird, weicht er in einigen Punkten von der Vorlage ab, teils aus Kostengründen, teils wegen einsamer Entscheidungen Harrisons. So dirigiert das finanzielle Budget die innere und äußere Gestaltung des Ensembles im Endeffekt mit: Die Hochhausscheibe des Sekretariats wird um sechs Geschosse auf 39 gekürzt, im Konferenzgebäude werden Konferenz- und Komiteesäle gestrichen. Das niedrige Gebäude der Generalversammlung trifft es besonders hart: Ursprünglich verband es in tortenstückähnlicher Gestalt zwei Versammlungsräume, deren spitze Enden zusammenstanden. Ein Auditorium fällt dem Rotstift zum Opfer und Harrison passt den Entwurf im Alleingang der neuen Situation an, gießt die äußere Form »in eine Stromlinienform«[25] um. Auf der Suche nach einer Finanzierung wird den Gestaltern obendrein noch mit in dem vom Kongress in Aussicht gestellten Kredit ein Kuckucksei beschert: die Kuppel[26] – für Amerikaner das Zeichen für Regierungsbauten in den USA schlechthin, für andere eine lässliche Sünde am realisierten Gebäude.

Die Erwartungen an das UNO-Ensemble sind, nachdem die ambitionierten Anfangsphantasien verflogen waren, von Beginn an verschieden. Natürlich steht zuerst die praktische Aufgabe, eine weltumspannende Organisation, die sich das Ideal der friedlichen Völkerverständigung auf ihre Fahnen geschrieben hat, zu behausen. In der Frage nach der symbolischen Gestalt gehen die Meinungen jedoch auseinander. Le Corbusier findet es 1947 mit Blick auf die Realität der

noch nicht geeinten Nationen verfrüht, über einen symbolischen Charakter des UN-Gebäudes zu philosophieren.[27] Harrison als Planungsdirektor des Projekts meint ganz pragmatisch, das Hauptproblem liege nicht darin, die UNO durch eine geistvolle Gestalt zu symbolisieren, sondern ein Kapitol zu bauen, in dem die Vertreter der Welt effektiv und komfortabel arbeiten können. Dieses praktische gemeinsame Wirken für den Frieden gilt Harrison mehr als es ein Symbol zu tun vermöchte.[28] Dass die Erwartungen an ein solches Ensemble dennoch symbolische Inhalte einschlossen, zeigt wiederum Mumford, der einen bewundernswürdigen Ausdruck der Idee der UNO vermisst.[29]

Dass Harrison für Perfektion, für das Funktionieren des Ensembles steht, wird klar an der tadellosen Vollkommenheit der technischen Apparatur, die von vielen Zeitgenossen gelobt wird. Dass das nur die eine Seite der Medaille ist, wird ebenso deutlich an der Bewertung der Gestaltung, die durchaus konträr ausfällt. Dabei steht das Sekretariatsgebäude als Hochhausscheibe im Mittelpunkt von Lob und Kritik. Es wirft generelle Probleme moderner Hochhäuser auf, die sich im Umgang mit den riesigen Wandflächen, in der Wiederholung von Maßeinheiten und deren Proportionierung zeigen. Harrisons Lösung mutet unsensibel an und brachte das Gebäude im Vergleich zu Bauten von Le Corbusier in Misskredit. Zu schematisch wirken die verglasten Breitseiten mit ihren kleinen Fenstermaßen, die sich in der Fläche etwa 2 730-mal wiederholen, die in ihrer grün spiegelnden Farbigkeit die »Zeichnung der Stahlrippen verwischen«[30], zu glatt sind die Schmalseiten aus weißem Marmor. Kontraste und Maßstäbe sind unvermittelt. Außerhalb dieser Spezifik polarisiert die Gesamtwirkung die Kritiker: himmelhoch jauchzend die einen, ablehnend die anderen. Als Glorifizierung der Negation, als gesichtslose Kiste, durch die kein Ausdruck von Natur dringt, empfindet sie Frank Lloyd Wright. Weder stabil

Nachfolgende Seiten
New York, Blick über den East River auf das UNO-Hauptquartier, Architekt Wallace K. Harrison, 1952, Aufnahme 1985

noch würdevoll wirkt das Glashaus auf William Delano, der in dem Bau auch keine monumentale Erscheinung sieht. Mumford, der das Sekretariat als Palast einer Eiskönigin, dem nachts ein grünes Mondlicht ausströmt, beschreibt, feiert gleichzeitig das Spiel von Licht und Schatten, das die Fassadenelemente in subtiler Weise variantenreich hervortreten lässt.[31]

West- und Ostfassade nehmen vorweg, was einige Jahre später weltweit für Wolkenkratzer typisch wird: die Glasfassade. So wird dieses Gebäude im UNO-Komplex, dem es in seinen Einzelbauten und als Ensemble an gestalterischer Kraft mangelt, um ein symbolisches Zeichen für Völkerverständigung zu sein, zu einem der einflussreichsten Vorläufer moderner Verwaltungsbauten und zu einem »Symbol der westlichen Zivilisation in der Mitte der Fünfzigerjahre«[32].

Doch diese Art der Symbolträchtigkeit ist durchaus zu beargwöhnen. Denn die Hoffnungen, die in die moderne Architektur nach dem Krieg gesetzt wurden, bekommen Schlagseite. Die moderne Architektur hatte ihre Sturm- und Drangzeit, die experimentier- und entdeckungsfreudigen Zwanzigerjahre, bereits hinter sich. In Gestalt des so genannten Internationalen Stils übersäen im Laufe der Zeit Bauten mit elegant kühlen Fassaden die Städte. Die vom Scheitel bis zur Sohle in spiegelnde oder farbige Glaswände gehüllten, mitunter auf dünnen Stützen stehenden und ornamentfreien Bürotürme werden austauschbar. Die Bauten der architektonische Moderne erweisen sich als »konsumierbar, ohne eigenständigen Charakter, flexibel bis zur Gesichtslosigkeit. ... kein Wunder, wenn die Herrschenden diese Moderne gern für ihre Bauten einsetzten«[33].

Die Realität zeigt deutlich das Phänomen der Verkehrung des Ursprungsgedankens: Nicht das Versammlungsgebäude entfaltet symbolische Kraft, sondern das der Verwaltung, das Sekretariatsgebäude. Wie Ironie mutet es daher an, zu sehen, wie die Idee einer Welthauptstadt der Völkerverständigung abmagert zu einem radikal reduzierten Komplex für eine ›Weltregierung‹, die aus lauter ängstlicher Kompromisssuche und unter der Knute des Etats ihrem eigenen Anliegen keine zeichenhafte Gestalt geben kann, dafür jedoch die Zeichenhaftigkeit der modernen Verwaltungszentren von Banken, Versicherungen und Konzernen einleitet und so indirekt auf die eigentlich Regierenden in der Welt verweist.

Der Standort, von dem sich der UNO-Komplex optimal in seiner Charakteristik als Faktor in der Stadt wahrnehmen lässt, ist das gegenüberliegende Ufer im Stadtteil Queens. Von hier aus gesehen, beherrscht das Scheibenhochhaus wie eine grünlich schimmernde, weiß gerahmte Wand die Uferzone und den optischen Eintritt nach midtown. Es spielt sich in den Vordergrund mit seiner Lage, seiner Breite und verdrängt die schlanken Wolkenkratzer aus der ersten Jahrhunderthälfte auf die hinteren Plätze. Mit der Ausrichtung parallel zum Ufer wird auch eine weitere Perspektive auf die Stadt aktiviert, ein Gegenpol zur Südspitze gesetzt, dem traditionellen Ankunftsort per Schiff, vom dem aus lange Zeit der erste Eindruck von Manhattan gewonnen wurde und die Hochhäuser der Unternehmen in den Blick rückten. Doch die Tatsache, dass sich der Komplex der Weltorganisation vor die Bauten des Kapitals schiebt und diese Perspektive dominiert, ist nur ein Aspekt. Sind die Wolkenkratzer durch ihre Turmköp-

fe individualisiert und bildhaft, ist der Scheibenbau des UNO-Sekretariats eine reine Abstraktion. Wenn die Fassade etwas aussagt, so nur durch das Raster der Fenster: Büro, Büro, Büro. Die vorgehängte Glaswand deutet auf Neuerungen in Technik und Konstruktion. Ansonsten ist die Fassade leer. Das Hauptquartier der Vereinten Nationen inszeniert sich auf diese Weise zwar als bautechnisch und ästhetisch wegweisend, doch eben als universeller Sitz der Bürokratie, deren Inhalte hinter dem grünen Glas verschwinden, und nicht als Sitz der miteinander vereinten Nationen.

Anmerkungen

1 Moos, 1968, S. 277, 275
2 Juryprotokolle Januar 1926, S. 36, Völkerbundarchiv 32742450/28594, zit. nach Quincerot, S. 57
3 Wettbewerbsprogramm vom 17. April 1926, zit. nach Quincenot, S. 60
4 Zunächst gehören 1924 der Jury sechs Personen an: Belgien ernennt V. Horta, Österreich J. Hoffmann, die Schweiz K. Moser, Frankreich C. Lamaresquier, Großbritannien J. Burnet, Italien M. Piacentini, durch Krankheit ausgeschieden und von A. Muggia abgelöst. Als Ersatzmann kommen aus Holland H. P. Berlage und aus Spanien A. Florez-Urdapilleta, später für ihn C. Gato. 1925 wird die Jury erweitert: Die Ersatzmänner werden zu regulären Mitgliedern und aus Schweden tritt I. Tengbom hinzu. Jedes Jurymitglied benennt zusätzlich einen Ersatzmann. Horta, Hoffmann, Moser und Berlage vertreten moderne Positionen.
5 Erste Preise gingen an C. Lefèvre, Fahrenkamp/Deneke, G. Vago, Nénot/Flegenheimer, Putlitz/Klophaus/Schoch, G. Labro, Le Corbusier/P. Jeanneret, Broggi/Vaccaro/Franzi, N. E. Eriksson. Horta hätte es in der Hand gehabt, mit seiner Stimme eine Entscheidung für Le Corbusiers Entwurf zu fällen, doch das scheitert an seiner Unentschlossenheit.
6 Die französisch-schweizerische Gruppe Nènot und Flegenheimer, den Italiener Broggi, den Franzosen Lefèvre, den Italo-Ungar Vago.
7 Eine geringe Chance flackert nochmals für die Vertreter der Moderne mit einer erneuten Standortänderung im Zuge der Bibliotheksstiftung von Rockefeler jr. und einer Bauprogrammerweiterung im September 1927 auf. Die Freigabe des neuen Gebietes zur Bebauung, der Ariana-Park, wird aber von Hélène de Mandrot von der Zusage abhängig gemacht, allen preisgekrönten Wettbewerbsteilnehmern nochmals die Möglichkeit zu einem Entwurf für das neue Gebiet zu geben. Der Völkerbund stimmt erst im Januar 1929 zu, die Arbeiten am Kompromissprojekt gehen trotzdem weiter, die Grundsteinlegung erfolgt schließlich 1929. Zum Verlauf des Wettbewerbs, zu Position und Rolle der Beteiligten vgl. ausführlich Quincerot
8 Le Corbusier hatte Lichtpausen und nicht, wie gefordert, Originalzeichnungen abgegeben, was vom französischen Juror so gut wie in letzter Minute als Argument für seine Absetzung vom möglichen ersten Preis vorgebracht wurde.
9 1936 Bezug des Sekretariats, 1937 Einweihung des Plenarsaals
10 Benevolo,1984, Bd. 2, S. 111/112

11 Vgl. Oechslin, 1988/Begebenheiten, S. 15 ff. und Devanthéry/Lamunière, S. 77 ff.
12 Moos, 1968, S. 279
13 Oechslin, 1988/Begebenheiten, S. 16. Ein tatsächliches Durchfahren ist im Völkerbundentwurf noch nicht vorgesehen, die Pilotis schaffen noch kein freies Nullgeschoss wie es z. B. für das spätere Projekt des Sowjetpalastes vorgesehen war. Vgl. Devanthéry/Lamunière, S. 82
14 Die Basis bildet die Skelettkonstruktion. Freie Fassade: von der Tragkonstruktion unabhängige Fassade. Der freie Grundriss: flexible Innenraumorganisation durch unterschiedlichen Einsatz der nichttragenden Trennwände, ermöglicht die Geschosse unabhängig voneinander zu gestalten. Vgl. Le Corbusier und Pierre Jeanneret: Oeuvre complète 1910–1929, S. 128
15 Devanthéry/Lamunière, S. 87
16 Moos, 1968, S. 280
17 Devanthéry/Lamunière, S. 91
18 Giedion, 1989, S. 334, vgl. auch Giedions Einschätzung der Wettbewerbsentwürfe ebd., S. 336/337
19 Moos bringt Le Corbusiers Gestaltungsweise auf den kurzen Nenner: »Le Corbusiers Syntax ist klassizistisch und humanistisch; sein Vokabular hingegen ist der Formenwelt des Ingenieurs entnommen.« Moos, 1968, S. 279
20 Oechslin, 1988/Begebenheiten, S. 18
21 Vgl. Blake, S. 123 ff. und Newhouse, S. 104 ff., hier auch Vorgeschichte des realisierten UNO-Standorts
22 O. Niemeyer aus Brasilien, Le Corbusier aus Frankreich, S. Markelius aus Schweden waren die bekanntesten Vertreter. Die anderen Mitglieder der Kommission kamen aus der Sowjetunion, Belgien, Kanada, Großbritannien, China, Australien und Uruguay. Zum Vorsitzenden wurde der Amerikaner W. K. Harrison gewählt. Vollständige Auflistung der Kommission, der Berater und der assoziierten Architekten, vgl. Newhouse, S. 115
23 Über Art und Weise, Konsens und Unstimmigkeiten während der Teamarbeit, insbesondere die Positionen von Le Corbusier und Harrison, vgl. Newhouse, S. 114 ff. Hier auch Informationen zur Entwurfsphase des Projekts, zur Auswahl der Fenster des Sekretariatsgebäudes und der Disposition des Generalversammlungsgebäudes
24 Harrison war bereits an der Planung des Rockefeller Centers beteiligt
25 Moos, 1968, S. 296. Der Kommentar von Blake über die wenig geglückte Umarbeitung von Harrison machte seitdem die Runde: » ... und versuchte, die äußere Sanduhrform beizubehalten, sie aber statt mit zwei nur mit einem Versammlungssaal zu füllen. Dieses Vorhaben glich ungefähr dem Versuch, einer Nixe Hosen anzuziehen und ging auch nicht weniger ›erfolgreich‹ aus.« Blake, S. 129
26 Im realisierten Gebäude liegt unter der Kuppel der Plenarsaal der Generalversammlung
27 Vgl. Moos, 1968, S. 295
28 Vgl. Newhouse, S. 142/143
29 Vgl. ebd., S. 142
30 Benevolo, 1984, Bd. 2, S. 350
31 Zu den Positionen vgl. Newhouse, S. 143
32 Ebd.
33 Kähler, S. 221

Die »Spur des Bundes« – mit Kanzleramt, doch ohne Forum

In Berlin geht die bauliche Inszenierung, mit der sich die Bundesrepublik nach der deutschen Vereinigung 1990 präsentiert, im Spreebogen weiter. Mit Verspätung, die Fertigstellung war für 1999 geplant, nimmt nun auch der prominenteste Neubau im Regierungsviertel, das Kanzleramt, seine Gestalt an, zeigt seine Kubatur.

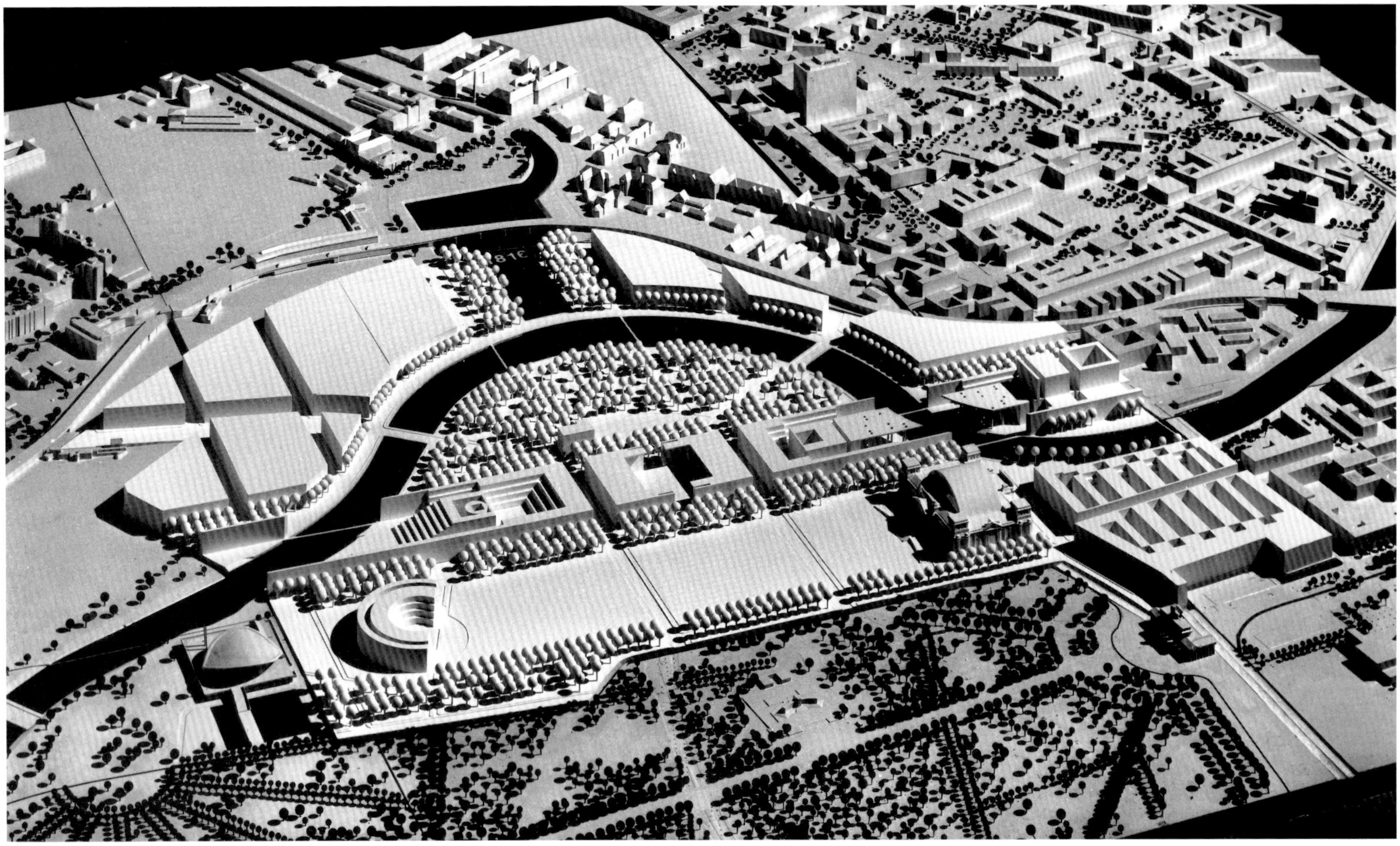

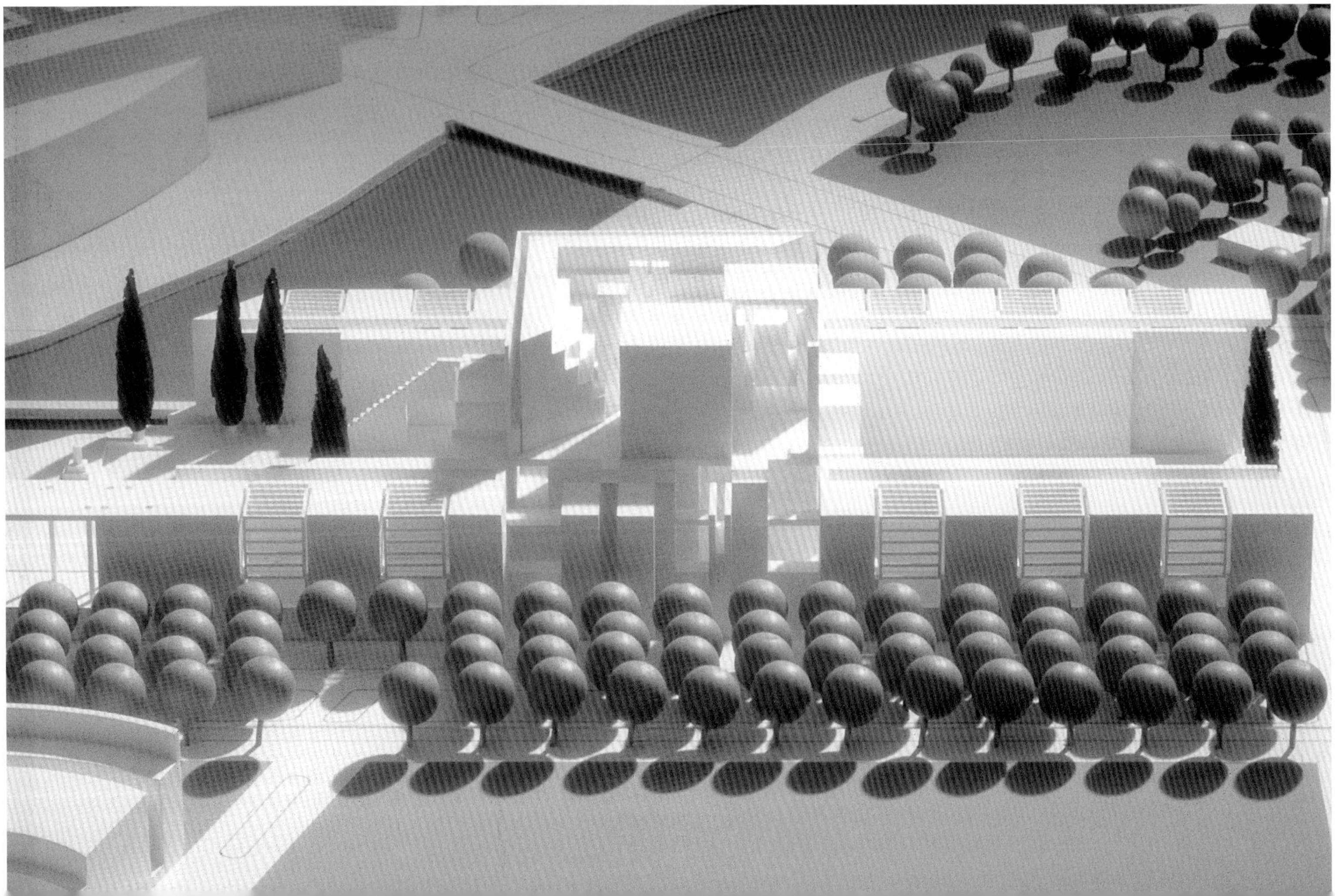

Anregungen aus dem Kulturbau
Das Kanzleramt in Berlin

Als der Wettbewerb für das Kanzleramt 1994
ausgeschrieben wird, erwartet der Auslober
Vorschläge, die neben der städtebaulichen
Einordnung in die »Spur des Bundes« und
den notwendigen funktionalen Beschaffen-
heiten, »die herausgehobene Bedeutung des
Bundeskanzleramtes als repräsentativer Sitz
eines der Verfassungsorgane der Bundesrepublik Deutschland zum Ausdruck bringen«[1].
Ende des 20. Jahrhunderts rückt noch ein
anderes Gestaltungskriterium in den Vordergrund: Die optische Medientauglichkeit des
Gebäudes, so dass gewissermaßen eine foto-
gene Fassade vom Kanzleramt erwartet wird.
Zwei Entwürfe werden favorisiert, bekommen
den ersten Preis. Beide wirken als Kontra-
punkt zum monumentalen Baukörper des
Reichstagsgebäudes, überragen diesen jedoch
gemäß der Ausschreibung nicht. Dem Kanzler
obliegt die endgültige Wahl zwischen dem
Vorschlag der Architektengruppe Krüger,
Schubert, Vandreike und dem von Axel Schultes und Charlotte Frank, zwischen Entwürfen,
die gegensätzlicher kaum sein können.

Das Architektentrio Krüger, Schubert,
Vandreike bietet ein Ensemble an, dessen
herausragendes Gestaltungselement Pfeiler-
arkaden bilden, sieht eine Trennung von
Leitungsgebäude und Kanzlerbungalow vor
und begrenzt mit Verwaltungsbauten den
axialsymmetrischen Komplex entlang der
Alleen in der »Spur des Bundes«. Der
wesentlich regionale Bezug auf den Schinkelschen und Berliner Klassizismus ist
unverkennbar, wenn auch andere Assoziationen sich mit ins Bild schieben: so erinnert der Leitungsbau »wechselnd an den
einstigen Münchner Kristallpalast und die

monotone Stereometrie des Bonner Kanzleramts«[2]. Dass das nicht alle Bildqualitäten
sind, die im Entwurf stecken, wird bei der
Entscheidung offenbar.

Im Entwurf von Axel Schultes und Charlotte Frank dagegen wird ein zentraler
Kubus, bei dem ein diagonal geschnittener
Würfel auf einem durchbrochenen Erdgeschoss aufsitzt, als gemeinsames Haus für
Leitungsgebäude und Kanzlerbungalow
geplant. Die Verwaltungsabteilungen werden
als kammförmige Zeilen auch hier den
Fluchtlinien der »Spur des Bundes« angepasst. Doch anders als bei Krüger, Schubert,
Vandreike korrespondieren diese Verwal-
tungsriegel gestalterisch mit den Büros der
Bundestagsabgeordneten im Alsenblock

nach dem Entwurf von Stephan Braunfels.
Die Gestalt des Kanzleramts lebt durch Kontraste: Auf Offenheit antwortet Geschlossenheit, auf Leichtigkeit Strenge, gläserne
Zonen setzen sich von massiven Wänden ab.
Der Spannungsbogen, der hier geschlagen
wird, um eine Gestalt zu finden, ist konkret
und universell zugleich. Angeknüpft wird an
die Bonner Parlamentsbauten von Schwippert und an Behnisch, an den Reichstag von

Entwurf für das Bundeskanzleramt in Berlin, „Bullaugen-
variante", Axel Schultes mit Charlotte Frank, 1995

Entwurf für das Bundeskanzleramt in Berlin, endgültige
Fassung, Axel Schultes mit Charlotte Frank, 1997

Entwurf für das Bundeskanzleramt in Berlin,
Ansicht von Nordwesten mit Kanzlergarten und Spree,
Modell der endgültigen Fassung, Axel Schultes
mit Charlotte Frank, 1997

Wallot und die Reichskanzlei von Siedler in
Berlin, aber auch an die würdevollen Zikku-
rate Babylons und an den Pragmatismus
eines Louis Kahn[3].

Der Kanzler, vor die Entscheidung gestellt,
versichert sich der Fachkompetenz von Be-
ratern, die nach einer Überarbeitungsphase
1995 für den Entwurf von Schultes und
Frank plädieren. Einen Schub für diese Wahl
liefert ein Vergleich der Arbeit von Krüger,
Schubert, Vandreike mit dem Adolf-Hitler-

Palais von Albert Speer, der, vom Architektentrio gewiß unbeabsichtigte, aber nicht
von der Hand zu weisende, formale Ähnlichkeiten deutlich macht[4]. Geht es darum, mit
welcher Fassade, mit welchem Gesicht sich
die Bundesrepublik neuerdings darstellt,
werden letztlich die angebotene Bildhaftigkeit und daraus folgende Interpretations-
bzw. Vergleichsmuster zu entscheidungsrele-
vanten Kriterien.

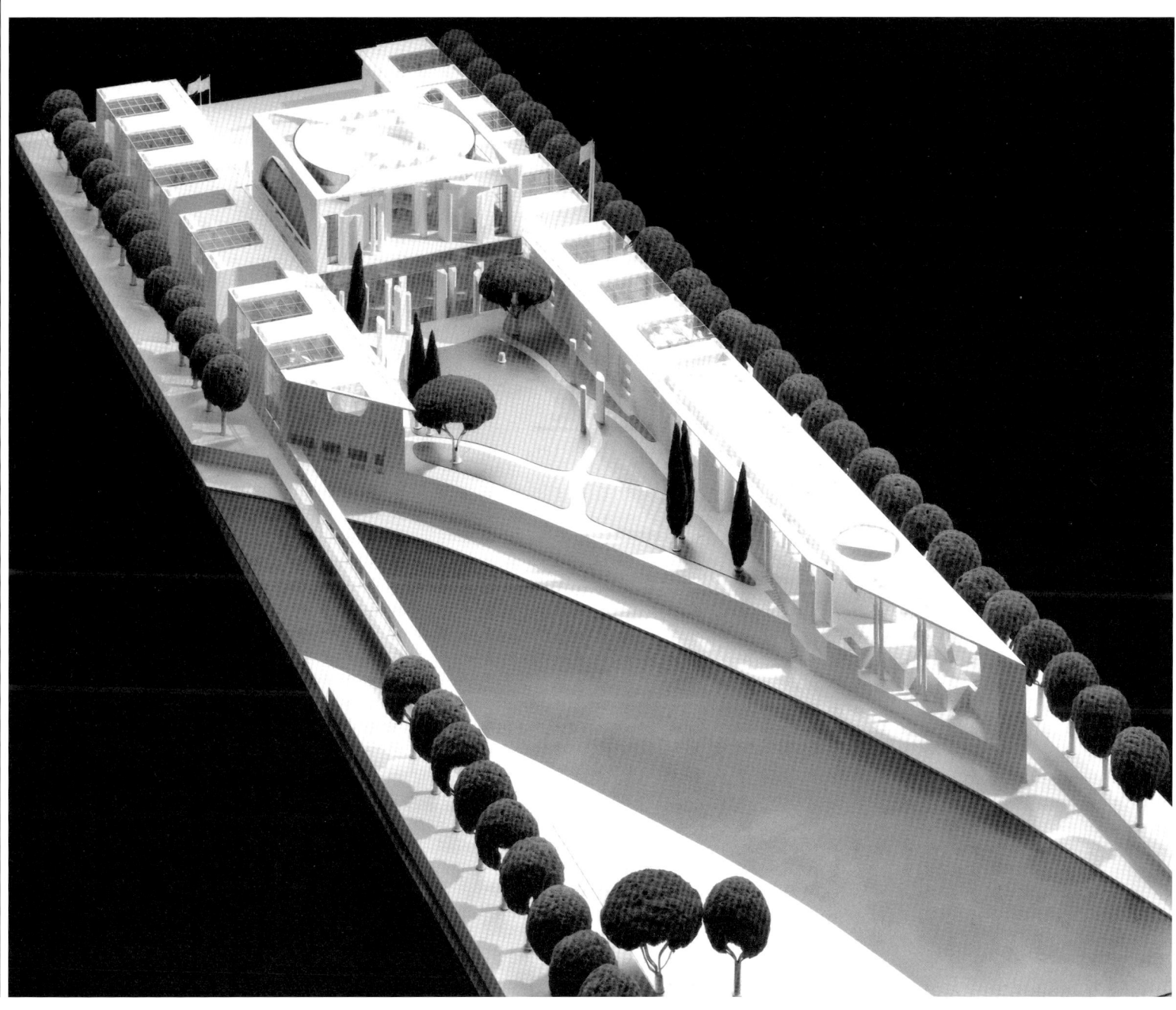

Der Fassade, dem nach außen gekehrten repräsentativen Moment, gilt dann auch ein Großteil der Aufmerksamkeit in der weiteren Überarbeitung von Schultes und Frank. Ein neues, unverbrauchtes, symbolisch unbesetztes, gleichzeitig markantes unverwechselbares Zeichen, das auch Fernsehgerechtigkeit verspricht, soll gefunden werden. Die ursprünglich dekonstruktivistisch anmutende Fassade wird aufgegeben, Motive wie Ball/Globus, Baum und Türflügel werden

erwogen und verworfen. Mögliche Interpretationen erweisen sich hier als zu eng oder lassen Raum für unerwünschte Deutungen, so etwa, wenn die kreisrunden Öffnungen auf Nord- und Südseite als Bullauge oder Auge des Kanzlers bespottet werden oder das Baummotiv als zu figürlich, romantisch und gar germanisch gilt. In der endgültigen, 1996 bestätigten Fassung prägt die Seitenfassaden ein Zykloid, eine präzise geometrische Grundfigur, die jedoch eher wie ein launig gezogener Halbkreis anmutet als eine kühl berechnete Form. Die medienrelevanteste Seite ist gewiß die nach Osten gerichtete, wo der Eingangsbereich mit Ehrenhof liegt, Staatsgäste empfangen werden. Freigestellte und nichts tragende Stelen mit asymmetrisch gerundeten Profilen prägen

diesen Ort, schaffen einen Übergang zwischen cour d'honneur und Gebäude, wirken raumbildend. Das Kanzleramt präsentiert einen Balanceakt im Spiel der Formen, im Wechsel von Öffnung und Verschluß. Der Architekt Axel Schultes sieht den einen Versuch, eine »immergroße Baumasse zu verdünnen, ins Räumliche, Poröse zu überführen und also Tiefe – die wahre Transparenz zu gewinnen«[5].

Die bildhafte Eigenständigkeit des Kanzleramts gewährt seine Wiedererkennbarkeit, ohne dass ein gängiges Symbol oder schein-

bar eindeutig besetztes Material als dominanter Ausdrucksträger für den Betrachter bereitgehalten wird. Damit entzieht sich der Bau in seiner Bildhaftigkeit dem schnellen Verschleiß. Die Fassade fungiert wie eine Folie, in die eine Symbolik erst im Laufe der Zeit durch die politischen Akteure eingeschrieben wird.

Das Kanzleramt – ein Staatsbau so ganz ohne Vorbilder? Nein, nur sind sie nicht in der bekannten Staatsarchitektur zu finden. Schultes schöpft aus dem eigenen Repertoire. Im Museumsbau hat er die gestalterischen Grundprinzipien Ende der Achtzigerjahre entwickelt, die für das Bundeskanzleramt so charakteristisch sind. Im Bonner Kunstmuseum und im Entwurf für den im Spreebogen ursprünglich geplanten Neubau des Deutschen Historischen Museums werden die gestalterischen Mittel vorbereitet, die im Kanzleramt wiederum auf eigenständige Weise umgesetzt werden. »Diese Genealogie erhellt vieles von Qualität und Charakteristik des neuen Bundeskanzleramtes und der zugrundeliegenden ›Spur des Bandes‹. Die Matrix von Städtebau und Architektur ist nicht mehr der Bürohausbau, auch nicht der klassische Herrschaftsbau, sondern der Kunst-, der Kulturbau.«[6]

Die Bauten im Regierungsviertel stehen kurz vor ihrer Vollendung oder sind bereits fertig gestellt, werden genutzt. In der Freude über das Gebaute wird das ursprünglich Geplante, jedoch nicht Verwirklichte schnell vergessen. Schwund ist eben überall. Als Schultes und Frank mit ihrem städtebaulichen Entwurf für die Spreeinsel den ersten Preis bekommen, steht über dem Entwurf

das Motto »Dem Staat Staat zeigen«. Es war ein Angebot, das den bewussten Umgang mit der Geschichte des Ortes einbezog, das als Symbol der Einheit von Ost und West gelesen werden konnte und mit der Einordnung des Kanzleramts in die Gesamtfigur, deren Zentrum das Bürgerforum sein sollte, konnte es als »Metapher der demokratischen Verfassung interpretiert« werden, denn das »Volk erhalte das Recht, den Regierenden ins Auge zu blicken«[7]. Doch bislang wird dieser Ort, das Bürgerforum, das stadträumlich zum Verbindungsglied zwischen den gegenüberliegenden Institutionen und damit praktisch zum Ort der Begegnung der gesellschaftlichen Akteure werden sollte, als Stiefkind behandelt. Vielleicht ist dieser Ort, der das »programmatische Herzstück des ganzen Spreebogenkonzepts« ist, der ein »Ort von Solidarität und Protest«[8] hätte sein könne, eine zu große Herausforderung an die demokratische Gesellschaft? Die Entwicklung wird zeigen, ob die Republik diesen Ort noch brauchen wird und ob das bislang bittere Fazit des Architekten über den Umgang mit dem Bürgerforum als Bestandteil der baulich räumlichen Inszenierung der Bundesrepublik dauerhaft Bestand hat, wenn er formuliert: »Seit mehr als sechs Jahren wird dieser freie, öffentlichste Ort im Spreebogen nur mit spitzen Fingern angefasst, wird die res publica des Bürgerforums nur auf ein paar Granitplatten verspielt. Dieses Provisorium, dieses Bild von einem Niemandsland der Republik ist so dürftig, dass Heiner Müllers Worte wie ein Menetekel über dem Anfang der Berliner Republik hängen: ›Eigentlich war Deutschland nie ein Ort, es war immer eine Utopie‹.«[9]

Anmerkungen
1 Burg, S. 28
2 Bartetzko, 1995, S. 14
3 Vgl. ebd., S. 16
4 Vgl. Welch Guerra, S. 90/91
5 Interview mit dem Kanzleramtsarchitekten Axel Schultes, S. 10
6 Welch Guerra, S. 92
7 Ebd., S. 84
8 Interview mit dem Kanzleramtsarchitekten Axel Schultes, S. 11
9 Ebd., S. 11

Auswahlbibliografie

Adkins, Helen: Die internationale Beteiligung am Wettbewerb zum Palast der Sowjets. In: Naum Gabo und der Wettbewerb zum Palast der Sowjets, Moskau 1931 – 1933, S. 197–201

Albrecht, Torsten: Die Renaissancearchitektur und -ausstattung des Lübecker Rathauses. In: Rathäuser im Spätmittelalter und in der Frühen Neuzeit. Marburg 1997, S. 33–48

Alker, Hermann Reinhard: Michelangelo und seine Kuppel von St. Peter in Rom, Karlsruhe 1968

Allen, William C.: The United States Capitol: A Brief Architectural History. Washington D. C. 1991

Åman, Anders: Die osteuropäische Architektur der Stalinzeit als kunsthistorisches Problem. In: Städtebau und Staatsbau im 20. Jahrhundert, S. 131–150

An Interview with Richard Meier, Architect, the Getty Center. In: a + u., S. 141–153

Andersen, Liselotte: Die Residenz in Karlsruhe. In: Thiem, Gunther: Balthasar Neumann in Baden-Württemberg. Stuttgart 1975, S. 61 - 73

Architektur als politische Kultur. Hrsg. v. Hermann Hipp und Ernst Seidl. Berlin 1996

Architektur in der Demokratie. Hrsg. v. Ingeborg Flagge. 1986

Architektur und Demokratie. Bauen für die Politik von der amerikanischen Revolution bis zur Gegenwart. Hrsg. v. Ingeborg Flagge, Wolfgang Jean Stock. Stuttgart 1992

Architketurmodelle der Renaissance. Die Harmonie des Bauens von Alberti bis Michelangelo. Hrsg. v. Bernd Evers. München, New York 1995

Arndt, Adolf: Geist der Politik – Reden. Berlin 1965

Arndt, Adolf: Demokratie als Bauherr. In: Architektur und Demokratie, S. 52–65

Arnhold, Elmar: Das nordeutsche Rathaus in der mittelalterlichen Stadttopographie. In: Rathäuser im Spätmittelalter und in der Frühen Neuzeit. Marburg 1997, S. 49–64

Ascher, François: The French Metropolitan Region. In: Mastering the City. Vol. I. The Hague 1997, S. 48–55

Asia's Tallest Towers. In: Architecture. September 1996, S. 159–164

a + u. Architecture and Urbanism. Richard Meier. The Getty Center. November 1992

Bacon, Edmund N.: Stadtplanung von Athen bis Brasilia. Zürich 1968

Baer, Wolfram: Zur historischen Funktion des Augsburger Rathauses während der reichsstädtischen Zeit. In: Elias Holl und das Augsburger Rathaus, S. 73–77

Bailby, Edouard: Niemeyer par lui-même. Paris 1993

Bandmann, Günter: Mittelalterliche Architektur als Bedeutungsträger. Berlin 1994

Barock in Deutschland. Residenzen. Hrsg. v. Ekhart Berckenhagen. Berlin 1966

Bartetzko, Dieter: Dem Gipfel eine Form geben. Towers. Hoch hinaus, in der Tiefe fest gegründet: Die Zwillingstürme von Kuala Lumpur. In: Frankfurter Allgemeine Zeitung. Magazin. Heft 918, 2. Oktober 1997, S. 23–28

Bartetzko, Dieter: Ein Symbol der Republik. In: Architektur und Demokratie, S. 108–125

Bartetzko, Dieter: Synthese der Fragmente. In: Kanzleramt und Präsidialamt der Bundesrepublik Deutschland, S. 8–21

Bartetzko, Dieter: Illusionen in Stein. Stimmungsarchitektur im deutschen Faschismus. Ihre Vorgeschichte in Theater- und Film-Bauten. Reinbeck bei Hamburg 1985

Bartmann-Kompa, Ingrid: Das Berliner Rathaus. Berlin 1991

Bauen im Nationalsozialismus. Bayern 1933 – 1945. Hrsg. v. Winfried Nerdinger. München 1993

Bauer, Hermann: Barock: Kunst einer Epoche. Berlin 1992

Bauministerin will keine Kuppel auf dem Reichstag. Berliner Morgenpost, 13. März 1994, S. 5

Beenken, Hermann: Das 19. Jahrhundert in der deutschen Kunst. München 1944

Behnisch, Günter: Bundesbauten in Bonn. In: Bauen für die Demokratie. Hrsg. v. Bundesminister für Raumordnung, Bauwesen und Städtebau. Bonn 1980, S. 82–95

Behnisch, Günter: Bauen für die Demokratie. In: Architektur und Demokratie, S. 66–75

Benedetti, Sandro: Sangallos Modell für St. Peter. In: Architekturmodelle der Renaissance, S. 110–115

Benevolo, Leonardo: Geschichte der Architektur des 19. und 20. Jahrunderts. Bd. 1 u. 2 München 1984, Bd. 3 München 1988

Benevolo, Leonardo: Die Stadt in der europäischen Geschichte. München 1993

Berenholtz, Richard: Manhattan. Die Architektur einer Metropole. Hamburg 1989

Berlin – Moskau 1900 – 1950. Hrsg. v. Irina Antonowa, Jörn Merkert. München 1995

Bernhard, Marianne: Zeitenwende im Kaiserreich. Regensburg 1992

Beutler, Christian: Paris und Versailles. Stuttgart 1970

Beyme, Klaus von: Erziehung zum Untertan. Erhebung und Einschüchterung in der Architektur. In: Die Kunst der Macht und die Gegenmacht der Kunst. Frankfurt am Main 1998, S. 239–255

Beyme, Klaus von: Parlament, Demokratie und Öffentlichkeit. Die Visualisierung demokratischer Grundprinzipien im Parlamentsbau. In: Architektur und Demokratie, S. 32–45

Beyme, Klaus von: Politische Ikonologie der Architektur. In: Architektur als politische Kultur, S. 19–34

Birindelli, Massimo: Ortsbindung. Eine architekturkritische Entdeckung: Der Petersplatz des Gianlorenzo Bernini. Braunschweig u. Wiesbaden 1987

Biswas, Ramesh Kumar: Kuala Lumpur. Von der Zinnsuche zur Sinnsuche. Ein Stadtporträt. In: Stadtbauwelt 132/Bauwelt. Heft 48/1996, S. 2712–2721

Biwas, Ramesh Kumar: Suzie Wongs Rache. Politischer und privater Raum in der Stadt der Illusionen. In: Stadtbauwelt 135/Bauwelt. Heft 36/1997, S. 1977–1983

Blake, Peter: Drei Meisterarchitekten. München 1962

Bodenschatz, Harald; Geisenhof, Johannes; Tscheschner, Dorothea: Gutachten zur Bedeutung des Hauses der Parlamentarier, des Treuhandgebäudes und des ehemaligen Staatsratsgebäudes. Berlin 1993

Bodenschatz, Harald mit Engstfeld, Hans-Joachim, und Seifert, Carsten: Berlin auf der Suche nach dem verlorenen Zentrum. Hamburg 1995

Börsch-Supan, Eva: Berliner Baukunst nach Schinkel. München 1977

Borngräber, Christian: Der Sowjetpalast im Zentrum von Moskau. Chronologie der sieben Entwurfsphasen bis zum Baubeginn am Ende der 30er Jahre. In: Die Axt hat geblüht, S. 417–425

Borsi, Franco; Godoli, Ezio: Wiener Bauten der Jahrhundertwende. Stuttgart 1985

Bosma, Koos: Hellinga, Helma: French Urban Planning In: Mastering the City. Vol. II. The Hague 1997, S. 74–79

Bowling, Kenneth R.: The Creation of Washington, D. C.: The Idea and Location of the American Capital. Fairfax, Va. 1992

Bräunche, Ernst Otto: Vom markgräflichen ›Lust-Hauß‹ zur großherzoglichen ›Haupt- und Residenzstadt‹. Die Entwicklung der Residenz Karlsruhe zwischen 1715 und 1918. In: Residenzen, S. 199–222

Branco, Lúcio Castelo: Staat, Raum und Macht in Brasilien. München 1983

Braunfels, Wolfgang: Mittelalterliche Stadtbaukunst in der Toskana. Berlin 1982

Braunfels, Wolfgang: Abendländische Stadtbaukunst. Herrschaftsform und Baugestalt. Köln 1987

Bredekamp, Horst: Michelangelos Modellkritik. In: Architketurmodelle der Renaissance, S. 116–123

Bredekamp, Horst: Sankt Peter in Rom und das Prinzip der produktiven Zerstörung. Bau und Abbau von Bramante bis Bernini. Berlin 2000

Breeze, Carla: New York Deco. New York 1993

Brinckmann, A. E.: Stadtbaukunst. Berlin 1920

Brinckmann, A. E.: Platz und Monument. Berlin 1923

Brühl, Carlrichard: Reims als Krönungsstadt des französischen Königs bis zum Ausgang des 14. Jahrhunderts. Frankfurt/M. 1950

Buddensieg, Tilmann: Das Reichstagsgebäude von Paul Wallot. Rätsel und Antworten einer Formensprache. In: »Dem deutschen Volke«, S. 30–43

Bullough, Donald A.: Die Kaiseridee zwischen Antike und Mittelalter. In: 799 – Kunst und Kultur der Karolingerzeit. Beiträge, S. 36–46

Bumke, Joachim: Höfische Kultur. Literatur und Gesellschaft im hohen Mittelalter.. München 1994

Burckhardt, Jacob: Die Baukunst der Renaissance in Italien. Berlin 1955

Burg, Annegret: Das neue Bundeskanzleramt – ein Haus für Berlin. In: Kanzleramt und Präsidialamt der Bundesrepublik Deutschland, S. 24–47

Burke, Peter: Ludwig XIV. Die Inszenierung des Sonnenkönigs. Berlin 1993

Burke, Peter: Die Renaissance in Italien. Darmstadt 1996

Burke, Peter: Die europäische Renaissance. München 1998.

Bushart, Bruno: Das Augsburger Rathaus als Kunstwerk. In: Elias Holl und das Augsburger Rathaus, S. 91–97

Bushong, William B.: Uncle sam's architects: builders of the capitol. Washington D. C. 1994

Caffin-Carcy, Odile; Villard, Jacques: Versailles. Le château, la ville, ses monuments. Paris 1991

Calatrava grollt von fern. Die Kuppel war meine Idee – man hat mich bestohlen. In: Der Tagespiegel, 18. April 1999, S. 9

Campi, Mario: Skyscrapers. An Architectural Type of Modern Urbanism. Basel, Boston, Berlin 2000

Cassarà, Silvio: Richard Meier. Basel, Boston, Berlin 1996

Cerver, Francisco Asensio: The Architecture of Skyscrapers. New York 1997

Chan-Magomedow, Selim: Pioniere der sowjetischen Architektur. Dresden 1983

Chan-Magomedow, Selim: Moskauer Architektur von der Avantgarde bis zum stalinistischen Empire. In: Berlin – Moskau 1900 – 1950, S. 205–209

Chaslin, François: Les paris de François Mitterrand. Histoires des grands projets architecturaux. Paris 1985

Chaslin, François; Picon-Lefebvre, Virginie Picon: La Grande Arche de la Défense. Milan, Paris 1989

Chicago Architektur 1872 bis 1922. Die Entstehung der kosmopolitischen Architektur des 20. Jahrhunderts. Hrsg. v. John Zukowsky. München 1987

Ciriani, Henri E.: Richard Meier's Getty Center. In: a + u, S. 16–21

Clasen, Karl-Heinz: Die Baukunst an der Ostseeküste zwischen Elbe und Oder. Dresden 1956

Clausewitz, Paul: Die Städteordnung von 1808 und die Stadt Berlin. Leipzig 1986

Cohen, Jean Louis: Stalin und Haussmann als Verbündete: Der Moskauer Generalplan von 1935. In: Kunst und Macht im Europa der Diktatoren 1930 bis 1945, S. 246–248

Condit, Carl: The Chicago School of Architecture. Chicago 1964

Cooke, Catherine; Kazus, Igor: Sowjetische Architekturwettbewerbe 1924 – 1936. Basel 1991

Cormack, Patrick: Westminster. Palace and Parliament. London 1981

Cullen, Michael S.: Der Reichstag. Die Geschichte eines Monuments. Berlin 1983

Cullen, Michael S.: Parlamentsbauten zwischen Zweckmäßigkeit, Repräsentationsanspruch und Denkmalpflege. In: Schneider, Hans-Peter; Zeh, Wolfgang: Parlamentsrecht und Parlamentspraxis in der Bundesrepublik Deutschland. New York 1989, S. 1845–1899

Cullen, Michael S.: Dem Deutschen Volke. Das Reichstagsgebäude in Berlin. In: Achitektur und Demokratie, S. 126–167

Cullen, Michael S., Kieling, Uwe: Der Deutsche Reichstag. Geschichte eines Parlaments. Berlin 1992

Cullen, Michael S.: Streit um Symbole. In: »Dem Deutschen Volke«, S. 192–209

Czerni, Wilhelm Felix: Das österreichische Parlament. Zum Jubiläum des 100jährigen Bestandes des Parlamentsgebäudes. Wien 1984

Damus, Martin: Das Rathaus. Architektur- und Sozialgeschichte von der Gründerzeit zur Postmoderne. Berlin 1988

Das Rathaus im Kaiserreich. Kunstpolitische Aspekte einer Bauaufgabe des 19. Jahrhunderts. Hrsg. v. Ekkehard Mai, Jürgen Paul u. Stephan Waetzold. Berlin 1982

Das Volk auf dem Dach. Interview mit dem britischen Architekten Sir Norman Foster über den Umbau des Berliner Reichstages. In: Der Spiegel 16/1994, S. 84–87

Dehio, Georg: Handbuch der Deutschen Kunstdenkmäler. Hamburg, Schleswig-Holstein. Bearb. Von Johannes Habich München, Berlin 1971

»Dem deutschen Volke«. Der Bundestag im Berliner Reichstagsgebäude. Hrsg. v. Heinrich Wefing. Bonn 1999

Devanthéry, Patrick; Lamunière, Inès: Das Völkerbundgebäude: Ein moderner Palast? In: Le Corbusier & Pierre Jeanneret, S. 74–94

Die Axt hat geblüht. Düsseldorf 1987

Die deutsche Stadt im 19. Jahrhundert. Hrsg. v. Ludwig Grote. München 1974

Die Königliche Haupt- und Residenzstadt Hannover. Festschrift zur Einweihung des Rathauses im Jahre 1913. Hannover 1913

Die Wiener Ringstraße. Bild einer Epoche. Die Erweiterung der Inneren Stadt Wien unter Kaiser Franz Joseph. Hrsg. v. Renate Wagner-Rieger. Wien, Köln, Graz 1969

Die Wiener Ringstraße. Das Kunstwerk im Bild. Graz 1969

Dierkens, Alain: Die Taufe Clodwigs. In: Die Franken – Wegbereiter Europas. Mannheim, Mainz 1996, S. 183–191

Düwel, Jörn: Am Anfang der DDR: der Zentrale Platz in Berlin. In: Macht und Monument, S. 163–187

Düwel, Jörn; Durth, Werner; Gutschow, Niels: 1945. Krieg – Zerstörung – Aufbau. Architektur und Stadtplanung 1940 – 1960. Berlin 1995

Dupré, Judith: Wolkenkratzer. Die Geschichte der berühntesten und wichtigsten Wolkenkratzer der Welt. Einleitendes Interview mit Philip Johnson. New York 1996

Durth, Werner: Hauptstadtplanungen – Politische Architektur in Berlin, Frankfurt am Main und Bonn nach 1945. In: Hauptstadt: Zentren, Residenzen, Metropolen in der deutschen Geschichte, S. 405–415

Durth, Werner; Düwel, Jörn; Gutschow, Niels: Architektur und Städtebau der DDR. Bd. 1 Ostkreuz, Bd. 2 Aufbau. Frankfurt/M., New York 1998

Ebeling, Hermann: Karlsruhe. Stadt zwischen Reissbrett und Phantasie. Karlsruhe 1988

Eco, Umberto: Einführung in die Semiotik. München 1991

Eckert, Georg: Balthasar Neumann und die Würzburger Residenzpläne. Ein Beitrag zur Entwicklungsgeschichte des Würzburger Residenzbaues. Straßburg 1917

Eine Kuppel ist keine Schicksalsfrage. Gespräch mit Bundestagspräsidentin Rita Süssmuth am Rande des Reichstags-Kolloquiums. In: Tagesspiegel, 15. Februar 1992, S. 9

100 Jahre Architektur in Chicago. Kontinuität von Struktur und Form. Die Neue Sammlung. Staatliches Museum für angewandte Kunst, München. München 1973

Elias, Norbert: Die höfische Gesellschaft. Frankfurt/M. 1997

Elias Holl und das Augsburger Rathaus. Hrgs. v. Wolfram Baer, Hanno-Walter Kruft, Bernd Roeck. Regensburg 1985

Ennen, Edith: Die europäische Stadt des Mittelalters. Göttingen 1972

Europäische Städte im Zeitalter des Barock. Gestalt – Kultur – Sozialgefüge. Hrsg. v. Kersten Krüger. Wien 1988

Fecht, Karl Gustav: Geschichte der Haupt- und Residenzstadt Karlsruhe. Karlsruhe 1887

Fils, Alexander: Brasilia – Moderne Architektur in Brasilien. Düsseldorf 1988

Fils, Alexander: Politische Idealstädte. Das Beispiel Brasilia und andere Neugründungen. In: Architektur und Demokratie, S. 186–211

Flagge, Ingeborg: Provisorium als Schicksal. In: Architektur und Demokratie, S. 224–245

Fleischhauer, Werner: Barock im Herzogtum Württemberg. Stuttgart 1958

Flierl, Bruno: Vom Münzturm zum Fernsehturm. Höhendominanten in der Stadtplanung von Berlin. In: Studien zur Berliner Kunstgeschichte. Hrsg. v. Karl-Heinz Klingenburg. Leipzig 1986, S. 11 –51

Flierl, Bruno: Bauten der ›Volksdemokratie‹. Berlin als Hauptstadt der DDR. In: Achitektur und Demokratie, S. 168–185

Flierl, Bruno: Das Kulturhaus in der DDR. In: Städtebau und Staatsbau im 20. Jahrhundert, S. 151–172

Flierl, Bruno: Der Zentrale Ort in Berlin. Zur räumlichen Inszenierung sozialistischer Zentralität. In: Kunstdokumentation SBZ/DDR 1949 bis 1990. Hrsg. v. Günter Feist, Eckhart Gillen, Beatrice Vierneisel. Köln 1996, S. 320–357

Flierl, Bruno: Gebaute DDR. Über Stadtplaner, Architekten und die Macht. Kritische Reflexionen 1990-1997. Berlin 1998

Flierl, Bruno: Faschistische und stalinistische Stadtplanung und Architektur. Zu den Planungskonzepten in Berlin und Moskau. In: Ders.: Gebaute DDR, S. 39–51

Flierl, Bruno: Berlin baut um – Wessen Stadt wird die Stadt? Kritische Reflexionen 1990–1997. Berlin 1998

Flierl, Bruno: Hundert Jahre Hochhäuser. Hochhaus und Stadt im 20. Jahrhundert. Berlin 2000

Forster, Kurt W.: A Citadel for Los Angeles and an Alhambra for the Arts. In: a + u, S. 6–14

Frommel, Christoph Luitpold: Die Baugeschichte von St. Peter, Rom. In: Christoph Luitpold Frommel, Stefano Ray und Manfredo Tafuri: Raffael. Das architektonische Werk. Stuttgart 1987, S. 241–255

Geschichte der Stadt Wien. Geschichte der bildenden Kunst in Wien. Geschichte der Architektur in Wien. Wien 1973

Giedion, Sigfried: Raum, Zeit, Architektur. Zürich, 1989.

Giedion, Sigfried: Wege in die Öffentlichkeit. Zürich 1987

Gißke, Erhardt: Der Bebauungsplan für das Zentrum der Hauptstadt der Deutschen Demokratischen Republik, Berlin. In: Deutsche Architektur 1961. Heft 8, S. 411–416

Götze, Wolfram: Das Parlamentsgebäude. Historische und ikonologische Studien zu einer Bauaufgabe. Diss. Leipzig 1960

Goldberger, Paul: The Skyscraper. New York 1982

Goldberger, Paul: Wolkenkratzer. Das Hochhaus in Geschichte und Gegenwart. Stuttgart 1984

Gotik in Böhmen. Hrsg. v. K. Swoboda. München 1969

Grimschitz, Bruno: Die Wiener Ringstraße. Bremen, Berlin 1938

Grisebach, August: Das deutsche Rathaus der Renaissance. Berlin 1907

Grisebach, August: Die alte deutsche Stadt in ihrer Stammeseigenart. Berlin 1930

Gross, Werner: Die abendländische Architektur um 1300. Stuttgart 1948

Gruber, Karl: Das deutsche Rathaus.. München 1943

Gruber, Karl: Die Gestalt der deutschen Stadt. München 1952

Guratzsch, Dankwart: Kuppel-Spiele. In: Die Welt, 10. Mai 1995, S. 6

Haltern, Utz: Architektur und Politik. Zur Baugeschichte des Berliner Reichstags. In: Kunstverwaltung, Bau- und Denkmal-Politik im Kaiserreich. Hrsg v. Ekkehard Mai, Stephan Wetzoldt. Berlin 1981, S. 75 –102

Hansmann, Wilfried: Baukunst des Barock. Köln 1978

Hansmann, Wilfried: Balthasar Neumann. Köln 1999

Hauptstadt: Zentren, Residenzen, Metropolen in der deutschen Geschichte. Bonn, Köln 1989

Hauptstadt Berlin. Internationaler städtebaulicher Ideenwettbewerb 1957/58. Hrsg. v. der Berlinischen Galerie. Berlin 1990

Hauptstadt Berlin: Zur Geschichte der Regierungsstandorte. Berlin 1992

Hauptstadt Berlin: Parlamentsviertel im Spreebogen. Internationaler städtebaulicher Ideenwettbewerb 1993. Berlin, Basel, Boston 1993

Hegemann, Werner; Peets, Albert: The American Vitruvius. Braunschweig, Wiesbaden 1988

Heinrich der Löwe und seine Zeit: Herrschaft und Repräsentation der Welfen 1125 bis 1235. Katalog der Ausstellung Braunschweig 1995. Hrsg. v. Jochen Luckhardt und Franz Niehoff zusammen mit Gerd Biegel. 3 Bd. München 1995

Held, Jutta: Zu den Wettbewerben für den Bau des Sowjetpalais. In: Max Raphael: Für eine demokratische Architektur. Frankfurt/M. 1976, S. 158–162

Hennebo, Dieter: Renaissance – Manierismus – Barock. In: Hennebo, Dieter; Hoffmann, Alfred: Geschichte der deutschen Gartenkunst. Bd. II. Renaissance und Barock. Hamburg 1965, S. 13–310

Henselmann, Hermann: Gedanken, Ideen, Bauten, Projekte. Berlin 1978

Hibbert, Christopher: Versailles. Wiesbaden 1975

Himmelein, Volker: Die Selbstdarstellung von Dynastie und Staat in ihren Bauten. In: Residenzen, S. 47–58

Hitchcock, Henry-Russell: Die Architektur des 19. und 20. Jahrhunderts. München 1994

Hofmann, Theobald: Entstehungsgeschichte des St. Peter in Rom, Zittau 1928

Hohmeyer, Jürgen: Tempelstadt für die Kunst. In: Der Spiegel 50/1997, S. 234–239

Holland, Yngve Jan: Grande Arche und die Louvre-Pyramide. München 1996

Hoog, Simone; Meyer, Daniel: Versailles. Marigny-le- Chatel 1990

Hornig, Christian: Oscar Niemeyer. Bauten und Projekte. München 1981

Hubala, Erich; Mayer, Otto; Mülbe, Wolf-Christian: Die Residenz zu Würzburg. Würzburg 1984

Hubala, Erich: Die Kunst des 17. Jahrhunderts. Propyläen Kunstgeschichte. Frankfurt/M., Berlin 1990

Hübsch, Heinrich: In welchem Style sollen wir bauen? Nachdruck der Ausgabe 1828. Karlsruhe 1984

Huse, Norbert: Le Corbusier. Reinbeck bei Hamburg 1976

Huse, Norbert: Italienische Plastik und Architektur. In: Hubala, Erich: Die Kunst des 17. Jahrhunderts. Propyläen Kunstgeschichte. Frankfurt/M., Berlin 1990, S. 207–225

Huxtable, Ada Louise: Kicked a Building Lately? New York 1976

Huxtable, Ada Louise: Zeit für Wolkenkratzer oder die Kunst, Hochhäuser zu bauen. Berlin 1986

Ideenwettbewerb zur sozialistischen Umgestaltung der Hauptstadt der Deutschen Demokratischen Republik, Berlin. In: Deutsche Architektur 1960. Heft 1, S. 3–36

Ikonnikow, Andrej: Der Historismus in der sowjetischen Architektur. In: Konzeptionen in der sowjetischen Architektur 1917–88, S. 65–107

Ikonnikow, Andrej: Die acht Hochhäuser. In: Tyrannei des Schönen, S. 177–182

Interview mit dem Kanzleramtsarchitekten Axel Schultes: Die Leichtigkeit des Steins. In: Angekommen: Die Regierung ist da. Kanzlerfest 11./12. 9. 1999. Hrsg. v. Bundesministerium für Verkehr, Bau- und Wohnungswesen. Berlin 1999, S. 10/11

Interview with Tan Sri Datuk Seri Azizan Zainul Abidin. In: Sculpting the Sky, S. 9

Jacobson, Werner: Herrschaftliches Bauen in der Karolingerzeit. In: 799 – Kunst und Kultur der Karolingerzeit. Beiträge, S. 91–94

Jantzen, Hans: Kunst der Gotik. Klassische Kathedralen Frankreichs. Hamburg 1957

Jencks, Charles: Postmoderne Architektur. London, Stuttgart 1978

Jodidio, Philip: Richard Meier. Köln 1995

Kähler, Gert: Übernationale Repräsentation. Vom Völkerbund zum Europäischen Parlament. In: Achitektur und Demokratie, S. 212–223

Kanzleramt und Präsidialamt der Bundesrepublik Deutschland: internationale Architekturwettbewerbe für die Hauptstadt Berlin. Hrsg. v. Annegret Burg, Sebastian Redecke. Berlin, Basel, Boston 1995

Kazus, Igor A.: Die große Illusion. In: Kunst und Macht im Europa der Diktatoren 1930 bis 1945, S. 189–194

Keller, Harald: Die Kunst des 18. Jahrhunderts. Propyläen Kunstgeschichte. Berlin, Fankfurt/M. 1990

Kemp, Gerald van der: Versailles. Versailles 1968

Kil, Wolfgang: Verhältnisse träumen oder Staat zeigen. In: Macht und Monument, S. 235–247

Kil, Wolfgang: Das sympathische Experiment. Der Bonner Plenarsaal nach vierzig Jahren Streit über das Bauen in der Demokratie. In: »Dem deutschen Volke«, S. 100–113

Kimpel, Dieter; Suckale, Robert: Die gotische Architektur in Frankreich 1130–1270. München 1985

Kircher, Gerda Franziska: Das Karlsruher Schloß als Residenz und Musensitz. Veröffentlichungen der Kommission für geschichtliche Landeskunde in Baden-Würtemberg. Reihe B. Forschungen. 8. Band. Stuttgart 1959

Klingenburg, Karl-Heinz: Der Berliner Dom. Ideen, Bauten und Projekte vom 15. Jahrhundert bis zur Gegenwart. Berlin 1987

Klinkott, Manfred: Die Backsteinbaukunst der Berliner Schule. Von K. F. Schinkel bis zum Ausgang des Jahrhunderts. Berlin 1988

Klodt, Olaf: Templi Petri Instauracio. Die Neubauentwürfe für St. Peter in Rom unter Julius II. und Bramante, Ammersbek 1992

Klodt, Olaf: Bramantes Entwürfe für die Peterskirche in Rom. Die Metamorphose des Zentralbaus. In: Festschrift für Fritz Jacobs zum 60. Geburtstag. Hrsg. v. Olaf Klodt u. a., Münster 1996, S. 119–152

Klotz, Heinrich: Architektur in der Bundesrepublik. Frankfurt/M., Berlin, Wien 1977

Klotz, Heinrich: Hauptstadtarchitektur und pluralistische Gesellschaft – Was kann der Bürger von seiner Hauptstadt erwarten? In: Bauen für die Demokratie. Hrsg. v. Bundesminister für Raumordnung, Bauwesen und Städtebau. Bonn 1980. S. 45-57

Klotz, Heinrich: Der Florentiner Stadtpalast. Zum Verständnis einer Repräsentationsform. In: Architektur des Mittelalters. Funktion und Gestalt. Hrsg. v. Friedrich Möbius u. Ernst Schubert. Weimar 1983, S. 307–343

Klotz, Heinrich: Ikonologie einer Hauptstadt – Bonner Staatsarchitektur. In: Politische Architektur in Europa vom Mittelalter bis heute. Repräsentation und Gemeinschft. Hrsg. v. Martin Warnke. Köln 1984, S. 399–416

Klotz, Heinrich: Moderne und Postmoderne. Architektur der Gegenwart 1969–1980. Braunschweig, Wiesbaden 1985

Konzeptionen in der sowjetischen Architektur 1917–1988. Berlin 1989

Kopp, Anatole: L'architecture de la période stalinienne. Grenoble 1978

Kostof, Spiro: Das Gesicht der Stadt. Frankfurt/M, New York 1992

Kranz-Michaelis, Charlotte: Zur deutschen Rathausarchitektur des Kaiserreichs. Das neue Rathaus von Hannover. In: Die deutsche Stadt im 19. Jahrhundert, S. 189–208

Kranz- Michaelis, Charlotte: Rathäuser im deutschen Kaiserreich 1871 – 1918. München 1976

Kranz-Michaelis, Charlotte: Das Neue Rathaus in Hannover – Ein Zeugnis der »Ära Tramm«. In: Das Rathaus im Kaiserreich, S. 395–413

Kreis, Barbara: Moskau 1917–1935. Vom Wohnungsbau zum Städtebau. München 1985

Kress, Susanne: Per honore della ciptà. Zeremoniell im Florentiner Quattrocento am Beispiel des Besuchs Galeazzo Maria Sforzas im April 1459. In: Zeremoniell und Raum. 4. Symposium der Residenz-Kommission der Akademie der Wissenschaften in Göttingen. Sigmaringen 1997, S. 113–125

Krieger, Peter: Spiegelnde Curtain Walls als Projektionsflächen für politische Schlagbilder. In: Architektur als politische Kultur, S. 297–310

Krinsky, Carol H.: Rockefeller Center. New York, 1978

Krinsky, Carol H.: Gordon Bunshaft of Skidmore, Owings an Merrill. New York 1998

Kunst, Hans-Joachim: Freiheit und Zitat in der Architektur des 13.Jahrhunderts. Die Kathedrale von Reims. In: Bauwerk und Bildwerk im Hochmittelalter. Anschauliche Beiträge zur Kultur- und Sozialgeschichte. Hrsg. v. Karl Clausberg, Dieter Kimpel u. a. Gießen 1981, S. 87–102

Kunst, Hans-Joachim; Schenkluhn, Wolfgang: Die Kathedrale in Reims. Architektur als Schauplatz politischer Bedeutungen. Frankfurt/M. 1994

Kunst und Macht im Europa der Diktatoren 1930 bis 1945. Stuttgart 1996

Lampugnani, Vittorio Magnano: Architektur als Kultur. Die Ideen und die Formen. Köln 1986

Lampugnani, Vittorio Magnano: Die bewußte Dekoration. Planung der Schönheit in der mittelalterlichen Stadt. In: Ders.: Architektur als Kultur, S. 63–76

Lampugnani, Vittorio Magnago: Die Diskussion um die Chimäre. Bauen in der Demokratie und »demokratisches Bauen«. In: Ders.: Architektur als Kultur, S. 258–266

Lampugnani, Vittorio Magnago: Eine Leere voller Pläne. Die Projekte für das nie verwirklichte Zentrum von Groß-Berlin 1839–1985. In: Ders.: Architektur als Kultur, S. 140 –170

Larson, Olaf: Die Neuplanung der Reichshauptstadt. Albert Speers Generalbebauungsplan für Berlin. Stuttgart 1978

Le Corbusier et Pierre Jeanneret: Œuvre complète 1910–29. Zürich 1964

Le Corbusier & Pierre Jeanneret. Das Wettbewerbsprojekt für den Völkerbundpalast in Genf 1927. Hrsg. v. Werner Oechslin. Zürich 1988

Le palais de la Société des Nations. Texte de Louis Cheronnet. Paris 1938

Lorenz, Reihnhold: Die Wiener Ringstraße. Ihre politische Geschichte. Wien 1943

Macht und Monument. Moderne Architektur in Deutschland 1900 bis 2000. Hrsg. v. Romana Schneider und Wilfried Wang. Ostfildern-Ruit 1998

Malettke, Klaus: Ludwig XIV. von Frankreich: Leben, Politik und Leistung. Göttingen, Zürich 1994

Mandowsky, Erna: Untersuchungen zur Iconlogie des Cesare Ripa. Diss. Hamburg 1934

Manina, Antonina: Der Generalplan zur Stadterneuerung. Moskau 1935. In: Tyrannei des Schönen, S.165–169

McCormick, Michael: Paderborn 799: Königliche Repräsentation – Visualisierung eines Herrschaftskonzept. In: 799– Kunst und Kultur der Karolingerzeit. Beiträge, S. 71–81

McKitterick, Rosamond: Die karolingische Renovatio. In: 799 – Kunst und Kultur der Karolingerzeit. Hd.buch Bd. 2, S. 668–685

Meininger, Herbert; Doerrschuck, Hubert: 250 Jahre Karlsruhe. Die Chronik zum Jubiläum der Stadt. Karlsruhe 1966

Merten, Klaus: Schlösser in Baden-Württemberg. Residenzen und Landsitze in Schwaben, Franken und am Oberrhein. München 1987

Merten, Klaus: Residenzstädte in Baden-Württemberg im 17. und 18. Jahrhundert. In: Planstädte der Neuzeit vom 16. bis zum 18. Jahrhundert, S. 221–230

Meuser, Philipp: Schloßplatz 1. Vom Staatsratsgebäude zum Bundeskanzleramt. Berlin 1999

Michalski, Sergiusz: Das Ausstattungsprogramm des Augsburger Rathauses. In: Elias Holl und das Augsburger Rathaus, S. 77–90

Milde, Kurt: Neorenaissance in der deutschen Architektur des 19. Jahrhunderts. Dresden 1981

Mindlin, Henrique E.: Neues Bauen in Brasilien. München 1957

Mittig, Hans-Ernst: NS-Stil als Machtmittel. In: Macht und Monument, S. 101–115

Moos, Stanislaus von: Le Corbusier. Frauenfeld und Stuttgart 1968

Moos, Stanislaus von: Turm und Bollwerk. Zürich 1974

Müller, Christina: Karlsruhe im 18. Jahrhundert. Zur Genese und zur sozialen Schichtung einer residenzstädtischen Bevölkerung. Karlsruhe 1992

Müller, Peter: Symbol mit Aussicht. Die Geschichte des Berliner Fernsehturms. Berlin 1999

Mütherich, Florentin: Die Pfalz Heinrich des Löwen: Herrschaft und Repräsentation. In: Heinrich der Löwe und seine Zeit: Herrschaft und Repräsentation der Welfen 1125 bis 1235; Katalog der Ausstellung Braunschweig 1995. Hrsg. v. Jochen Luckhardt und Franz Niehoff. Bd. 1. München 1995, S. 175/176

Mumford, Lewis: Megalopolis. Gesicht und Seele der Gross-Stadt. Wiesbaden 1951

Mumford, Lewis: Vom Blockhaus zum Wolkenkratzer. Nachdruck der Ausgabe von Berlin 1925. Mit einem Vorwort von Bruno Flierl. Berlin 1997

Nash, Eric P.: Manhattan Skyscrapers. New York 1999

Naum Gabo und der Wettbewerb zum Palast der Sowjets, Moskau 1931–1933. Hrsg. v. der Berl. Galerie. Berlin 1992

Nerdinger, Winfried: Politische Architektur. Betrachtungen zu einem Begriff. In: Architektur und Demokratie, S. 10–31.

Nerdinger, Winfried: Baustile im Nationalsozialismus: Zwischen Klassizismus und Regionalismus. In: Kunst und Macht im Europa der Diktatoren 1930 bis 1945, S. 322–325

Nerdinger, Winfried: »Ein deutlicher Strich durch die Achse der Herrscher«. Diskussion um Symmetrie, Achse und Monumentalität zwischen Kaiserreich und Bundesrepublik. In: Macht und Monument, S. 87–99

Neumann-Adrian, Michael: Schlösser, Burgen, Residenzen in Bayern. München 1986

Newhouse, Victoria: Wallace K. Harrison. Architect. New York 1989

New York Architektur 1970 bis 1990. Hrsg. v. Heinrich Klotz. München 1989.

Nipperdey, Thomas: Nationalidee und Nationaldenkmal in Deutschland im 19. Jahrhundert. In: Gesellschaft, Kultur, Theorie. Gesammelte Aufsätze zur neueren Geschichte. Göttingen 1976, S. 133–173

Norberg-Schulz, Christian: Genius loci: Landschaft, Lebensraum, Baukunst. Stuttgart 1982

Norton, Paul F.: Latrobe, Jefferson, an the National Capitol. New York 1977

Norton, Paul F.: Latrobe-Klassizismus. Der klassische Stil des amerikanischen Kapitols in seiner Ausprägung durch Latrobe und Jefferson. In: Politische Architektur in Europa vom Mittelalter bis heute. Repräsentation und Gemeinschaft. Hrsg. v. Martin Warnke. Köln 1984, S. 336–352

Oechslin, Werner: Kleinliche Begebenheiten – und ein großes Projekt. In: Le Corbusier & Pierre Jeanneret, S. 8–18

Oscar Niemeyer. Selbstdarstellungen. Kritiken. Œuvre. Hrsg. v. Alexander Fils. Berlin 1982

Paatz, Walter: Die Marienkirche zu Lübeck. Burg 1926

Panofsky, Erich: Architektur und Scholastik. Zur Analogie von Kunst, Philosophie und Theologie im Mittelalter. Köln 1989

Panofsky, Erwin: Die Renaissancen der europäischen Kunst. Frankfurt/M. 1990

Papadaki, Stamo: The work of Oscar Niemeyer. 1957

Papadaki, Stamo: Oscar Niemeyer. Ravensburg 1962

Paris – Moscou 1900 – 1930. Paris 1979

Parlaments- und Regierungsviertel Berlin. Ergebnisse der vorbereitenden Untersuchungen. Berlin 1993

Paul, Jürgen: Die mittelalterlichen Kommunalpaläste in Italien. Dresden 1963

Paul, Jürgen: Der Palazzo Vecchio in Florenz. Ursprung und Bedeutung seiner Form. Florenz 1969

Paul, Jürgen: Das »Neue Rathaus« – Eine Bauaufgabe des 19. Jahrhunderts. In: Das Rathaus im Kaiserreich, S. 29–90

Peters, Paulhans: Paris. Die Großen Projekte. Berlin 1992

Petras, Renate: Das Schloß in Berlin: von der Revolution 1918 bis zur Vernichtung 1950. Berlin, München 1992

Pinder, Wilhelm: Die Kunst der ersten Bürgerzeit. Frankfurt 1952

Planstädte der Neuzeit vom 16. bis zum 18. Jahrhundert. »Klar und lichtvoll wie eine Regel«. Karlsruhe 1990

Posener, Julius: Berlin auf dem Wege zu einer neuen Architektur. Das Zeitalter Wilhelm II. , München 1979

Preimesberger, Rudolf: Maiestas Loci. Zum Kuppelraum von St. Peter in Rom unter Urban VIII (1623–1644). In: Berliner Wissenschaftliche Gesellschaft e. V., Jahrbuch 1991, S. 247–268

Programm den Entwurf zu einem Parlamentsgebäude für den Deutschen Reichstag betreffend. In: Beilage zur Deutschen Bauzeitung vom 21. Dezember 1871, S. 415

Projekte der räumlichen Planung. Fortschreibung. Hrsg. v. der Senatsverwaltung für Stadtentwicklung und Umweltschutz. Berlin 1999

Quincerot, Richard: Schlachtfeld Völkerbundpalast – Eine Chronologie der Ereignisse um den Internationalen Architekturwettbewerb für den Völkerbundpalast in Genf, 1923–1927. In: Le Corbusier & Pierre Jeanneret, S. 54–71

Raak, Heinz: Das Reichstagsgebäude in Berlin. Berlin 1978

Raphael, Max: Das Sowjetpalais. Eine marxistische Kritik an einer reaktionären Architektur. In: Ders.: Für eine demokratische Architektur. Mit einem Nachwort von Jutta Held. Frankfurt/M. 1976, S. 53–131

Rappsilber, Maximilian: Das Reichstagsgebäude. Berlin 1897

Rauda, Wolfgang; Delling, Rudolf: Deutsche Rathäuser. Frankfurt/M. 1958

Realisierungswettbewerb Umbau des Reichstagsgebäudes zum Deutschen Bundestag. Dokumentation des Architekturwettbewerbs. Berlin 1993

Reichel, Peter: Der schöne Schein des Dritten Reiches. Faszination und Gewalt des Faschismus. München, Wien 1996

Reichhardt, Hans J.; Schäche, Wolfgang: Von Berlin nach Germania. Über die Zerstöungen der »Reichshauptstadt« durch Alber Speers Neugestaltungsplanungen. Berlin 1998

Reiff, Daniel D.: Washington Architecture, 1791–1861. Washington 1971

Reinhardt, Hans: La Cathédrale de Reims. Paris 1963

Reps, John W.: Monumental Washington: The Planing and Development of the Capital Center. Princeton 1967

Residenzen. Aspekte hauptstädtischer Zentralität von der frühen Neuzeit bis zum Ende der Monarchie. Hrsg. v. Kurt Andermann. Sigmaringen 1992

Residenzen weltlicher und geistlicher Herrscher. Hrsg. v. Flavio Conti. Gütersloh 1978

Residenzstädte und ihre Bedeutung im Territorialstaat des 17. und 18. Jahrhunderts. Gotha 1991

Reuther, Hans: Balthasar Neumann. Der mainfränkische Barockbaumeister. München 1983

Rheinstädter, Hajo: Die Residenz Carols Ruhe. Aspekte aus der Baugeschichte. Karlsruhe 1981

Richter, Wolfgang; Zänker, Jürgern: Der Bürgertraum vom Adelschloß. Aristokratische Bauformen im 19. und 20. Jahrhundert. Reinbeck bei Hamburg 1988

Rickard, Charles: Albi. Rennes 1991

Ritter, Dorothea: Florenz und die Toskana. Photographien 1840 – 1900. Sammlung Siegert. Heidelberg 1997

Rjabuschin, A. W.: Die avantgardistische Architektur der 20er und 30er Jahre. In: Konzeptionen in der sowjetischen Architektur 1917–1988, S. 11–40

Robinson, Cervon; Haag Bletter, Rosemarie: Skyscraper Style: Art Deco New York. New York 1975

Roeck, Bernd: Elias Holl. Architekt einer europäischen Stadt. Regensburg 1985

Roeck, Bernd: Kollektiv und Individuum beim Entstehungsprozeß der Augsburger Architektur im ersten Drittel des 17. Jahrhunderts. In: Elias Holl und das Augsburger Rathaus, S. 37–54

Roeck, Bernd: Eine Stadt in Krieg und Frieden. Studien zur Geschichte der Reichsstadt Augsburg zwischen Kalenderstreit und Parität. Göttingen 1989

Roeck, Bernd: Als wollt die Welt schier brechen. Eine Stadt im Zeitalter des Dreißigjährigen Krieges. München 1991

Roth, Alfred: Begegnung mit Pionieren. Basel, Stuttgart 1973

Roth, Alfred: Der Wettbewerb, die Projektbearbeitung und Le Corbusiers Kampf um sein preisgekröntes Projekt. In: Le Corbusier & Pierre Jeanneret, S. 20–28

Rowe, Collin, Slutzky, Robert: Transparenz. Basel, Boston, Berlin 1989

Sauerländer, Willibald: Das Königsportal in Chartres. Frankfurt/M 1984

Schäche, Wolfgang: 1933-1945. Bauen im Nationalsozialismus. Dekoration der Gewalt. In: 750 Jahre Architektur und Städtebau in Berlin. Berlin 1987, S. 183–212

Schäche, Wolfang: Platz für die Macht. Der Spreebogen in Berlin-Tiergarten. In: Macht und Monument, S. 33–51

Schäche, Wolfgang: Von Berlin nach »Gemania«. In: Kunst und Macht im Europa der Diktatoren 1930 bis 1945, S. 326–329

Schäfke, Werner: Frankreichs gotische Kathedralen. Köln 1986

Schätzke, Andreas: Zwischen Bauhaus und Stalinallee. Architekturdiskussion im östlichen Deutschland. 1945-1955. Braunschweig, Weisbaden 1991

Schlögel, Karl: Der Schatten eines imaginären Turms. In: Naum Gabo und der Wettbewerb zum Palast der Sowjets, Moskau 1931 – 1933, S. 177–184

Schmädeke, Jürgen: Der deutsche Reichstag. Geschichte und Gegenwart eines Bauwerks. Berlin 1981

Schmid, Erik: Staatsarchitektur der Ära Mitterrand in Paris. Regensburg 1996

Schmidt, Johann N.: William Van Alen: Das Chrysler Building. Frankfurt 1995

Schmidt, Johann N.: Wolken-Kratzer. Ästhetik und Konstruktion. Köln 1991

Schneider, Oscar: Denkmal der Demokratie. Ein Plädoyer für die Wiederherstellung von Wallots originaler Reichstagskuppel. In: Frankfurter Allgemeine Zeitung, 18. April 1994, S. 33

Schneider, Oscar: Zeichen der Demokratie. Die Verantwortung des Bundestags als Bauherr in Berlin. In: Die Welt, 29. Juni 1994, S. 5

Schorske, Carl E.: Wien. Geist und Gesellschaft im fin de siècle. Frankfurt 1982

Schramm, Percy Ernst: Der König von Frankreich. Das Wesen der Monarchie vom 9. zum 16. Jahrhundert. Weimar 1960

Schreiber, Christa: Das Berliner Rathaus – Versuch einer Entstehungs- und Ideengeschichte. In: Das Rathaus im Kaiserreich, S. 91–149

Schürenberg, L.: Die kirchliche Baukunst in Frankreich zwischen 1270 und 1380. Berlin 1934

Schürer, Oskar: Prag. Wien, Leipzig 1935

Schütz, Bernhard: Balthasar Neumann. Freiburg, Basel, Wien 1987

»Schuld ist dieser politische Quatsch«. In: Der Tagesspiegel, 9. Juli 1995, S. 21

Scott, Pamela; Lee, Antoinette J: Buildings of the District of Columbia. New York 1993

Sculpting the Sky. Petronas Twin Towers. KLCC. Hrsg. v. Koh Earn Chor. Kuala Lumpur 1998

Scuri, Piera: Late Twentieth Century Skyscrapers. New York 1990

Sedlmaier, Richard; Pfister, Rudolf: Die fürstbischöfliche Residenz zu Würzburg. Text- und Tafelband. München 1923

Sedlmayr, Hans: Verlust der Mitte. Berlin 1988

Sedlmayr, Hans: Die Entstehung der Kathedrale. Freiburg im Breisgau 1993

Seidl, Ernst: Monument im Dienst der Demokratie? La Grande Arche in Paris. In: Architektur als politische Kultur, S. 311–326

Seidl, Ernst: La Grande Arche in Paris: Form – Macht – Sinn. Hamburg 1998

Shepard, Charles: Wolkenkratzer. Köln 1996

799 – Kunst und Kultur der Karolingerzeit: Karl der Große und Papst Leo III. in Paderborn. Beiträge zum Katalog der Ausstellung. Katalog-Handbuch Bd. 1 u. 2. Mainz 1999

Siebenmorgen, Harald: Schloß und Stadtanlage. In: Stratmann-Döhler, Rosemarie, Siebenmorgen, Harald, S. 30–35

Siedler, Wolf Jobst: Wie man baut, was niemand will. Der Reichstag: Eine unendliche Geschichte von der Unfähigkeit zur Architektur. Frankfurter Allgemeine Zeitung, 14.3.1994, S. 33

Simson, Otto von: Die gotische Kathedrale. Beiträge zu ihrer Entstehung und Bedeutung. Darmstadt 1968

Speer, Albert: Architektur. Arbeiten 1933–1945. Frankfurt/M, Berlin, Wien 1978

Spreebogen. Ergebnisse des Internationalen städtebaulichen Wettbewerbs. Hrsg. v. der Senatsverwaltung und Umweltschutz. Berlin 1993

Spreebogen. Internationaler städtebaulicher Wettbewerb. Ergebnisse der Überarbeitung. Hrsg. v. der Senatsverwaltung für Stdtentwicklung und Umweltschutz. Berlin 1993

Städtebau und Staatsbau im 20. Jahrhundert. Hrsg. v. Gabi Dolff-Bonekämper, Hiltrud Kier. München, Berlin 1996

Stäubli, Willy: Brasilia. Stuttgart 1965

Steinweg, Wolfgang: Das Rathaus in Hannover. Von der Kaiserzeit bis in die Gegenwart. Hannover 1988

Stejskal, Karel: Karl IV. und die Kultur und die Kunst seiner Zeit. Prag 1978

Stern, Robert A. M.: Die Erbauung der Welthaupstadt. In: New York Architektur 1970–1990, S. 13–45

Stern, Robert A. M.; Gilmartin, Gregory; Massengale, John: New York 1900. Metroplitan Architecture and Urbanism 1890–1915. New York 1983

Stern, Robert A. M.; Gilmartin, Gregory; Mellins, Thomas: New York 1930. Architecture and Urbanism Between the Two World Wars. New York 1994

Stern, Robert A. M.; Mellins, Thomas; Fishman, David: New York 1960. Metroplitan Architecture and Urbanism Between the Second World War and the Bicentennial. New York 1997

Stratmann-Döhler, Rosemarie: Schloßgründung und Baugeschichte. In: Stratmann-Döhler, Rosemarie; Siebenmorgen, Harald, S. 10–29

Stratmann-Döhler, Rosemarie; Siebenmorgen, Harald: Das Karlsruher Schloß. Karlsruhe 1996

Sutthoff, Ludger J.: Zum Verhältnis von Fassade und innerer Raumdisposition bei Elias Holl. In: Florilegium Artis. Saarbrücken 1984, S. 142–147

Swaan, Wim: Die großen Kathedralen. Köln 1996

Ter-Akopyan, Karine: Projektierung und Errichtung des Palastes der Sowjets in Moskau. In: Naum Gabo und der Wettbewerb zum Palast der Sowjets, Moskau 1931 – 1933, S. 185–196

Teut, Anna: Architektur im Dritten Reich. 1933 – 1945. Berlin, Frankfurt/M 1967

Thoenes, Christof: Studien zur Geschichte des Petersplatzes. In: Zeitschrift für Kunstgeschichte. Bd. 26. 1963, S. 97–145

Thoenes, Christof: Bemerkungen zur St. Peter-Fassade Michelangelos. In: Munuskula Discipulorum. Kunsthistorische Studien Hans Kauffmann zum 70. Geburtstag 1966. Berlin 1968, S. 331–341

Thoenes, Christof: St. Peter 1534–1546. Sangallos Holzmodell und seine Vorstufen.In: Architketurmodelle der Renaissance, S. 101–109

Thomsen, Christian W. Turmblicke. In: LiterArchitektur. Wechselwirkungen zwischen Architektur, Literatur und Kunst im 20. Jahrhundert. Köln 1989

Tönnesmann, Andreas: Bundesrepublik und DDR. Ihre Staatsbauten in der Konkurrenz der System. In: Städtebau und Staatsbau im 20. Jahrhundert, S. 193–212

Tscheschner, Dorothea: Das abgerissene Außenministerium der DDR in Berlin-Mitte. Planung- und Baugeschichte. Berlin 1997

Tyrannei des Schönen. Architektur der Stalinzeit. Hrsg. v. Peter Noever. München, New York 1994

Untermann, Matthias: Karolingische Architektur als Vorbild. In: 799 – Kunst und Kultur der Karolingerzeit. Beiträge, S. 165–173

Untermann, Matthias: »opere mirabili constructa«. Die Aachener ›Residenz‹ Karls des Großen. In: 799 – Kunst und Kultur der Karolingerzeit. Beiträge, S. 152–164

Valdenaire, Arthur: Das Karlsruher Schloß. Karlsruhe 1931

Valdenaire, Arthur: Karlsruhe, die klassisch gebaute Stadt. Augsburg 1968

Valdenaire, Arthur: Friedrich Weinbrenner. Sein Leben und seine Bauten. Karlsruhe 1985

Vale, Lawrence J.: Architecture, Power and National Identity. New Haven & London 1992

Verhandlungen des Deutschen Bundestages. 14. Wahlperiode. Stenographische Berichte. Bd. 194. Plenarprotokoll 14/3. 3. Sitzung. Bonn, 10. November 1998

Vorträge und Forschungen zur Residenzfrage. Hrsg. v. Peter Johanek. Sigmaringen 1990

Waesemann, H. F. Das neue Rathaus zu Berlin. Berlin 1886

Wagner, Heinrich; Wallot, Paul: Gebäude für Verwaltung, Rechtspflege und Gesetzgebung. Handbuch der Architektur. 7. Halbband. 2. Heft. Stuttgart 1900

Wagner-Rieger, Renate: Wiens Architektur im 19. Jahrhundert. Wien 1970

Wagner-Rieger, Renate; Reissberger, Mara: Theophil von Hansen. Wiesbaden 1980

Wallot, Paul; Wagner, Heinrich: Parlaments- und Ständehäuser. Heft 2 des Handbuches der Architektur. Stuttgart 1900

Wedekind, Frank: Ein politisch Lied. In: Gedichte und Chansons. München 1979, S. 147–152

Wefing, Heinrich: Parlamentsarchitektur. Zur Selbstdarstellung der Demokratie in ihren Bauten: eine Untersuchung am Beispiel des Bonner Bundeshauses. Berlin 1995

Wefing, Heinrich: Abschied vom Glashaus. Die architektonische Selbstdarstellung der Bundesrepublik im Wandel. In: »Dem Deutschen Volke«, S. 136–161

Welch Guerra, Max: Hauptstadt Einig Vaterland: Planung und Politik zwischen Bonn und Berlin. Berlin 1999

Welt im Umbruch. Augsburg zwischen Renaissance und Barock. 3 Bde. Augsburg 1980

Werkmeister, Otto Karl: Der Sowjetpalast in Moskau und die große Kuppelhalle in Berlin als projektierte Bauten einer totalitären Volksrepublik. In: Städtebau und Staatsbau im 20. Jahrhundert, S. 113–130

Werner, Gerlind: Ripa's Iconologia. Quellen – Methode – Ziele. Utrecht 1977

Willis, Carol: Form Follows Finance. New York 1995

Wise, Michael Z.: Capital dilemma: Germanys Search for a New Architecture of Democracy. New York 1998

Wiseman, Carter: The Architecture of I. M. Pei. London, 1990

Wolters, Rudolf: Neue Deutsche Baukunst. Berlin 1941

Wurzer, Rudolf: Die Gestaltung der deutschen Stadt im 19. Jahrhundert. In: Die deutsche Stadt im 19. Jahrhundert, S. 9–32

Zaske, Nikolaus und Rosemarie: Kunst in Hansestädten. Leipzig 1985